# Aktuelle Dokumente

Herausgegeben von Professor Dr. Ingo von Münch

## Olympische Statuten

Zusammengestellt von

Dr. Reinhard Rauball

1972

Walter de Gruyter · Berlin · New York

Satz und Druck: Max Schönherr KG., 1 Berlin 65

ISBN 3 11 004158 8

## Vorwort

Die XX. Olympischen Spiele werden in der Zeit vom 26. August bis 10. September 1972 in München, Augsburg und Kiel veranstaltet werden. In dieser Zeit stehen diese Städte im Mittelpunkt der Weltöffentlichkeit. Die auszutragenden Wettbewerbe und die von den Teilnehmern erzielten Leistungen werden von den Besuchern und Millionen von Fernsehzuschauern und Rundfunkhörern mit großer Spannung verfolgt werden.

Dieser Band aus der Reihe „Aktuelle Dokumente" soll in handlicher Form den Teilnehmern, Verantwortlichen, Besuchern und Freunden der Olympischen Spiele das Verständnis dieser völkerverbindenden Veranstaltung erleichtern.

Von besonderem Interesse sind die Dokumente, die sich auf das Verhältnis der Bundesrepublik Deutschland zur Deutschen Demokratischen Republik im Sportverkehr beziehen. Sie haben, gemessen an den politischen Entspannungsbemühungen und den großen sportlichen Leistungen der Wettkämpfer beider Teile Deutschlands, eine hochaktuelle Bedeutung. Es erschien daher sinnvoll, die Verhandlungen um die Aufnahme beider NOK's in das Internationale Olympische Komitee dokumentarisch darzustellen. Gleiches gilt für die Vereinbarungen in bezug auf das Abspielen der Hymne bzw. das Zeigen der Flagge der DDR.

Darüber hinaus bringt das Buch die Regeln und Statuten des Internationalen olympischen Komitees, das Programm und den Zeitplan der Spiele, die Satzungen und Geschäftsordnungen deutscher Sportorganisationen und die in jüngster Zeit bedeutsam gewordenen Anti-Doping-Bestimmungen.

Wegen des ungewöhnlich großen Echos, das der Fall des Skiläufers Karl Schranz gefunden hatte, der bei den olympischen Winterspielen in Sapporo ausgeschlossen worden und später in Wien wie ein Sieger empfangen worden war, enthält der

Anhang auch hierzu einige Dokumente sowie eine chronologische Übersicht dieses einmaligen Vorganges.

Das zusammengestellte Material soll auch in der Nachschau des großen sportlichen Ereignisses vielen Freunden des olympischen Gedankens eine gern benutzte Informationsquelle bleiben.

Dortmund, im Mai 1972 *R. R.*

## Inhalt


Vorwort . . . . . . . . . . . . . . . . . . . . . . . . . 3

I. Historische Dokumente . . . . . . . . . . . . . . . . 9

1. Rede des Baron Pierre de Coubertin auf dem Kongreß zu Paris 1894 . . . . . . . . . . . . . . . . 9
2. Denkschrift für das Internationale Olympische Komitee aus dem Jahre 1929 . . . . . . . . . . . . 11
3. Aufnahme der beiden deutschen NOK's — Bildung gesamtdeutscher Mannschaften — Emblemfragen . 12
   a) Protokoll der 45. Sitzung des IOC vom 7.—9. Mai 1951 in Wien (Auszug) . . . . . . . . . 12
   b) Erklärung des Allgemeinen Deutschen Nachrichtendienstes (ADN) . . . . . . . . . . . . . . 12
   c) Protokoll des gesamtdeutschen Gesprächs vom 22. Mai 1951 in Lausanne . . . . . . . . . . 13
   d) Erklärung des NOK der DDR vom 6. Dezember 1953 (Auszug) . . . . . . . . . . . . . . . . . 14
   e) Offizielles Protokoll der 50. Sitzung des IOC in Paris . . . . . . . . . . . . . . . . . . 14
   f) Kommuniqué nach dem Gespräch der beiden NOK's vom 12. November 1955 in Ostberlin (Auszug) . . . . . . . . . . . . . . . . . . . 15
   g) Erklärung des Präsidenten des NOK der DDR, Heinz Schöbel, in der anschließenden Pressekonferenz vom 12. November 1955 in Ostberlin . . 15
   h) Niederschrift des NOK-Präsidenten Ritter von Halt für das Bundesinnenministerium vom 20. Februar 1956 (Auszug) . . . . . . . . . . . . 16
   i) Brief des IOC-Präsidenten Avery Brundage an die beiden deutschen NOK's vom 29. Mai 1959 (Auszug) . . . . . . . . . . . . . . . . . . . 16
   j) Entschließung des Olympiakomitees für Deutschland vom 6. Dezember 1959 (Auszug) . . . . 16
   k) Erklärung des IOC-Präsidenten Avery Brundage vom 6. März 1960 . . . . . . . . . . . . . 16

l) Erklärung des Präsidenten des NOK der DDR, Heinz Schöbel, anläßlich eines Gesprächs der beiden deutschen NOK's mit Avery Brundage vom 19. Juli 1961 in Athen (Auszug) . . . . . . . 17
m) Brief des IOC-Kanzlers Otto Mayer vom 8. März 1962 (Auszug) . . . . . . . . . . . . . . . 17
n) Vorschlag des Schweizer Mitgliedes des IOC, Albert Mayer, vom 8. Dezember 1962 . . . . 17
o) Schriftliche Antwort des Parlamentarischen Staatssekretärs im Bundesinnenministerium betreffend die Verwendung der DDR-Flagge und -Hymne vom 30. April 1970 . . . . . . . . . . . . 17

II. Regeln und Statuten . . . . . . . . . . . . . . 19
1. Die Olympischen Spiele — Regeln und Statuten des IOC — . . . . . . . . . . . . . . . . . 19
2. Ergänzung der Olympischen Statuten auf der 62. Sitzung der Internationalen Olympischen Komitees in Tokio . . . . . . . . . . . . . . . . . . 60
3. Das Programm der Olympischen Spiele . . . . . 61
4. Informationen für Städte, die sich um die Ausrichtung von Olympischen Spielen bewerben . . 62
5. Fragebogen für sich bewerbende Städte . . . . . 66
6. Satzungen des Nationalen Olympischen Komitees für Deutschland . . . . . . . . . . . . . . 67
7. Verfassung der „Stiftung Deutsche Sporthilfe" . . 74
8. Geschäftsordnung der „Stiftung Deutsche Sporthilfe" . . . . . . . . . . . . . . . . . . . 78
9. Anti-Doping Bestimmungen der International Amateur Athletic Federation . . . . . . . . . . . 83
10. Doping-Bestimmungen des Deutschen Leichtathletik-Verbandes . . . . . . . . . . . . . . . . . 90

III. Die Olympischen Sommerspiele 1972 . . . . . . . . 96
1. Beschluß der Vollversammlung des Stadtrates der Stadt München vom 20. Dezember 1965 (Auszug) . 96
2. Bewerbung der Landeshauptstadt München um die Austragung der Olympischen Spiele 1972 (Auszug) 106

3. Bericht des Staatssekretärs im Bundesinnenministerium zur Gesamtfinanzierung der Olympischen Spiele 1972 vom 29. März 1968 (Auszug) . . . . 120
4. Bericht des Bundesministers des Innern zur Vorbereitung der Olympischen Spiele 1972 vom 30. November 1970 (Auszug) . . . . . . . . . . . 127
5. Bericht des Bundesministers des Innern zur Gesamtfinanzierung der Olympischen Spiele 1972 vom 13. März 1971 . . . . . . . . . . . . . . . . 145
6. Zeitplan der XX. Olympischen Sommerspiele in München, Augsburg und Kiel (26. August bis 10. September 1972) . . . . . . . . . . . . . . 163
7. Qualifikationswerte für Leichtathletik 1972 . . . 187
8. Antrag der Fraktionen der CDU/CSU, SPD, FDP betr. Einsetzung eines 1. Sonderausschusses für Sport und Olympische Spiele vom 4. November 1969 . . . . . . . . . . . . . . . . . . . . 188
9. Gesetz über die Ausprägung einer Olympiamünze vom 18. April 1969 . . . . . . . . . . . . . 188
10. Gesetz zum Schutz des Olympischen Friedens . . 189
11. Begründung des Entwurfes eines Gesetzes zum Schutz des Olympischen Friedens . . . . . . . . 190

IV. Anhang . . . . . . . . . . . . . . . . . . . . 193
1. Rundschreiben von Avery Brundage an alle Nationalen Olympischen Komitees vom 2. 1. 1972 . . . 193
2. Der Fall Karl Schranz (Chronologischer Ablauf) . 194
3. Ausschlußentscheid des Internationalen Olympischen Komitees im Fall Karl Schranz . . . . . . . . . 207
4. Bericht des ehemaligen Präsidenten des Österreichischen Skiverbandes Dr. Karl-Heinz Klee vor dem Hauptausschuß zum Ausschluß von Karl Schranz bei den Winterspielen in Sapporo 1972 . . 208

# I. Historische Dokumente

## 1. Rede des Baron Pierre de Coubertin auf dem Kongreß zu Paris 1894*

„Meine Herren, die Dankbarkeit gehört zu den Dingen, die man am leichtesten in die Tat umsetzen kann: sie gehört auch zu den Dingen, die sich am leichtesten ausdrücken lassen. Wenn ich mich nun am Ende des Kongresses umschaue, der eine zehn Jahre meines Lebens gehegte Hoffnung Wirklichkeit werden ließ, und wenn ich nach den Persönlichkeiten suche, denen ich meinen Dank abstatten muß, dann fühle ich genau, daß meine Rede zu einer Litanei werden wird; ich hoffe also, meine Herren, daß Sie es mir nicht übelnehmen, wenn ich niemanden namentlich erwähne und wenn ich Sie, nachdem ich alle in meinen bewegten Dank eingeschlossen habe, die mir halfen und mich unterstützten, nunmehr bitte, Ihren Blick auf die die Menschen dieser Welt beherrschenden Dinge zu lenken und für einen Augenblick Ihre Aufmerksamkeit einem Schauspiel zu widmen, das von großer Tiefe und eigenartig philosophisch ist.

In diesem Jahr 1894 ist es uns möglich gewesen, uns in dieser großen Stadt Paris zu treffen, deren Freuden und Unruhen die ganze Welt dergestalt teilt, daß man sie als ihr Nervenzentrum zu bezeichnen vermochte; es ist uns möglich gewesen, die Vertreter des internationalen Athletentums zusammenzuführen und sie haben, — ein Zeichen der großen Einmütigkeit, die über sein Prinzip herrscht, — einstimmig für die Wiederherstellung eines zweitausend Jahre alten Gedankens sich ausgesprochen, der die Menschen heute wie einst bewegt, da er einem Triebe entspricht, der zu den lebenswichtigsten und, was immer man auch dazu gesagt haben mag, zu den edelsten gehört. Diese Delegierten hörten im Tempel der Wissenschaft

* Abdruck nach Bulletin du Comité International des Jeux Olympiques, Juli 1894.

eine 2000 Jahre alte Melodie vor ihren Ohren wiedererschallen, die dank der folgerichtigen Arbeit mehrerer Generationen mit Hilfe einer weitsichtigen Archäologie rekonstruiert worden ist. Und am Abend hat die Kraft der Elektrizität allerorts die Nachricht verbreitet, daß der Olympismus des Hellenentums wieder in die Welt zurückgekehrt ist, nachdem er mehrere Jahrhunderte lang unsichtbar war.

Das griechische Erbe ist so weitreichend, meine Herren, daß alle, die die Körperertüchtigung in der modernen Welt unter einem ihrer vielfältigen Aspekte zu fassen versucht haben, mit Recht auf das sie alle umfassende Griechenland zurückgreifen konnten. Die einen sahen das Training zur Verteidigung des Vaterlandes, die anderen suchten die aus dem köstlichen Gleichgewicht von Seele und Körper geborene physische Schönheit und Gesundheit, die letzten schließlich suchten den gesunden Rausch des Blutes, den man als die Lebensfreude bezeichnet hat und die nirgendwo in so intensiver und ausgewählter Form zu finden ist, wie in der Ertüchtigung des Körpers.

Das alles, meine Herren, war in Olympia lebendig, aber es gab noch etwas anderes, das man noch nicht zu formulieren gewagt hat, weil das Leibliche seit dem Mittelalter eine Art Verachtung anheimgefallen ist und so von den Eigenschaften des Geistes isoliert wurde. Seit kurzem hat man dem ersteren zwar erlaubt, Diener des letzteren zu sein, aber es wird immer noch als Sklave behandelt und es bekommt jeden Tag seine Abhängigkeit und Unterlegenheit zu spüren.

Das war ein ungeheurer Irrtum, und es ist sozusagen unmöglich, seine wissenschaftlichen und sozialen Folgen abzusehen. Meine Herren, letztlich besteht der Mensch nicht nur aus Körper und Seele, also aus zwei Teilen: er besteht aus drei Teilen, Körper, Geist und Charakter; die Charakterformung geschieht nicht durch den Geist: sie geschieht vor allen Dingen mit Hilfe des Körpers. Genau das wußten die Alten, während wir es nur mühsam wieder lernen.

Die Anhänger der alten Schule haben gezittert, als sie sahen, daß wir unsere Sitzungen mitten in der Sorbonne abhielten: sie haben sehr schnell gemerkt, daß wir Rebellen waren und es uns schließlich gelingen mußte, das Gebäude ihrer wurmstichigen Philosophie einzureißen. Das stimmt genau, meine Herren; wir sind Rebellen, und aus diesem Grunde hat uns auch die Presse, die wohltätige Revolutionen zu allen Zeiten unterstützte, begriffen und ist uns zu Hilfe gekommen, wofür ich ihr hier im Vorübergehen von ganzem Herzen danken möchte. Ich bin selber erstaunt, meine Herren, und möchte mich dafür entschuldigen, daß ich solche Worte gefunden habe, und daß ich Sie zu diesem Höhenflug mitgeschleift habe: wenn ich so weitermachte, würde dieser fröhlich schäumende Champagner vor lauter Langeweile verschalen; ich beeile mich also, ihm das Wort zu überlassen und erhebe mein Glas auf die Olympische Idee, die gleich einem allmächtigen Sonnenstrahl die Nebel der Zeiten durchquert hat und nun an der Schwelle des zwanzigsten Jahrhunderts wiederaufleuchtet als ein Widerschein fröhlicher Hoffnung."

## 2. Denkschrift für das Internationale Olympische Komitee aus dem Jahre 1929*

*Vorschlag zum Programm der Internationalen Olympischen Spiele*

Der Deutsche Olympische Ausschuß hat sich mit der Kürzung des Olympischen Programms beschäftigt und folgende Grundsätze beschlossen:

1. Olympische Spiele sollen (abgesehen von den Winterspielen) auf einen möglichst kurzen Zeitraum zusammengezogen werden. Hierzu muß die Zahl der Wettkämpfe innerhalb der einzelnen Sportarten verringert werden.

2. Eine Unterscheidung in eigentliche Olympische Sportarten und Zusatzsports, für die keine Olympische Medaille gewährt wird, erscheint unzweckmäßig. Der Deutsche Olympische Ausschuß tritt für ein in allen seinen Teilen verbindliches gleichberechtigtes Olympisches Programm ein.

3. Um die Kosten der Olympischen Spiele herabzusetzen und die Zeitbeschränkung zu gewährleisten, sollen die teil-

* Abdruck nach „Olympische Flamme" Bd. I, Berlin 1942, S. 398 f.

nehmenden Länder nur 3 Teilnehmer für jeden Wettkampf stellen dürfen, womit die Möglichkeit gegeben ist, daß eine Nation alle 3 Sieger stellt.

Ausnahmen: In den Wettbewerben der Leichtathletik, im Reiten, Radfahren (1000 Meter), Fechten, Schwimmen und im modernen Fünfkampf kann ein vierter Ersatzmann mitgemeldet werden. Für Boxen, Ringen, Gewichtheben, Rudern und Segeln sind nach wie vor nur je 1 Teilnehmer jeder Klasse zugelassen.

4. Alle Rasenspiele sind fortgelassen, als Mannschaftsspiel ist nur Wasserball aufgeführt.

Unter Zugrundelegung dieser Richtlinien ist es möglich gewesen, die Kampfspielzeiten einschließlich der bisher als zugelassene nichtolympische Wettkämpfe bezeichneten Sports auf 15 Tage, einschließlich Eröffnungstag, zu beschränken. Die bisherigen olympischen Pflichtsports nehmen die erste Woche ein (von Sonntag zu Sonntag), die früheren Anschlußsports sind in die zweite Woche gelegt.

## 3. Aufnahme der beiden deutschen NOK's — Bildung gesamtdeutscher Mannschaften — Emblemfragen*

### *a) Protokoll der 45. Sitzung des IOC vom 7.—9. Mai 1951 in Wien*

(Auszug)

„Die Exekutivkommission des Internationalen Olympischen Komitees empfiehlt die endgültige Anerkennung des Olympischen Komitees Westdeutschlands."

### *b) Erklärung des Allgemeinen Deutschen Nachrichtendienstes (ADN)*

„Während wir uns bemühen, auf paritätischer Grundlage die Beziehungen im deutschen Sportverkehr zu erhalten und ge-

* Abdruck nach „75 Olympische Jahre", herausgegeben vom Nationalen Olympischen Komitee für Deutschland, 1970, S. 111—120 (auszugsweise).

mäß dem olympischen Gedanken eine Sportfreundschaft zu entwickeln und aus diesem Grunde ein Nationales Olympisches Komitee bildeten, welches die Voraussetzung für ein gesamtdeutsches Nationales Olympisches Komitee gibt, versuchen von den Amerikanern beeinflußte und gelenkte Kreise im Westen, die leider auch auf das Sportleben ihren verderbenbringenden Einfluß ausüben, Totalitätsansprüche zu stellen. Unter freiem Sport verstehen sie die Unterwerfung der Sportlerinnen und Sportler in unserer Deutschen Demokratischen Republik unter die Anweisungen der Westdeutschen Fachverbände. Unterwerfung unter das Westdeutsche NOK, welches man unter amerikanischem Druck zum gesamtdeutschen NOK erklären will. Solche Dinge entbehren jeglicher rechtlicher Grundlage, allerdings nicht der Lächerlichkeit. Die DDR, die eine eigene selbständige Regierung und diplomatische Vertretungen hat, die von vielen Ländern anerkannt sind, die eine selbständige demokratische Sportbewegung entwickelte, hat zweifellos das gleiche Recht wie die Bundesrepublik; und mit welchem Recht nimmt man das Saargebiet in das Internationale Olympische Komitee auf, da es genau so ein Teil Deutschlands ist, nur ein viel kleinerer als die DDR. Die vorgebrachten Gründe sind zu fadenscheinig, als daß sie nicht jeder Sportler und jede Sportlerin durchschauen könnte. Deswegen ist und bleibt die Forderung: Bildung eines gesamtdeutschen Nationalen Olympischen Komitees, an dem und in dem die Mitglieder des Nationalen Olympischen Komitees der DDR gleichberechtigt teilnehmen."

### *c) Protokoll des gesamtdeutschen Gesprächs vom 22. Mai 1951 in Lausanne*

„In Übereinstimmung mit der Entscheidung des IOC bei seiner Sitzung in Wien im Mai dieses Jahres empfing das Exekutivkomitee des IOC in Lausanne Vertreter des Westdeutschen und Ostdeutschen Sports, um Kenntnis zu nehmen von dem Ergebnis ihrer Verhandlungen über die deutsche Teilnahme bei den Olympischen Spielen 1952. Es wurde dargelegt, daß nach den Bestimmungen nur ein Komitee für jedes Land durch das IOC anerkannt werden kann. Da das Deutsche Olympische

Komitee als solches bereits anerkannt ist, bleibt es allein verantwortlich für die Anwendung der Bestimmungen, die sich aus dem Artikel 25 der olympischen Regeln ergeben. Es wurde ferner im Augenblick der Anerkennung des Komitees klargelegt, daß alle deutschen Amateursportler an den Spielen teilnehmen können. Die Vertreter beider Zonen bestätigen, daß trotz einer freundlichen Atmosphäre, die während ihrer Besprechung geherrscht hat, es nicht möglich war, eine Übereinstimmung in allen Punkten zu erzielen. Trotzdem wurde einstimmig festgelegt, daß für die Olympischen Spiele 1952 die besten deutschen Amateursportler ausgewählt würden, ohne Rücksicht auf ihren Wohnsitz und nur in Übereinstimmung mit den olympischen Regeln. Das Exekutivkomitee des IOC hat von dieser Erklärung mit Befriedigung Kenntnis genommen und hofft, daß in naher Zukunft eine volle Übereinstimmung erzielt wird. Es rechnet mit einem Bericht für seine Sitzung im Juli 1952 in Helsinki, was seine Empfehlungen anbetrifft, ein Olympisches Komitee für ganz Deutschland zu bilden."

### *d) Erklärung des NOK der DDR vom 6. Dezember 1953 (Auszug)*

„Die DDR ist als selbständiges Land mit eigener Regierung und Verfassung von vielen Staaten de facto und de jure anerkannt. Sie hat wie jedes andere Land ein Recht auf eine anerkannte olympische Vertretung."

### *e) Offizielles Protokoll der 50. Sitzung des IOC in Paris*

„Nach einem Rückblick auf die Entwicklung der Lage, die der Präsident gibt, beginnt die Debatte, in der die folgenden Redner zur Sache Stellung nehmen: Herr Wang (China), General Stoitscheff (Bulgarien), Prof. Loth (Polen), Erik von Frenckell (Finnland), Dr. Mezö (Ungarn), Konstantin Andrianow (UdSSR), Dr. Ritter von Halt (Westdeutschland) und Herr Siperco (Rumänien). Entscheidung: Es wird mit 27 zu 7 Stimmen entschieden, daß das Olympische Komitee der Demokratischen Republik von Deutschland (Ost) vorläufig und mit der Maßgabe anerkannt wird, daß diese Anerkennung automatisch erlischt, wenn es sich als unmöglich herausstellen sollte, eine gesamtdeutsche Olympiamannschaft zu bilden und diese nach Melbourne zu entsenden. Im Falle, daß Schwierigkeiten auftreten, bietet sich der Präsident des IOC an, als Schlichter zwischen den beiden deutschen Olympischen Komitees zu wirken. Es versteht sich von selbst, daß das IOC nach der Wiedervereinigung nur ein deutsches Olympisches Komitee für das ganze Land anerkennen wird."

### *f) Kommuniqué nach dem Gespräch der beiden NOK's vom 12. November 1955 in Ostberlin*

(Auszug)

„Die Vertreter des Nationalen Olympischen Komitees der Bundesrepublik, die Herren Dr. Ritter von Halt, Daume und Kunze, und die Vertreter des Nationalen Olympischen Komitees der Deutschen Demokratischen Republik, die Herren Schöbel, Heinze und Reichert, trafen sich am 12. November 1955 in Berlin im Hotel Newa zur zweiten Beratung über die Aufstellung einer gesamtdeutschen Olympiamannschaft. Wie in Hinterzarten verlief auch diese Tagung in einer Atmosphäre des guten Willens und der Verständigungsbereitschaft. In Anwesenheit der Vertreter der Wintersportfachverbände der Deutschen Bundesrepublik und der Wintersportsektionen der DDR wurde über die Nominierung der gesamtdeutschen Mannschaft für die Olympischen Winterspiele in Cortina d'Ampezzo 1956 Einigung erzielt..."

### *g) Erklärung des Präsidenten des NOK der DDR, Heinz Schöbel, in der anschließenden Pressekonferenz vom 12. November 1955 in Ostberlin*

(Auszug)

„Wir haben in Deutschland eine besondere Situation. Aus dieser Situation heraus existieren auch zwei Nationale Olympische Komitees: Das der Deutschen Bundesrepublik und das der DDR. Wenn wir in unserer gemeinsamen Arbeit von dieser Sachlage ausgehen, wenn wir diese unsere Probleme lösen in einer Atmosphäre der Verständigung, der Anerkennung, der Kameradschaft, dann werden wir alle bei der Aufstellung einer gesamtdeutschen Mannschaft auftretenden Probleme lösen."

*h) Niederschrift des NOK-Präsidenten Ritter von Halt für das Bundesinnenministerium vom 20. Februar 1956*

(Auszug)

„... ich habe den Eindruck, daß die Sowjetzone alles versuchen wird, um die Trennung der gemeinsamen Mannschaft herbeizuführen und mit einer eigenen Mannschaft der sogenannten DDR teilzunehmen."

*i) Brief des IOC-Präsidenten Avery Brundage an die beiden deutschen NOK's vom 29. Mai 1959*

(Auszug)

„Es besteht weiterhin allgemeine Klarheit darüber, daß diese gesamtdeutsche Mannschaft auf der Grundlage der Gleichberechtigung beider NOKs und nach dem sportlichen Leistungsprinzip ermittelt wird."

*j) Entschließung des Olympiakomitees für Deutschland vom 6. Dezember 1959*

(Auszug)

„Das NOK hat sich entschlossen, an dem Gedanken der gesamtdeutschen Mannschaft festzuhalten, den Schiedsspruch Avery Brundages anzunehmen und die schwarz-rot-goldene Fahne mit den fünf weißen olympischen Ringen im mittleren roten Feld zu führen..."

*k) Erklärung des IOC-Präsidenten Avery Brundage vom 6. März 1960*

„Wenn es gewünscht wird, daß Ausscheidungskämpfe für die gesamtdeutsche Olympiamannschaft in Berlin stattfinden, dann haben das Westdeutsche NOK und die westdeutschen Fachverbände das Recht, diese Wettkämpfe in Westberlin durchzuführen. Das ostdeutsche Olympiakomitee und die ostdeutschen Federationen haben das Recht, diese Wettkämpfe in Ostberlin auszutragen."

### *l) Erklärung des Präsidenten des NOK der DDR, Heinz Schöbel, anläßlich eines Gesprächs der beiden deutschen NOK's mit Avery Brundage vom 19. Juli 1961 in Athen*
(Auszug)

„Das NOK der DDR und das NOK der Bundesrepublik verzichten bis zur Wiedervereinigung Deutschlands auf Entsendung eigener Mannschaften zu Olympischen Spielen zugunsten gemeinsamer deutscher Olympiamannschaften. Die Aufstellung und Entsendung der gemeinsamen deutschen Olympiamannschaft erfolgt nach dem sportlichen Leistungsprinzip durch die beiden gleichberechtigten, vom IOC anerkannten NOKs, auf der Grundlage gleicher Rechte und Pflichten."

### *m) Brief des IOC-Kanzlers Otto Mayer vom 8. März 1962*
(Auszug)

„Das IOC ist der Ansicht, daß die übernommenen Verpflichtungen noch immer gültig sind."

### *n) Vorschlag des Schweizer Mitgliedes des IOC, Albert Mayer, vom 8. Dezember 1962*

1. Aufstellung und Meldung eigener Mannschaften durch die NOKs;

2. Diese beiden Mannschaften starten unter den gleichen Symbolen wie 1960.

### *o) Schriftliche Antwort des Parlamentarischen Staatssekretärs im Bundesinnenministerium betreffend die Verwendung der DDR-Flagge und -Hymne vom 30. April 1970**

In der Sitzung vom 5. November 1969 in Berlin haben die Innenminister und -senatoren der Länder die Bundesregierung gebeten, eine generelle Bereinigung der Flaggen- und Hymnenfrage herbeizuführen. Darüber haben Rundfunk und Presse ausführlich berichtet (z. B. am 6. November 1969 im Deutschlandfunk — Interview mit Minister Schnur —, am 7. November 1969 im NDR mit Senator Ruhnau, am 7. November

* Abdruck nach „Deutscher Bundestag, 6. Wahlperiode, 49. Sitzung" (Protokoll).

1969 im Bonner General-Anzeiger, im Kölner Stadt-Anzeiger, in der Stuttgarter Zeitung, in den Bremer Nachrichten usw.).

Eine Bereinigung der Frage der DDR-Symbole erschien den Innenministern zum damaligen Zeitpunkt nicht länger aufschiebbar. Die Vereinbarung zwischen Bund und Ländern vom 4. November 1959 über ein einheitliches polizeiliches Einschreiten gegen die Verwendung von DDR-Symbolen war durch die Beschlüsse der früheren Bundesregierung vom 18. Dezember 1968 und vom 22. Juli 1969 gerade für besonders bedeutsame Veranstaltungen aufgehoben. Der Beschluß vom 18. Dezember 1968 hatte die DDR-Symbole für die Olympischen Spiele in München 1972 zugelassen. Der Beschluß vom 22. Juli 1969 hatte diese Entscheidung auch auf wichtige andere internationale Sportveranstaltungen ausgedehnt. Die Weitergeltung der Richtlinien aus dem Jahre 1959 für weniger wichtige Veranstaltungen mußte als inkonsequent angesehen werden. (vgl. Anlg.: Beispiele für die damalige Praxis bei der Anwendung der Richtlinien). Am 9. Dezember 1969 hat sich der Kabinettsausschuß für innerdeutsche Beziehungen mit der Bitte der Innenminister vom 5. November 1969 befaßt und beschlossen, daß die Aufhebung der Richtlinien aus dem Jahre 1959 mit den Alliierten konsultiert und auch der Deutsche Sportbund um Stellungnahme gebeten werden soll. Das ist geschehen. Die Bundesregierung hat schließlich über diese Frage auch Gespräche mit den Fraktionen des Deutschen Bundestages geführt. In der Sitzung der Innenministerkonferenz am 4. Februar 1970 in Hagen, der eine Unterrichtung über die Auffassung des Kabinettsausschusses vorangegangen war, ergab sich volle Übereinstimmung darüber, daß die Richtlinien vom 4. November 1959 gegenstandslos geworden sind. Einstimmig beschloß die Innenministerkonferenz daraufhin, daß die Vereinbarung der Länder mit dem Bund aufgehoben werden könne. Allerdings seien die Länder entschlossen, Provokationen mit DDR-Symbolen auch in Zukunft entgegenzutreten.

Diese Entscheidung fand ein sehr lebhaftes Echo in der Presse. Ich darf aus der „Welt" vom 5. und 6. Februar 1970 folgende Überschriften zitieren: „Innenminister wollen ‚DDR'-Symbole wieder zulassen" und „Schlegelberger: Flagge der

‚DDR' stört nicht". Weitere Presseveröffentlichungen: Frankfurter Rundschau vom 6. Februar 1970, General Anzeiger vom 5. Februar 1970, Bonner Rundschau vom 5. Februar 1970.

In der Kabinettssitzung am 12. März 1970 hat sich auch die Bundesregierung mit einer Aufhebung der Vereinbarung aus dem Jahre 1959 nach Maßgabe des Beschlusses der Innenministerkonferenz in Hagen einverstanden erklärt.

Die Bundesregierung sah keine Veranlassung, durch eine spektakuläre Veröffentlichung ihres Beschlusses irgend jemanden zu einer Verwendung von DDR-Symbolen zu veranlassen. Andererseits hat die Bundesregierung aber auch nichts getan, um der Öffentlichkeit die gefaßten Beschlüsse vorzuenthalten.

Über den Kabinettsbeschluß vom 12. März 1970 ist in den zurückliegenden Wochen in der Presse berichtet worden (dpa vom 14. April 1970). Die Aufhebung der Richtlinien ist u. a. auch in der Sitzung des Beirats des Organisationskomitees für die Spiele der XX. Olympiade München 1972, in der ich anwesend war, zur Sprache gekommen. Vor der Bundespressekonferenz habe ich am 14. April 1970 anläßlich der Eröffnung der Olympia-Ausstellung im Deutschen Bundestag auf Frage eines Journalisten erklärt, daß die Richtlinien aus dem Jahre 1959 aufgehoben seien.

## II. Regeln und Statuten

### 1. Die Olympischen Spiele

### *— Regeln und Statuten des IOC —*

#### *I. Grundprinzipien*

1. Die Olympischen Spiele werden alle vier Jahre abgehalten. Sie vereinen Amateure aller Nationen zu ehrlichem Wettkampf unter gleichen Bedingungen.

Keine Diskriminierung ist gegen ein Land oder eine Person aus Gründen der Rasse, der Religion oder der politischen Richtung zulässig.

2. Mit den Olympischen Spielen wird eine Olympiade, oder ein Zeitraum von vier aufeinanderfolgenden Jahren, gefeiert. Die erste Olympiade der Neuzeit wurde 1896 in Athen abgehalten. Die späteren Olympiaden und Spiele sind von diesem Jahr an fortlaufend numeriert, selbst wenn es unmöglich war, die Spiele abzuhalten.

3. Es sind die Ziele der Olympischen Bewegung, die Entwicklung derjenigen schönen körperlichen und sittlichen Eigenschaften zu fördern, die aus Wettkämpfen auf den freundlichen Gefilden des Amateursports entstehen, und die Jugend der Welt bei einem großen, alle vier Jahre stattfindenden Sportfest zu vereinen, um damit Achtung und Wohlwollen unter den Völkern vor- und füreinander zu erzeugen und zum Bau einer besseren und friedlicheren Welt beizutragen.

4. Die Leitung der Olympischen Bewegung und die Überwachung der Olympischen Spiele und der Olympischen Winterspiele obliegen dem Internationalen Olympischen Komitee, dessen Aufbau und Befugnisse in den hier enthaltenen Richtlinien festgelegt sind.

Die Ehre, die Olympischen Spiele abzuhalten, wird einer Stadt anvertraut, nicht einem Lande. Die Wahl einer Stadt für die Abhaltung einer Olympiade obliegt ausschließlich dem Internationalen Olympischen Komitee. Der Antrag der Abhaltung der Spiele wird vom Bürgermeister, oder der sonstigen obersten Behörde der betreffenden Stadt, mit Zustimmung des Nationalen Olympischen Komitees gestellt, das garantieren muß, daß die Spiele zur Zufriedenheit und nach den Erfordernissen des Internationalen Olympischen Komitees organisiert werden.

5. Ein eigener Zyklus Olympischer Winterspiele wird abgehalten, der Wettbewerbe im Wintersport umfaßt. Die Olympischen Winterspiele werden im gleichen Kalenderjahr wie die Olympischen Spiele abgehalten.

Die ersten Olympischen Winterspiele wurden 1924 in der VIII. Olympiade durchgeführt. Sie werden turnusmäßig numeriert, wie sie stattfinden.

Der Ausdruck „Olympiade“ wird in Verbindung mit den Winterspielen nicht verwendet.

6. Nur Personen, die Amateure im Sinne der Begriffsbestimmung in Art. 26 dieser Richtlinien sind, dürfen an den Olympischen Spielen als Wettkämpfer teilnehmen.

7. Bürger eines Landes sind zur Teilnahme an den Olympischen Spielen nur unter der Flagge dieses Landes berechtigt.

Die Spiele sind Wettkämpfe zwischen Menschen und nicht zwischen Nationen.

Da die Olympische Bewegung unpolitisch ist, gelten die in diesen Richtlinien verwendeten Wörter „Land“ oder „Nation“ auch für einen geographischen Bereich, einen Bezirk oder ein Gebiet, innerhalb dessen Grenzen ein vom Internationalen Olympischen Komitee anerkanntes Olympisches Komitee fungiert oder tätig ist.

8. Alle Gewinne und Mittel, die aus der Abhaltung der Olympischen Spiele stammen, werden an das Internationale Olympische Komitee ausbezahlt und sind unbedingt für die Förderung der Olympischen Bewegung oder die Entwicklung des Amateursportes zu verwenden.

## *II. Richtlinien und Bestimmungen des Internationalen Olympischen Komitees*

### Ziele und Befugnisse

9. Das Internationale Olympische Komitee, dem der Pariser Kongreß am 23. Juni 1894 die Kontrolle und Entwicklung der modernen Olympischen Spiele anvertraut hat, ist zuständig für:

1. die regelmäßige Abhaltung der Spiele;
2. die Spiele ihrer ruhmreichen Geschichte und der hohen Ideale immer würdiger zu machen, die Baron Pierre de Coubertin und seine Mitarbeiter bei ihrer Wiederbelebung beseelten;
3. Förderung der Organisation von Wettkämpfen im Amateursport;
4. Führung und rechte Leitung des Amateursports, um damit die Freundschaft zwischen den Sportlern aller Länder zu fördern und zu festigen.

## Mitgliedschaft

10. Das Internationale Olympische Komitee ist eine ständige Organisation. Es wählt Personen aus, die als Mitglieder für geeignet erachtet, vorausgesetzt, daß diese Personen französisch oder englisch sprechen, Bürger eines Landes sind und in diesem wohnen, das ein vom Internationalen Olympischen Komitee anerkanntes Nationales Olympisches Komitee besitzt; und nimmt sie als Mitglieder im Rahmen einer kurzen Feier auf, in der sie die notwendigen Verpflichtungen und Aufgaben übernehmen. Es soll nur ein Mitglied in einem Land geben, ausgenommen die größten und in der Olympischen Bewegung am aktivsten tätigen Länder, wo es zwei Mitglieder geben kann.

Der Präsident der Olympischen Akademie kann während der Dauer seiner Amtszeit zum Mitglied des Internationalen Olympischen Komitees gewählt werden.

Die Mitglieder des Internationalen Olympischen Komitees sind Vertreter des Komitees in ihren Ländern, nicht Delegierte ihres Landes beim Komitee. Sie dürfen von den Regierungen ihrer Länder oder von irgendeiner Organisation oder Einzelperson keine Anweisungen entgegennehmen, die sie in irgendeiner Weise binden oder die Unabhängigkeit ihrer Stimme beeinträchtigt.

Mitglieder, die lange Zeit dem Komitee aktiv gedient haben und zurücktreten wollen, können zu Ehrenmitgliedern gewählt werden. Solche Ehrenmitglieder können an allen Sitzungen teilnehmen. Sie können sich an allen Erörterungen des Komitees beteiligen, haben jedoch keine Stimme.

11. Die Mitglieder des Internationalen Olympischen Komitees werden auf Lebenszeit gewählt. Mitglieder, die im Jahre 1966 oder danach gewählt worden sind, müssen mit 72 Jahren zurücktreten.

Ein Mitglied kann

1. zurücktreten,
2. endet die Mitgliedschaft eines Mitglieds, wenn dieses seine Staatsangehörigkeit ändert oder in seinem Land nicht länger lebt, drei Jahre lang nicht an den Sitzungen teilnimmt,

oder sich nicht irgendwie aktiv an den Angelegenheiten des Komitees beteiligt; oder drei Jahre lang seinen Beitrag nicht bezahlt; oder aufgrund irgendwelcher Umstände, die sich ergeben können, außerstande ist, seine Pflichten als Mitglied ordentlich zu erfüllen.

3. kann ein Mitglied durch Beschluß des Komitees ausgeschlossen werden, wenn es nach Ansicht des Komitees die Interessen des Komitees verraten oder vernachlässigt oder sich eines unwürdigen Verhaltens schuldig gemacht hat.

## Organisation

12. Das Internationale Olympische Komitee wählt aus seinen Mitgliedern für eine Amtszeit von 8 Jahren einen Präsidenten. Der Präsident kann für aufeinanderfolgende Amtszeiten von je vier Jahren wiedergewählt werden.

Das Internationale Olympische Komitee wählt auch drei Vizepräsidenten (einen aus Europa), die vier Jahre im Amt bleiben und ebenfalls nach vier Jahren Unterbrechung wiedergewählt werden können. Das Internationale Olympische Komitee wählt auch aus seinen Mitgliedern einen Schatzmeister, einen Protokollchef und einen Exekutivausschuß. Wenn der Präsident stirbt oder von seinem Amt zurücktritt, amtiert der älteste Vizepräsident bis zur Wahl eines neuen Präsidenten.

Wenn der Präsident oder ein Vizepräsident stirbt oder während seiner Amtszeit zurücktritt, so wählt das Internationale Olympische Komitee einen neuen Präsidenten oder Vizepräsidenten, je nach Sachlage, auf seiner nächsten Sitzung. Dieser neue Präsident oder Vizepräsident bleibt jedoch nur für den Rest der Amtszeit der Person, an deren Stelle er tritt, im Amt. Ein auf diese Weise gewählter Präsident oder Vizepräsident kommt jedoch für eine sofortige Wiederwahl nach dem Ausscheiden in Frage.

Der Präsident und die Vizepräsidenten sind von Amts wegen Mitglieder aller Unterausschüsse oder Kommissionen, die vom Komitee oder in seinem Namen ernannt werden.

Wenn eine Wahl stattfinden muß, werden von mindestens drei Mitgliedern geschriebene Empfehlungen vorgelegt und einen Tag zuvor angekündigt. Dasselbe gilt auch für die Wahl des Exekutivausschusses.

13. Der Exekutivausschuß besteht aus dem Präsidenten, drei Vizepräsidenten und fünf weiteren Mitgliedern.

Die fünf weiteren Mitglieder werden für eine Amtszeit von vier Jahren gewählt und scheiden turnusmäßig aus.

Ein ausscheidendes Mitglied kann im Jahre seines Ausscheidens nicht wiedergewählt werden.

Wenn ein Mitglied stirbt oder ausscheidet, wird vom Internationalen Olympischen Komitee auf seiner nächsten Sitzung ein neues Mitglied anstelle des verstorbenen oder ausgeschiedenen Mitgliedes gewählt. Das neue Mitglied bleibt jedoch nur für den Rest der Amtszeit der Person, an deren Stelle es tritt, im Amt. Ein auf diese Weise gewähltes Mitglied kommt jedoch für eine sofortige Wiederwahl nach dem Ausscheiden in Frage.

14. Der Exekutivausschuß erledigt die ihm vom Internationalen Olympischen Komitee zugewiesenen Aufgaben.

— Er sorgt dafür, daß die Richtlinien und Vorschriften eingehalten werden;
— Er entwirft die Tagesordnung für die Sitzungen des Komitees;
— Er legt dem Komitee die Namen der Personen vor, deren Wahl in das Internationale Olympische Komitee er empfiehlt;
— Er ist für die Verwaltung der Finanzen des IOC verantwortlich und erstattet darüber dem Komitee alljährlich Bericht;
— Er entlohnt den Generalsekretär;
— Er führt Bericht über das Komitee.

15. Der Exekutivausschuß oder der Präsident allein kann tätig werden oder eine Entscheidung treffen, wo die Umstände eine Aktion oder Entscheidung durch das Internationale Olympische Komitee nicht erlauben. Eine derartige Handlung oder Entscheidung unterliegt der Genehmigung des Komitees auf dessen nächster Sitzung.

16. Der Exekutivausschuß kann Konferenzen mit Delegierten derjenigen Internationalen Sportverbände abhalten, deren Sportarten bereits zum Programm der Olympischen Spiele ge-

hören oder deren Aufnahme in das Programm der Spiele erwogen wird, um allgemeine Fragen, die diese Sportarten in bezug auf die Olympischen Spiele betreffen, zu erörtern. Jeder zur Teilnahme an einer solchen Konferenz eingeladene Verband ist berechtigt, zwei Delegierte zu entsenden.

Der Exekutivausschuß kann auch, wenn sich die Notwendigkeit dazu ergibt, Konferenzen mit den Delegierten Nationaler Olympischer Komitees abhalten.

Die Konferenzen werden vom Präsidenten des Internationalen Olympischen Komitees einberufen, der Zeit und Ort der Sitzungen bestimmt, den Vorsitz führt und alle Verfahrensfragen bei den Sitzungen regelt. Die Tagesordnungen sind vom Exekutivausschuß nach Beratung mit den Beteiligten zu erstellen.

17. Nach Zustimmung und Festlegung der Bedingungen durch den Exekutivausschuß engagiert der Generalsekretär die Sekretäre, Dolmetscher und andere Angestellte.

## Sitzungen

18. Das Internationale Olympische Komitee tritt zusammen, wenn es vom Präsidenten zusammenberufen wird. Der Präsident muß jederzeit auf schriftliches Ersuchen von mindestens einem Drittel der Mitglieder eine Sitzung einberufen.

Für gewöhnlich bestimmt das Komitee den Ort der Sitzung.

Die Ankündigung einer Sitzung muß gleichzeitig auch die Tagesordnung enthalten, die mindestens 1 Monat vor der Sitzung in die Hände der Mitglieder gelangen sollte. Ein nicht auf der Tagesordnung stehender Punkt kann mit Genehmigung des Vorsitzenden erörtert werden.

19. Bei einer Sitzung des Komitees führt der Präsident, oder in seiner Abwesenheit einer der Vizepräsidenten, den Vorsitz. In Abwesenheit des Präsidenten und der Vizepräsidenten, wählt die Versammlung eines ihrer Mitglieder zum Vorsitzenden. Beschlußfähig ist eine Sitzung des Internationalen Olympischen Komitees bei 35 Mitgliedern.

Beschlüsse (ausgenommen solche im Sinne der Richtlinie Nr. 50) gelten als angenommen, wenn die Mehrheit der abgegebenen Stimmen zugunsten des Beschlusses lautet. Jedes bei einer Sitzung anwesende Mitglied hat eine Stimme. Stellvertretung ist nicht gestattet. Bei Stimmengleichheit verfügt der vorsitzende der Sitzung über eine zusätzliche Stimme. Bei Stimmengleichheit entscheidet der Präsident. Alle in diesen Richtlinien nicht festgelegten Verfahrensfragen bei Sitzungen des Internationalen Olympischen Komitees werden vom Vorsitzenden der Sitzung entschieden.

### Briefwahl

20. Der Präsient kann einen Beschluß den Mitgliedern per Post vorlegen.

Entscheidet eine Mehrheit derjenigen, die antworten, zugunsten des Antrages (wenn es sich nicht um eine Regeländerung im Sinne der Richtlinie Nr. 50 handelt), und stimmen insgesamt nicht weniger als 35 Mitglieder ab, so gilt der Antrag als angenommen. Das Ergebnis ist dem Komitee auf dessen nächster Sitzung mitzuteilen.

### Jahresbeitrag und Beiträge

21. Auf Empfehlung des Exekutivausschusses setzt das Internationale Olympische Komitee die Höhe des von den Mitgliedern zu leistenden Jahresbeitrags fest.

Die mit der Durchführung der Olympischen Spiele und der Olympischen Winterspiele betrauten Komitees müssen dem Internationalen Olympischen Komitee die beschlossenen Summen bezahlen.

### Hauptquartier

22. Das Hauptquartier (der Sitz) des Komitees befindet sich in Campagne Mon-Repos, Lausanne, Schweiz.

### Höchste Autorität

23. Das Internationale Olympische Komitee entscheidet als letzte Instanz in allen die Olympischen Spiele und die Olympische Bewegung betreffenden Fragen. Es überträgt jedoch an die Internationalen Sportverbände die technische Kontrolle der ihnen unterstehenden Sportarten. In jeder anderen Hinsicht stehen die Befugnisse des Internationalen Komitees voran.

### *III. Nationale Olympische Komitees*

24. Nur vom Internationalen Olympischen Komitee anerkannte und genehmigte Nationale Olympische Komitees können Wettkämpfer für die Olympischen Spiele anmelden. Damit also Wettbewerber aus einem Lande an den olympischen Spielen teilnehmen können, muß ein Nationales Olympisches Komitee, in dem mindestens fünf Nationale Sportverbände vertreten sind, die Mitglieder der für die Sportarten im Olympischen Programm maßgebenden Internationalen Verbände sind, geschaffen und vom Internationalen Olympischen Komitee in dem Sinne anerkannt worden sind, daß seine Tätigkeit im Einklang mit diesen Olympischen Vorschriften und den hohen Idealen der Olympischen Bewegung steht.

Der Zweck Nationaler Olympischer Komitees ist die Entwicklung und der Schutz der Olympischen Bewegung und des Amateursports. Sie sollen mit den nationalen, für den Amateursport maßgebenden Gremien (den Nationalen Sportverbänden), die den vom Internationalen Olympischen Komitee anerkannten Internationalen Sportverbänden angeschlossen sind, beim Schutz und der Durchführung der für den Amateursport geltenden Regeln zusammenarbeiten. Sie haben das ausschließliche Recht zur Benützung der Olympischen Flagge und des Olympia-Zeichens und sollen deren Verwendung wie auch den Gebrauch der Worte „Olympisch“ und „Olympiade“ auf Tätigkeiten beschränken, die mit den Olympischen Spielen zu tun haben. Jede kommerzielle Verwendung der Olympischen Flagge und des Olympischen Zeichens ist streng verboten. Es ist ihre Pflicht, in Zusammenarbeit mit den Nationalen Sportverbänden die Vertretung ihres Landes bei den Olympischen Spielen zu organisieren und zu überwachen. Sie sorgen für die Geräteausstattung, die Beförderung und die Unterbringung dieser Vertreter.

Es sind Organisationen, die nicht im Hinblick auf materiellen Gewinn gebildet wurden, sondern zur Förderung und Unterstützung der körperlichen, sittlichen und kulturellen Erziehung der Jugend der Nationen dienen, der Entwicklung von Charakter, Gesundheit und staatsbürgerlicher Gesinnung.

Nationale Olympische Komitees dürfen sich nicht in Zusammenhang mit Dingen politischer oder kommerzieller Art bringen lassen.

Sie sollen alle die Richtlinien und Vorschriften des Internationalen Komitees durchführen.

Wegen der Wichtigkeit der Nationalen Olympischen Komitees, denen die Olympische Bewegung in ihren Ländern in vollem Umfang anvertraut ist, muß große Sorgfalt bei der Auswahl der Mitglieder an den Tag gelegt werden, die angesehene Bürger dieses Landes, von aufrechtem Charakter, gesundem Urteil und geistiger Unabhängigkeit, Männer, die die Olympischen Prinzipien kennen und an sie glauben, sein sollten.

Unter den Mitgliedern müssen vertreten sein:

a) die Mitglieder des Internationalen Olympischen Komitees in dem betreffenden Lande, sofern es welche gibt, die von Amts wegen nicht mit Stimmrecht ausgestatteten Mitglieder des Exekutivausschusses (oder der ihm entsprechenden Stelle) sein sollen, sofern sie nicht zu Mitgliedern dieses Ausschusses gewählt worden sind;

b) Vertreter der Nationalen Sportverbände, Mitglieder der Internationalen Sportverbände, dessen Sportart zum Programm der Olympischen Spiele gehört. Diese Personengruppe muß eine Stimmenmehrheit im Nationalen Olympischen Komitee ergeben.

Folgende Personen kommen für das Nationale Olympische Komitee nicht in Frage:

1. Eine Person, die jemals als Professional an Wettkämpfen teilgenommen hat.
2. Eine Person, die zum Zwecke persönlichen Gewinns am Sport teilnimmt oder damit in Verbindung steht (damit sollen keine Personen ausgeschlossen werden, die lediglich administrative Posten im Zusammenhang mit dem Amateursport bekleiden).
3. Eine Person, die jemals gegen Bezahlung als Trainer für Teilnehmer an Sportwettkämpfen tätig war.

Ausnahmen können bei obigen Kategorien vom Exekutivausschuß des Internationalen Olympischen Komitees unter besonderen Umständen und auf Empfehlung des betreffenden Nationalen Olympischen Komitees gemacht werden.

Ein Nationales Olympisches Komitee darf nicht mehr als einen Nationalen Verband in jeder Sportart anerkennen; dieser Verband muß dem vom Internationalen Olympischen Komitee anerkannten Internationalen Verband angeschlossen sein.

Funktionäre und Mitglieder eines Nationalen Olympischen Komitees und die Mitglieder seines Exekutivausschusses (oder der diesem entsprechenden Stelle) sollen mindestens alle vier Jahre auf einer ausdrücklich für diesen Zweck abgehaltenen Sitzung des Nationalen Olympischen Komitees gewählt oder (unter b) wieder aufgestellt werden. Die Regierung kann keine Mitglieder der Nationalen Olympischen Komitees nominieren.

Sie können in das Komitee Delegierte anderer Amateursportorganisationen oder Personen hinzuwählen, die der Olympischen Bewegung außergewöhnliche Dienste geleistet haben oder leisten können, vorbehaltlich der Einschränkung in Klausel b oben. Die Mitglieder der Nationalen Olympischen Komitees sollen kein Gehalt oder irgendein Honorar annehmen, das sich auf ihre Stellung bezieht. Sie können sich jedoch ihre eigenen Auslagen für Reisen, Unterbringung und sonstiger Art, die sie in Verbindung mit ihren Pflichten hatten, erstatten lassen.

Die Nationalen Olympischen Komitees sind für das Verhalten aller Angehöriger ihrer Delegationen verantwortlich.

Sie treffen alle Vorbereitungen für die Teilnahme an den Olympischen Spielen.

Alle Mitteilungen in solchen Angelegenheiten sind an sie zu richten.

Um anerkannt zu werden, muß eine beglaubigte Ausfertigung der Richtlinien und Vorschriften eines Nationalen Olympischen Komitees, erforderlichenfalls mit einer beglaubigten Übersetzung ins Französische oder Englische, vom Internationalen Olympischen Komitee genehmigt werden. Nachträgliche Änderungen dieser Richtlinien müssen dem Internationalen

Olympischen Komitee gemeldet und von diesem anerkannt werden.

Beglaubigte Ausfertigungen der Protokolle der Sitzungen des Nationalen Olympischen Komitees, in welchen dessen Mitglieder und Funktionäre gewählt oder ausgewechselt werden, müssen auf Ersuchen dem Internationalen Olympischen Komitee vorgelegt werden.

Falls irgendwelche Vorschriften oder Handlungen des Nationalen Olympischen Komitees mit den Richtlinien des Internationalen Olympischen Komitees in Konflicht geraten, muß das Mitglied des Internationalen Olympischen Komitees in dem betreffenden Land seinem Präsidenten über die Sachlage berichten, damit dieser geeignete Schritte unternimmt. Falls in dem betreffenden Land kein Mitglied des Internationalen Olympischen Komitees vorhanden ist, dann ist es die Aufgabe der Mitglieder des Nationalen Olympischen Komitees, dem Internationalen Olympischen Komitee Bericht zu erstatten, dessen Präsident befugt ist, ein Mitglied aus einem anderen Lande mit einer Untersuchung und der Berichterstattung über deren Ergebnisse zu beauftragen.

25. Die Nationalen Olympischen Komitees müssen völlig unabhängig und autonom und in der Lage sein, allem politischen, religiösen oder kommerziellen Druck zu widerstehen.

Nationale Olympische Komitees, die den Richtlinien und Vorschriften des Internationalen Olympischen Komitees nicht entsprechen, gehen ihrer Anerkennung verlustig und verwirken ihr Recht, Teilnehmer zu den Olympischen Spielen zu entsenden.

## *IV. Die Olympischen Spiele*

### Begriffsbestimmung des Amateurs

26. Ein Amateur ist jemand, der sich aus Liebhaberei am Sport beteiligt und immer beteiligt hat, ohne materiellen Gewinn irgendwelcher Art.

Er kann diese Begriffsbestimmung auf sich beziehen,

a) wenn er einen Hauptberuf hat, der ihm seinen Lebensunterhalt in Gegenwart und Zukunft sichert;

b) wenn er keine Vergütung für seine Teilnahme am Sport erhält oder erhalten hat;
c) wenn er die Bestimmungen des betreffenden Internationalen Verbandes und die offizielle Auslegung dieser Vorschrift Nr. 26 erfüllt.

Eine Person, die diese Bedingung erfüllt, gilt nach dem Olympischen Standpunkt als Amateur.

Voraussetzungen für das Tragen der Farben eines Landes

27. Ein naturalisierter Bürger kann die Farben eines Landes tragen, wenn er seine Naturalisierung mindestens 3 Jahre vorher beantragt hat. Es ist unzulässig, daß ein Wettkampfteilnehmer, der einmal die Farben eines Landes bei den Olympischen Spielen oder bei anderen internationalen Wettbewerben getragen hat, bei einer späteren Gelegenheit die Farben eines anderen Landes trägt, sofern nicht sein früheres Land einem anderen Staat einverleibt worden ist, oder sofern er nicht die Farben des früheren Landes deswegen getragen hat, weil sein Heimatland damals kein Nationales Olympisches Komitee hatte oder, falls es sich um eine Frau handelt, wenn sie nicht durch Heirat eine neue Staatsangehörigkeit erworben hat.

Wettkampfteilnehmer, die Bürger oder Untertanen eines Dominion oder einer zu einem Lande gehörenden Kolonie sind und in dem betreffenden Dominion oder der betreffenden Kolonie geboren sind, kommen für das Tragen der Farben des Mutterlandes in Frage, wenn das Dominion oder die Kolonie kein Nationales Olympisches Komitee hat. Bürger von Dominions, Kolonien und des Mutterlandes kommen für das Tragen der Farben des jeweils anderen Landes in Frage, sofern sie mindestens 3 Jahre in dem Dominion, der Kolonie oder dem Mutterlande gelebt haben, dessen Farben sie tragen wollen, und vorausgesetzt, daß es gesetzlich unmöglich ist, ein naturalisierter Bürger dieses Landes zu werden.

Personen, die im Ausland als Kinder von Eltern geboren sind, die Bürger eines anderen Landes sind, dürfen die Farben des Landes der Eltern tragen, sofern sie ihre Staatsangehörigkeit nachgewiesen und nicht früher die Farben ihres Geburtslandes bei den Olympischen Spielen getragen haben.

### Altersgrenze

28. Eine Altersgrenze für Wettkampfteilnehmer bei den Olympischen Spielen ist vom Internationalen Olympischen Komitee nicht festgesetzt.

### Teilnahme von Frauen

29. Frauen können als Wettkampfteilnehmer in der (Leicht-) Athletik, im Fechten, Turnen, Schwimmen, Kanufahren, Eiskunst- und -schnellaufen, Skifahren, Schießen, Bogenschießen, Volleyball, Segeln und bei den reitsportlichen Wettbewerben teilnehmen; sie können sich auch am Kunstprogramm beteiligen, alles nach den Regeln des zuständigen internationalen Verbandes.

### Programm

30. Das offizielle Programm soll mindestens 15 der folgenden Sportarten umfassen:

| | |
|---|---|
| (Leicht-)Athletik | Hockey |
| Bogenschießen | Moderner Fünfkampf |
| Basketball | Rudern |
| Boxen | Schießen |
| Kanufahren | Schwimmen, Tauchen |
| Radfahren | und Wasserpolo |
| Reitsport | Volleyball |
| Fußball | Gewichtheben |
| Turnen | Ringen |
| Handball | Segeln |
| Judo | Fechten, |

sowie eine Veranstaltung (Ausstellung) der Schönen Künste (Architektur, Literatur, Musik, Malerei, Plastik, Fotografie und Sport-Philatelie).

Während der Olympischen Spiele wie auch eine Woche vor und nach den Spielen darf kein anderes internationales Sportereignis in der Olympiastadt oder ihrer Nähe stattfinden. In das Programm der Olympischen Spiele dürfen nur Sportarten aufgenommen werden, die in mindestens 25 Ländern in großem Umfang ausgeübt werden. Das Internationale Olympische Komitee entscheidet über das Programm, wenn die Bewerbungen für die Olympischen Spiele zur Diskussion stehen, eine nachträgliche Änderung ist nicht erlaubt.

Das Internationale Olympische Komitee entscheidet im Benehmen mit den zuständigen internationalen Verbänden über die Ereignisse, die in jeder Sportart mit aufgenommen werden sollen. Bei den Mannschaftswettbewerben müssen mindestens 6, jedoch nicht mehr als 16 Anmeldungen vorliegen; die Wettbewerbe enden, nachdem die ersten 6 Plätze feststehen. Es ist die Aufgabe des zuständigen internationalen Verbandes, erforderlichenfalls die Zahl der Anmeldungen (Wettbewerbsteilnehmer) auf diese Zahl vor Eröffnung der Spiele zu reduzieren.

Das Internationale Olympische Komitee hat das Recht, eine Veranstaltung oder Sportart aus dem Programm zu streichen; es wird diejenigen weglassen, für die nicht genug internationales Interesse besteht oder die seiner Ansicht nach nicht einwandfrei gemäß den Olympischen Bestimmungen durchgeführt (überwacht) werden können.

### Schöne Künste

31. Vorbehaltlich der Genehmigung des Internationalen Olympischen Komitees soll der Organisationsausschuß eine Kunstausstellung (-veranstaltung) vorbereiten (Architektur, Literatur, Musik, Malerei, Plastik, Fotografie und Sportphilatelie) und die Termine festlegen, während welcher diese Ausstellungen stattfinden.

Das Programm kann auch Theater-, Ballett- oder Opernaufführungen oder Symphoniekonzerte umfassen. Dieser Teil des Programms sollte sich auf gleich hohem Niveau wie die sportlichen Veranstaltungen bewegen und zur selben Zeit innerhalb des gleichen Bereichs (im weiteren Sinne) durchgeführt werden. In der vom Organisationsausschuß durchgeführten Werbung sollte dieser Programmteil voll anerkannt werden.

### Vorführungen

32. Das Organisationskomitee kann dem Programm zwei Vorführungen hinzufügen, nämlich eine nationale (landesübliche) Sportart und eine ausländische. Für diese Vorführungen werden keine Olympiamedaillen verliehen.

## Olympische Winterspiele

33. Das Programm für die Olympischen Winterspiele kann folgende Sportarten umfassen: Skilauf, Eislaufen, Eishockey, Rodeln, Biathlon und Bobfahren. Bei jeder Sportart richten sich die Veranstaltungen nach den technischen Regeln des betreffenden internationalen Verbands. Die Medaillen und Diplome müssen sich von denen der Olympischen (Sommer-) Spiele unterscheiden. Die Olympischen Winterspiele richten sich nach den Regeln und Vorschriften der Olympischen Spiele, sofern nicht besondere Bestimmungen erlassen oder Vorkehrungen getroffen wurden. Zwei Sportarten können in das Programm als Vorführungen aufgenommen werden, wofür jedoch keine Olympiamedaillen vergeben werden.

## Anmeldungen

34. Da nur die vom Internationalen Olympischen Komitee anerkannten Nationalen Olympischen Komitees Wettkampfteilnehmer für die Olympischen Spiele anmelden können, muß ein Land ohne Nationales Olympisches Komitee ein solches Komitee bilden und vom Internationalen Olympischen Komitee anerkennen lassen, ehe es an den Olympischen Spielen teilnehmen kann.

Anmeldungen werden von den Nationalen Verbänden durch das Nationale Olympische Komitee entgegengenommen, das sie dann, sofern sie seine Zustimmung finden, an das Organisationskomitee der Spiele weiterleitet. Das Organisationskomitee muß die Anmeldungen bestätigen. Die Nationalen Olympischen Komitees können oder müssen auf Forderung des Internationalen Olympischen Komitees eine Untersuchung über die Rechtsgültigkeit der von den Nationalen Verbänden vorgeschlagenen Anmeldungen anstellen. Ein Einspruch gegen eine Entscheidung über Anmeldungen kann von einem Nationalen Verband durch seinen Internationalen Verband beim Internationalen Olympischen Komitee erhoben werden. Die Liste der Sportarten und -veranstaltungen, an denen sich eine Nation beteiligen will, muß dem Organisationskomitee mindestens 8 Wochen vor dem Eröffnungstermin der Spiele vorgelegt werden. Diese Liste kann telegrafisch übermittelt, muß jedoch schriftlich bestätigt werden. Die Namen der Wettkampfteilnehmer, die die zulässige Zahl nicht übersteigen dürfen, müssen beim Organisationskomitee mindestens 10 Tage vor dem Termin der ersten Veranstaltung in jeder Sportart eingehen; eine Abweichung ist unzulässig. Alle Anmeldungen müssen, gedruckt oder mit Schreibmaschine geschrieben, in doppelter Ausfertigung auf einem besonderen Formular erfolgen. Als Voraussetzung für die Teilnahme an den Olympischen Spielen muß ein Wettkämpfer Amateur nach der Begriffsbestimmung in Regel 26 und 27 und Angehöriger der Organisation seines eigenen Landes sein, die dem Internationalen Verband angeschlossen und vom IOC als für seine Sportart zuständig anerkannt ist.

Sollte für eine bestimmte Sportart in einem Lande, das ein anerkanntes Nationales Olympisches Komitee hat, kein Nationalverband bestehen, so kann dieses Komitee Einzelpersonen in der betreffenden Sportart für die Olympischen Spiele anmelden, sofern das Internationale Olympische Komitee und der für diese Sportart zuständige Internationale Verband damit einverstanden sind.

Die Anmeldung muß folgende, vom Wettkämpfer unterzeichnete Erklärung enthalten:

> „Ich, der Unterzeichnende, erkläre bei meiner Ehre, daß ich Amateur bin, die hier angegebenen olympischen Regeln gelesen habe und mich nach ihnen richten werde."

Der Nationalverband für die betreffende Sportart muß diese Erklärung gegenzeichnen und erklären, daß diese Erklärung nach bestem Wissen des Verbandes zutrifft.

Anmeldungen sind nicht gültig, sofern obige Regeln nicht beachtet werden.

Während der Spiele ist jegliche kommerzielle Werbung auf der Kleidung der Wettkämpfer und Offiziellen verboten. Lediglich das Emblem oder die Landesfarben des jeweiligen Nationalen Olympischen Komitees können nach vorheriger Zustimmung des Internationalen Olympischen Komitees getragen werden.

## Zahl der Anmeldungen

35. Die Höchstzahl der Anmeldung aus jeder Nation für jede Veranstaltung ist vom IOC im Benehmen mit dem zuständigen Internationalen Verband festgesetzt. Folgende Zahlen dürfen nicht überschritten werden:

a) Für Einzelwettbewerbe drei Teilnehmer aus jedem Lande (ohne Ersatzleute), sowohl bei den Sommer- wie den Winterspielen. (Unter besonderen Umständen können Abweichungen vom Internationalen Olympischen Komitee genehmigt werden.)

b) Für Mannschaftswettbewerbe eine Mannschaft pro Land; die Zahl der Reserveleute ist vom Internationalen Olympischen Komitee im Benehmen mit dem zuständigen internationalen Verband zu bestimmen. (Man vergleiche auch Regel 30).

## Reisekosten

36. Das Organisationskomitee hat dafür zu sorgen, daß die Reise- und Unterbringungskosten für Wettkämpfer und Funktionäre auf ein Minimum beschränkt werden.

## Unterbringung

37. Das Organisationskomitee soll ein Olympisches Dorf für Männer und eines für Frauen zur Verfügung stellen, damit Wettkämpfer und Mannschaftsfunktionäre gemeinsam untergebracht und zu einem annehmbaren Preis verköstigt werden können. Die Dörfer haben möglichst nahe am Hauptstadion, den Übungsplätzen und den sonstigen Anlagen zu liegen.

Auch für die Unterbringung der Richter, Unparteiischen, Schiedsrichter, Inspektoren, Zeitnehmer usw., die von den Internationalen Verbänden in dem vom Internationalen Olympischen Komitee genehmigten Rahmen bestellt worden sind, sind Vorkehrungen zu treffen. (Man vergleiche auch Regel 39 und 40).

## Mannschaftsfunktionäre

38. Nur Wettkämpfer und Leute, die mit bestimmten Aufgaben laut folgender Beschreibung den Wettkämpfen dienen und die als Mannschaftsfunktionäre gelten, dürfen im Olympischen Dorf wohnen.

Das Organisationskomitee für die Spiele ist nicht gebunden, mehr Nichtkämpfer anzuerkennen oder für sie im Olympischen Dorf Vorkehrungen zu treffen, als sie von den Nationalen Olympischen Komitees wie folgt anerkannt sind:

a) für 30 oder weniger Wettkämpfer: einer für je drei Wettkämpfer;

b) für die nächsten 70 Wettkämpfer: (31-100): einer für je fünf Wettkämpfer;

c) für je 7 Wettkämpfer über 100: ein zusätzlicher Betreuer;

Zusätzliches Personal

*Ärzte:* einer für Mannschaften mit weniger als 50 Wettkämpfern und ein weiterer für je 100 weitere Wettkämpfer (Maximum 4);

*Veterinäre:* nicht mehr als einer pro Delegation und ein weiterer, wenn die Equipe sich mehr als 50 km entfernt befindet;

*Schmiede:* einer pro Delegation;

*Masseure und Krankenpfleger:* nicht mehr als 1 für je 25 Wettkämpfer für die ersten 100 Wettkämpfer, dazu ein weiterer für je 50 weitere Wettkämpfer;

*Bootsführer:* nicht mehr als einer pro Sportart und Delegation;

*Stallburschen:* nicht mehr als einer für je 2 Pferde;

*Waffenmeister (beim Fechten):* nicht mehr als einer pro Delegation;

*Fahrradmechaniker:* nicht mehr als einer pro Delegation (jedoch nur bei Delegationen, die Vertreter zu den Radfahrwettbewerben entsenden);

*Transportleiter:* für Ruderboote und Kanus, nicht mehr als 2 pro Delegation (nur bei Delegationen, die Vertreter zu den Wettbewerben im Rudern und Kanusport entsenden).

*Weibliche Funktionäre:* eine für 2 Sportarten, nur bei Delegationen, die weibliche Vertreter zu diesen Sportarten entsenden.

*Köche:* einer für je 100 Wettkämpfer (Maximum 2)

*Klavierspieler:* einer pro Delegation (nur bei Delegationen, die Vertreter zu den Wettbewerben im Turnen entsenden).

Schiedsrichter, Richter, Zeitmesser, Inspektoren usw., die von den Internationalen Verbänden bestellt sind, sollen nicht im Olympischen Dorf wohnen und sind in den oben angegebenen Zahlen der Mannschaftsfunktionäre nicht mit enthalten. Ihre Zahl soll diejenige nicht überschreiten, die zwischen dem Internationalen Olympischen Komitee und den Internationalen Verbänden vereinbart wurde.

Präsidenten und Generalsekretäre der Nationalen Olympischen Komitees, die außerhalb des Olympischen Dorfes wohnen, sind berechtigt, Kennkarten anzufordern, die Einlaß zu jeder Zeit gewähren.

### Technische Delegierte

39. Jeder vom Internationalen Olympischen Komitee anerkannte Internationale Verband übt die volle Kontrolle über die technische Leitung seiner Sportarten aus; alle Sportplätze, Bahnen, Strecken und alles Gerät muß seinen Vorschriften entsprechen. Er kann einen Vertreter entsenden, während diese Anlagen geplant und gebaut werden, um festzustellen, ob seine Vorschriften befolgt werden; die Kosten für diesen Vertreter (Flugreise 1. Klasse, Verpflegung und Unterkunft) sind vom Organisationskomitee zu bezahlen.

Er muß mindestens 5 Tage vor Beginn der ersten Veranstaltung in seiner Sportart einen Vertreter entsenden, um die Anmeldungen zu überprüfen und einzuteilen. Die Kosten für diesen Vertreter (Flugreise 1. Klasse, Verpflegung, Unterkunft) bis zum Schluß der Spiele sind ebenfalls vom Organisationskomitee zu bezahlen.

### Technische Funktionäre und Juries

40. Die erforderlichen technischen Funktionäre, Schiedsrichter, Richter, Unparteiische, Zeitmesser, Inspektoren usw. und eine Jury für jede Sportart sind vom zuständigen Internationalen Verband zu bestellen, der ihre Arbeit in Verbindung mit dem Organisationskomitee leitet.

Die Funktionäre und die Angehörigen der Jury dürfen niemals Berufssportler gewesen sein. Kein Funktionär, der an einer Entscheidung beteiligt war, darf der Jury angehören, die diese Entscheidung überprüft. Die Entscheidungen der Jury sollen dem Internationalen Olympischen Komitee so bald wie möglich mitgeteilt werden.

Die Juries entscheiden in allen technischen Fragen, die ihre jeweiligen Sportarten betreffen; ihre Entscheidungen sind endgültig.

Technische Funktionäre und Angehörige der Jury dürfen nicht im Olympischen Dorf wohnen; das Organisationskomitee hat jedoch dafür zu sorgen, daß eine Unterkunft vorhanden ist, wozu auch Speiseräume und Verkehrsmittel gehören. Ihre Zahl pro Sportart darf die Zahl nicht übersteigen, die zwischen dem Internationalen Olympischen Komitee und den betreffenden Internationalen Verbänden vereinbart wurde. Sie sind in der in Artikel 38 angegebenen Tabelle nicht mit enthalten.

Diese technischen Funktionäre und Jurymitglieder gehören nicht dem Nationalen Olympischen Komitee an.

### Höchstes Berufungsgericht

41. Der Exekutivausschuß des Internationalen Olympischen Komitees entscheidet in allen strittigen Fragen nichttechnischer Art, die die Spiele betreffen.

(Derartige Angelegenheiten dürfen nur von Nationalen Olympischen Komitees, Internationalen Verbänden oder dem Organisationskomitee vorgelegt werden.) Außerdem kann sich der Exekutivausschuß in allen Fragen nichttechnischer Art einschalten.

### Strafen bei Betrug

42. Ein Wettkämpfer, dem eine wissentliche Verletzung der Olympischen Regeln nachgewiesen wird, ist zu disqualifizieren und verliert jede Stellung, die er erworben haben könnte. Wird dem Nationalen Olympischen Komitee dieses Wettkämpfers nachgewiesen, daß es an dem Betrug beteiligt ist, so soll

sein Land in der betreffenden Sportart ebenfalls disqualifiziert werden.

## Preise

43. Die Preise für die Olympischen Spiele sind vom Organisationskomitee zur Verteilung durch das Internationale Olympische Komitee zu beschaffen. Sie bestehen aus Medaillen und Diplomen. Bei Einzelwettbewerben ist der erste Preis eine vergoldete Silbermedaille und ein Diplom, der zweite Preis eine Silbermedaille und ein Diplom und der dritte Preis eine Bronzemedaille mit einem Diplom. Die Medaillen müssen den Namen der betreffenden Sportart tragen und so, daß sie entfernt werden können, an einer Kette oder einem Band — die dem Wettkämpfer umgehängt werden können — befestigt sein. Diplome, jedoch keine Medaillen, sollen auch den Wettkämpfern gegeben werden, die auf dem vierten, fünften oder sechsten Platz gelandet sind. Bei einem Unentschieden sind alle Teilnehmer berechtigt, eine Medaille und ein Diplom zu erhalten.

Die Preismedaillen sollen einen Durchmesser von mindstens 60 mm haben und 3 mm dick sein. Die Medaillen für den ersten und den zweiten Platz sollen aus Silber mit einem Feingehalt von mindestens 925/000 sein; die Medaille für den ersten Platz soll stark vergoldet sein, mit mindestens 6 Gramm Feingold.

Bei Mannschaftswettbewerben, mit Ausnahme derjenigen „künstlicher" Art (d. h. solcher, in denen das Ergebnis aus der Stellung des Wettkämpfers beim Einzelwettbewerb errechnet wird) soll jeder Teilnehmer der siegreichen, am Endspiel beteiligten Mannschaft eine vergoldete Silbermedaille und ein Diplom erhalten; jeder Teilnehmer der zweiten Mannschaft soll eine Silbermedaille und ein Diplom, und jeder Angehörige der dritten Mannschaft eine Bronzemedaille und ein Diplom erhalten.

Die Mannschaftsangehörigen, die an den Schlußkämpfen nicht teilgenommen haben, erhalten Diplome, jedoch keine Medaillen. Bei „künstlichen" Mannschaftswettbewerben soll die Mannschaft nur eine Medaille erhalten, die Mitglieder lediglich Diplome. Die Angehörigen der Mannschaften auf den Plätzen 4, 5 und 6 erhalten nur Diplome.

Alle Wettkämpfer und Funktionäre, die an den Spielen teilgenommen haben, sollen eine Erinnerungsmedaille erhalten.

Die Namen aller Sieger sollen an den Wänden des Stadions, wo die Spiele stattfanden, eingetragen werden.

Diplome und Erinnerungsmedaillen sollen allen Nichtkämpfern gegeben werden, die offiziell den Olympiamannschaften mit angehörten und vom Nationalen Olympischen Komitee des betreffenden Landes, im Rahmen der Regel Nr. 38 angegebenen Zahlen, anerkannt waren.

Richter, Schiedsrichter, Zeitmesser, Inspektoren, Unparteiische usw., die bei den Spielen mitgewirkt haben und von dem betreffenden Internationalen Verband innerhalb der vom Internationalen Olympischen Komitee festgesetzten Grenzen anerkannt wurden, sollen ebenfalls Diplome und Erinnerungsmedaillen erhalten.

Andere Preise oder Auszeichnungen als die oben angegebenen sollen bei den Olympischen Spielen nicht vergeben werden, nicht zur Verteilung gekommene Medaillen müssen dem Internationalen Olympischen Komitee wieder zur Verfügung gestellt werden.

### Ehrenliste

44. Eine Ergebniswertung nach Ländern wird bei den Olympischen Spielen nicht anerkannt.

Eine Ehrenliste mit den Namen der ersten sechs Wettkämpfer bei jeder Veranstaltung ist vom Organisationskomitee zusammenzustellen und dem Internationalen Olympischen Komitee zu übergeben.

### Erläuternde Broschüren

45. Für jede Sportart ist eine erläuternde Broschüre, die das allgemeine Programm und die getroffenen Vorbereitungen (Einteilung) enthält, in französischer, englischer sowie der Sprache des Landes, in dem die Spiele abgehalten werden, zu drucken. Diese offiziellen Broschüren sollen keine Reklame enthalten. Diese Broschüren werden mindestens ein Jahr vor Beginn der Spiele durch das Organisationskomitee an alle NOK's verteilt.

## Internationale Sportverbände

46. Folgende Internationale Sportverbände, die für Olympische Sportarten maßgebend sind, wurden vom Internationalen Olympischen Komitee anerkannt:

Internationaler Amateur-(Leicht-)Athletikverband
Internationaler Bogenschützverband
Internationaler Amateurverband für Basketball
Internationaler Verband für Rodeln und Bobfahren
Internationaler Amateurboxverband
Internationaler Kanuverband
Internationale Radfahrervereinigung
Internationaler Reitverband
Internationaler Fechtverband
Internationaler Fußballverband
Internationaler Turnverband
Internationaler Amateur-Handballverband
Internationaler Hockeyverband
Internationale Eishockeyliga
Internationaler Judoverband
Internationaler Rodelverband
Internationale Union für modernen Fünfkampf
Internationaler Ruderverband
Internationaler Schützenverband
Internationaler Eislaufverband
Internationaler Skiverband
Internationaler Amateur-Schwimmverband
Internationaler Gewichtheberverband
Internationaler Amateur-Ringerverband
Internationale Segler-Union
Internationaler Volleyballverband

## Attachés

47. Um die Zusammenarbeit zwischen dem Organisationskomitee und den Nationalen Olympischen Komitees zu erleichtern, sollen letztere, nach Rücksprache mit ersteren, einen Attaché für ihr Land ernennen. Dieser Attaché sollte die Sprache des Landes sprechen, dem er zugeteilt ist.

Er soll als Verbindungsmann zwischen dem Organisationskomitee und dem NOK, dem er zugeteilt ist, fungieren und in ständigem Kontakt mit beiden Ausschüssen sein, um bei den Vorkehrungen für Reise und Unterbringung behilflich zu sein und bei der Lösung sich ergebender Probleme mitzuhelfen.

### Reservierte Plätze

48. Im Hauptstadion sind Freiplätze wie folgt zu reservieren: Eine Königs- oder Präsidentenloge für den Souverän oder Staatschef und sein Gefolge.

*Tribüne A:* für jedes anwesende Mitglied des IOC und einen Familienangehörigen.

*Tribüne B:* für den Präsidenten und Sekretär jedes Internationalen Verbandes und jedes NOK's mit je einem Familienangehörigen.

Die Tribünen A und B sollen nebeneinanderliegen.

*Tribüne C:* Bei jeweils 20 Wettkämpfern steht den Angehörigen des NOK's und deren Gästen eine übertragbare Eintrittskarte zur Verfügung.

Ferner für den Missionschef und den Attaché jedes teilnehmenden Landes und für Mitglieder des Organisationsausschusses.

*Tribüne D:* für Angehörige der verschiedenen Juries.
Bei den Sportarten, bei denen das Gastland die maßgebenden Funktionäre stellt, sind 12 Plätze auf Tribüne D für den betreffenden Internationalen Verband zu reservieren.

*Tribüne E:* für Journalisten (maximal 1000), Fotografen (höchstens 150) und für Funk- und Fernsehsprecher- und -techniker (maximal 150 Plätze).

Für die Olympischen Winterspiele sollen diese Zahlen 400 für Journalisten und Fotografen und 75 für Rundfunk- und Fernsehsprecher und -techniker betragen.

1500 Plätze für Wettkampfteilnehmer müssen ebenfalls in der Nähe des Einlaufs (Ziels) reserviert sein. Bei den Olympischen Winterspielen beträgt diese Zahl 250.

In den anderen Stadien:

Eine Tribüne für Inhaber von Plätzen auf den Tribünen A und B, dazu die Königs- und Präsidentenloge.

Eine Tribüne, zu der, soweit das die Raumverhältnisse erlauben, die Inhaber von Plätzen der Tribüne C und 12 Funktionäre der betreffenden Sportart Zutritt haben sollen.

Eine Tribüne für die Wettkämpfer in der Sportart, in der gerade gekämpft wird, aber nicht für sonstige Wettkämpfer.

Für die Inhaber von Plätzen auf Tribüne E ist für eine geeignete Unterbringung zu sorgen.

Für die Angehörigen des Internationalen Olympischen Komitees sind besondere Vorkehrungen für die Beförderung zu den verschiedenen Sportplätzen zu treffen.

Ein Parkplatz, der eigens für die Wagen von Inhabern von Plätzen auf den Tribünen A und B reserviert ist, soll in der Nähe der Haupteingänge der verschiedenen Stadien gelegen sein; besondere Plaketten und Ausweispapiere für diese Wagen sind auszugeben.

## Werbung

49. Um den Spielen größtmögliche Publikumswirksamkeit durch Presse, Rundfunk, Fernsehen und Wochenschau zu geben, soll der Organisationsausschuß den von den jeweiligen Nationalen Olympischen Komitees anerkannten und genehmigten Vertretern dieser Berufe freien Zutritt und Unterbringung gewähren.

Die Zahl der auf dem Spielfeld selbst eingesetzten Kameras muß auf ein Mindestmaß begrenzt werden, um jede Störung der gerade im Gang befindlichen Veranstaltungen zu vermeiden. Das Organisationskomitee soll die Genehmigung der betreffenden internationalen Verbände einholen und die Benützung aller Kameras auf Tribünen und Wettkampfstätten kontrollieren. (Es besteht jedoch nicht die Absicht, die Verwendung von Kameras durch Zuschauer für ihre persönlichen nichtkommerziellen Zwecke zu verbieten).

Für das Fernsehen und die Wochenschau soll vom Organisationsausschuß, in Zusammenarbeit mit den Wochenschau-

und Fernsehorganisationen und auf deren Kosten, eine gemeinsame Kamera-Einsatzgruppe geschaffen werden. Die Vorführungen von Filmaufnahmen in Tages- oder Wochenschauen sollen sich beim Film sowohl wie beim Fernsehen auf regelmäßig stattfindende Darbietungen beschränken, bei denen die Übermittlung von Nachrichten das Wesen des Programms ausmacht, sowohl bei Sendegruppen wie bei einzelnen Sendern. Kein einzelnes Programm darf mehr als täglich drei Minuten für Olympiasendungen pro Tag insgesamt verwenden. Kein Sender keine Fernsehstation, kein Kino darf in allen Nachrichtsprogrammen innerhalb von 24 Stunden zusammengenommen mehr als dreimal je drei Minuten Olympiasendungen bringen, und zwischen den einzelnen Darbietungen muß ein Zeitraum von mindestens vier Stunden liegen. Auf keinen Fall können diese Tagesschau- oder Wochenschaufilme für die Zusammenstellung eines besonderen Olympiaprogrammes irgendwelcher Art verwendet werden. Sobald alle Bedürfnisse nach Übermittlung von Neuigkeiten befriedigt sind, soll eine Kopie der von der Arbeitsgruppe Tages- und Wochenschau aufgenommenen Negative kostenlos dem Internationalen Olympischen Komitee für dessen Museum übergeben werden.

Vorbehaltlich der oben angegebenen Regelungen kann das Organisationskomitee im Namen und mit Genehmigung des IOC die Rechte zur unmittelbaren Berichterstattung über die Spiele direkt an für ihre eigenen Länder interessierten Fernsehorganisationen oder an nationale oder internationale Vereine solcher Organisationen verkaufen. Der Erlös aus diesem Verkauf soll dem IOC eingezahlt werden und nach seinen Anweisungen entsprechend verteilt werden.

Das Organisationskomitee muß auch die erforderlichen Vorbereitungen für die Herstellung eines vollständigen fotografischen Berichts über die Spiele treffen, worunter bei jeder Veranstaltung mindestens die Endspiele fallen. Das Komitee hat die alleinigen Film- und Fernsehrechte auf diesen Bericht — die verkauft werden können — bis zum Ablauf von 2 Jahren nach Beendigung der Spiele. Zu diesem Zeitpunkt muß eine Kopie dieser gesamten Filmdokumentation dem Internationalen Olympischen Komitee kostenlos für dessen Museum übergeben werden; die Nationalen Olympischen Komitees sollen das Recht haben, Kopien zum Selbstkostenpreis zu kaufen. Den Internationalen Verbänden ist es gestattet, 16 mm-Filme von den Veranstaltungen in ihren Sportarten, zu Lehrzwecken, zur Vorführung in Schulen, Sportvereinen und bei ähnlichen geschlossenen Veranstaltungen gegen Bezahlung aufzunehmen.

Innerhalb von 180 Tagen nach Beendigung der Spiele ist ein Film in Länge von 30 Minuten und mit einer Breite von 16 mm, der die Höhepunkte in allen Sportarten festhält, den Nationalen Olympischen Komitees zum Selbstkostenpreis zur Verfügung zu stellen, der für Vorführungen in geschlossenen Veranstaltungen ihrer eigenen Mitglieder bestimmt ist.

### Regeländerungen und offizieller Text

50. Diese Regeln und Bestimmungen können nur geändert werden, wenn zwei Drittel — und nicht weniger als 25 — der bei einer Versammlung anwesenden Mitglieder für die Änderung stimmen. Auf Verlangen eines Mitglieds muß die Abstimmung geheim sein.

Französisch und Englisch sind die offiziellen Sprachen des Internationalen Olympischen Komitees. Ergeben sich zwischen dem französischen und dem englischen Text dieser Regeln und Bestimmungen Abweichungen, dann ist der französische Text maßgebend.

## *V. Protokoll der Olympischen Spiele*

### Allgemeine Bestimmungen

51. Das Internationale Olympische Komitee wählt diejenige Stadt aus, in welcher die Olympischen Spiele stattfinden sollen, und zwar anläßlich einer Sitzung, die in einem Lande abzuhalten ist, das sich selbst nicht um die Durchführung derselben bewirbt. Diese Auswahl wird — mit Ausnahme von obwaltenden besonderen Umständen — mindestens 6 Jahre im vorhinein stattfinden. Die Organisation der Spiele wird vom Internationalen Olympischen Komitee dem Nationalen Olympischen Komitee des Landes, in welchem die ausgewählte Stadt gelegen ist, übertragen. Das NOK kann eine Sonderkommission mit der Durchführung der notwendigen Maßnahmen

betrauen, welche dann direkt mit dem IOC in Schriftwechsel tritt. Das OK hat mit Abschluß der Spiele keine Verfügungsgewalt mehr.

### Zeit und Dauer der Olympischen Spiele

52. Die Olympischen Spiele müssen während des ersten Jahres des olympischen Zeitraumes abgehalten werden, mit denen dieser begangen werden soll (z. B. 1932 für den X. olympischen Zeitraum [Olympiade], 1952 für den XV.). Sie können nicht in ein späteres Jahr verlegt werden. Finden sie in diesem ersten Jahr nicht statt, so kommt dieser Umstand einer Nichtabhaltung der Olympiade gleich, und die dazu ausersehene Stadt verliert ihr Anrecht auf die Abhaltung der Spiele. Dieses Anrecht kann nicht auf den nächstfolgenden olympischen Zeitraum übertragen werden.

Die Jahreszeit, in welche die Abhaltung der Olympischen Spiele fällt, liegt nicht für dauernd fest; das Organisationskomitee wird dem Internationalen Olympischen Komitee einen Terminvorschlag unterbreiten, dem allein zukommt, eine Entscheidung zu treffen.

Der Gesamtzeitraum der Spiele darf 15 Tage nicht überschreiten, einschließlich des Eröffnungstages. Für den Fall, daß sonntags keine Wettkämpfe stattfinden, kann der Zeitraum entsprechend verlängert werden. Die Olympischen Winterspiele müssen auf 10 Tage beschränkt bleiben.

### Olympia-Stadt

53. Alle Veranstaltungen müssen in oder möglichst nahe bei der zur Abhaltung der Spiele auserwählten Stadt, und zwar vorzugsweise im Hauptstadion oder in der Nähe desselben, stattfinden. Die dazu bestimmte Stadt kann dieses ihr Privileg nicht mit einer anderen teilen, noch darf sie irgendeine Abweichung von dem Programm oder von den olympischen Regeln gestatten.

### Privilegien und Pflichten des Organisationskomitees

54. Das mit der Durchführung der Olympischen Spiele betraute Organisationskomitee muß alle dazu erforderlichen

Maßnahmen, vorbehaltlich der Billigung des Internationalen Olympischen Komitees, treffen.

Bezüglich aller technischen Maßnahmen hinsichtlich der Abhaltung der Spiele muß das Organisationskomitee sich mit den in Frage stehenden internationalen Föderationen beraten. Es hat dafür Sorge zu tragen, daß die einzelnen Sportarten unter den gleichen Bedingungen ausgetragen werden und nicht eine (oder mehrere) in irgendeiner Weise Vorrang genießen. Es zeichnet verantwortlich für die Integrierung der einzelnen Sportarten in das Programm, soll aber den seitens der Internationalen Föderationen geäußerten Wünschen, soweit es die örtlichen Verhältnisse zulassen, Rechnung tragen. Gleichzeitig hat es das kulturelle Programm, das einen wesentlichen Teil der Spiele darstellt, zu organisieren und zu überwachen. Innerhalb der dem Ende der Spiele folgenden 2 Jahre muß dem Internationalen Olympischen Komitee ein vollständiger gedruckter Bericht vorliegen.

Das Anbringen von Werbeplakaten im Innern und in unmittelbarer Nähe der Stadien oder anderer Sportstätten ist untersagt. Propaganda für die Spiele einer Olympiade kann nur nach Ablauf der vorangegangenen Olympischen Spiele anfangen.

## Einladungen und Formulierungen

55. Die Einladungen zur Teilnahme an den Spielen werden auf Grund der Instruktionen des Internationalen Olympischen Komitees von dem Organisationskomitee verschickt. Sie sind gerichtet an das anerkannte Nationale Olympische Komitee eines jeden Landes und haben folgenden Wortlautes zu sein: „Im Einklang mit den vom Internationalen Olympischen Komitee ausgegebenen Richtlinien beehrt sich das Organisationskomitee der Spiele der ... Olympiade, Sie zur Teilnahme an den Wettkämpfen und Feierlichkeiten einzuladen, welche in ... vom ... bis ... stattfinden werden."

Alle Unterlagen (Einladungen, Meldungen, Eintrittskarten, Programme usw.), die für die Spiele gedruckt werden, sowie auch die zur Verteilung gelangenden Abzeichen müssen die Nummer der Olympiade und den Namen derjenigen Stadt, in welcher diese begangen wird, tragen (z. B. Spiele der V. Olympiade, Stockholm 1912). Im Falle der Olympischen Winterspiele sollte der Name der Stadt und die Nummer der Spiele vermerkt sein (z. B. VI. Olympische Winterspiele, Oslo 1952).

### Fahne und Emblem

56. Sowohl im Stadion selbst wie in seiner Umgebung muß die olympische Fahne, zusammen mit den Flaggen der teilnehmenden Länder, frei vom Mast wehen. Eine große Olympiafahne muß während der Spiele von einem Flaggenmast in der Arena wehen, an welchem sie in dem Augenblick, in welchem die Spiele für eröffnet erklärt werden, gehißt, und von dem sie gestrichen wird, wenn die Spiele als beendet erklärt werden.

Die Olympiafahne ist weiß und hat keinen Rand, in der Mitte derselben befinden sich 5 ineinander verschlungene Ringe in den Farben blau, gelb, schwarz, grün und rot, wobei der blaue Ring der dem Flaggenmast zunächst gelegene und oberste ist. Die von Baron de Coubertin anläßlich des Olympischen Kongresses im Jahre 1914 in Paris vorgelegte Fahne ist als Modell anzusehen. Diese Ringe stellen, zusammen mit dem Motto: „Citius, Altius, Fortius" das olympische Emblem dar, welches das exklusive Eigentum des Internationalen Olympischen Komitees ist, seine Verwendung für kommerzielle Zwecke irgendwelcher Art ist streng untersagt.

### Eröffnungsfeierlichkeit

57. Der Monarch oder das Staatsoberhaupt, der oder das dazu aufgefordert worden ist, die Olympischen Spiele zu eröffnen, wird am Eingang zum Stadion von dem Präsidenten des Internationalen Olympischen Komitees und dem Präsidenten des Organisationskomitees empfangen, die ihm sodann die Mitglieder ihrer betreffenden Komitees vorstellen. Die beiden Präsidenten begleiten im Anschluß daran den Monarchen bzw. das Staatsoberhaupt und sein Gefolge zu den für diese auf der Tribüne reservierten Plätze, wo er (es) mit der Nationalhymne seines Landes begrüßt wird.

Dann folgt der Vorbeimarsch der Teilnehmer. Einer jeden Landesvertretung in der offiziellen Uniform muß ein Schild vorangetragen werden, welches den Namen des betreffenden Landes trägt, und sie muß von der Nationalflagge begleitet sein. Die einzelnen Landesvertretungen marschieren in alphabetischer Reihenfolge — wobei die Sprache des gastgebenden Landes ausschlaggebend ist — mit zwei Ausnahmen: Griechenland führt an, während das Gastland den Schluß bildet. Eine jede Gruppe soll nur aus den aktiven Teilnehmern an den Spielen bestehen und darüber hinaus nicht mehr als vier an den Wettkämpfen nicht teilnehmende Personen umfassen. Die Wettkämpfer salutieren vor dem Staatsoberhaupt des Landes, indem sie ihren Kopf in Richtung auf die Tribüne drehen. Die Fahnen der teilnehmenden Nationen sowie auch die Schilder und deren Träger sollen von dem Organisationskomitee zur Verfügung gestellt werden und alle die gleiche Größe aufweisen. Eine jede Landesvertretung hat sich nach Beendigung des Vorbeimarsches (rund um das Mittelfeld) auf diesem aufzustellen, und zwar dergestalt, daß sie hinter ihrem Schild und ihrer Fahne einen Block mit Front zur Ehrentribüne bildet. Die Verwendung einer Kamera ist den Teilnehmern während der Eröffnungsfeier und der Schlußfeier verboten.

Der Präsident des Organisationskomitees begibt sich sodann in Begleitung des Präsidenten des Internationalen Olympischen Komitees zu der Rednerbühne, welche vor der Ehrentribüne auf dem Feld aufgestellt ist und von wo aus er mit ein paar angemessenen Worten (nicht länger als 2 Minuten) den Präsidenten des Internationalen Olympischen Komitees auffordert, den Monarchen bzw. das Staatsoberhaupt zu bitten, die Spiele zu eröffnen.

Daraufhin besteigt der Präsident des Internationalen Olympischen Komitees die Rednerbühne und hält eine kurze Begrüßungsansprache von nicht mehr als 3 Minuten, die mit folgendem Wortlaut zu schließen hat: „Ich habe die Ehre, ... zu bitten, die Spiele der ... Olympiade im modernen Stil (modern cycle), welche 1896 von Baron Pierre de Coubertin eingeführt worden sind, für eröffnet zu erklären."

Der Monarch bzw. das Staatsoberhaupt sagt dann: „Ich erkläre hiermit die Olympischen Spiele von ..., mit welchen die ... Olympiade der modernen Ära begangen wird, für eröffnet."

Unmittelbar darauf ertönt die Olympiafanfare, und unter den Klängen der „Olympiahymne" wird die Olympiafahne an dem Mast auf der Arena gehißt. Darauf tritt der Bürgermeister der Stadt zu dem Präsidenten des Internationalen Olympischen Komitees auf die Rednerbühne. Ein Vertreter derjenigen Stadt, in welcher die letzten Olympischen Spiele abgehalten worden waren, übergibt dann die 1920 vom Belgischen Olympischen Komitee überreichte und auf Satin gestickte Olympiafahne dem Präsidenten, der diese seinerseits dem Bürgermeister aushändigt. (Für die Olympischen Winterspiele existiert diejenige, die seit 1952 von der Stadt Oslo stammt.) Diese Fahne muß in dem Hauptgebäude der Stadt bis zu den nächsten Spielen aufbewahrt werden. Sodann erfolgt das symbolische Auflassen von Tauben, sowie im Anschluß daran ein Salut von drei Schüssen. Hieran anschließend trifft die Olympische Flamme ein, welche von einer Ablösungs-Läufermannschaft aus Olympia gebracht worden ist, deren letzter Mann das Olympische Feuer — nach einmaligem Umlauf auf der Aschenbahn — entfacht, das bis zur Beendigung der Spiele nicht mehr gelöscht wird.

Sollte eine kurze, nicht länger als drei Minuten dauernde religiöse Feier abgehalten werden, dann folgt diese jetzt.

Der feierliche Olympische Eid wird sodann in folgender Zeremonie abgelegt: die Fahnenträger treten vor und stellen sich in einem Halbkreis um die Rednerbühne auf, ein Sportler aus dem Gastland geht, begleitet von dem Fahnenträger seines Landes, auf die Rednerbühne zu, betritt diese und ergreift mit der linken Hand eine Ecke der Fahne, dann nimmt er seine Kopfbedeckung ab, erhebt seine rechte Hand und spricht, stellvertretend für alle Sportler, folgenden Eid:

„Im Namen aller Wettkämpfer gelobe ich, daß wir an diesen Olympischen Spielen teilnehmen, indem wir die für sie geltenden Regeln respektieren und einhalten, in echtem Sportgeist, zum Ruhme des Sportes und zu Ehren unserer Mannschaften."

Daraufhin wird die Nationalhymne des Gastlandes abgespielt oder gesungen, und die Teilnehmer verlassen danach auf dem kürzesten Wege die Arena. Die Zeremonie ist damit beendet, und die Wettkämpfe können beginnen; es kann auch eine gymnastische Vorführung oder eine andere angemessene „Schau" folgen.

## Siegerehrung

58. Die Medaillen werden während der Spiele vom Präsidenten des Internationalen Olympischen Komitees (oder einem von ihm bestimmten Mitglied desselben) überreicht, und zwar wenn möglich, unmittelbar nach dem Wettkampf und an dem Ort, an welchem dieser stattgefunden hat. Die aus dem betreffenden Wettkampf als erster, zweiter und dritter Sieger ermittelten Sportler betreten in ihren Sportanzügen ein Podium vor der Ehrentribüne, und zwar dergestalt, daß der erste Sieger etwas höher als der zweite zu seiner rechten und der dritte zu seiner linken steht. Die Flagge des Gewinnerlandes wird an dem mittleren Flaggenmast gehißt, diejenigen des zweiten und dritten Siegers an den rechts und links davon stehenden Masten (zur Arena). Während dieser Zeit wird eine Kurzfassung der Nationalhymne des Siegers gespielt, während derer die drei Wettkämpfer und die Zuschauer mit dem Gesicht zu den Fahnen stehen.

## Schlußfeierlichkeit

59. Diese Zeremonie muß nach der letzten Veranstaltung im Stadion stattfinden. Die Träger der Fahnen der teilnehmenden Delegationen marschieren einzeln hintereinander hinter den Schilderträgern in derselben Reihenfolge ein und nehmen wie bei der Eröffnungszeremonie auf der Mitte des Feldes Aufstellung. Hinter ihnen marschieren alle Wettkampfteilnehmer, jeweils acht oder zehn in einer Reihe, und zwar ohne Unterscheidung der Nationen, d. h. also vereint durch die freundschaftlichen Bande des olympischen Sportes. Die Fahnenträger bilden dann einen Halbkreis hinter der Rednerbühne.

Der Präsident des Internationalen Olympischen Komitees tritt sodann an den Fuß der Rednerbühne, und zu den Klängen der griechischen Nationalhymne wird eine griechische Flagge an dem rechten der für die Siegerehrungen verwendeten Masten gehißt, es folgt das Aufziehen der Flagge des Gastlandes am mittleren Mast, und zwar wiederum zu den Klängen der Nationalhymne des Landes; schließlich folgt die Hissung der Flagge desjenigen Landes, das dazu ausersehen worden ist, die nächsten Olympischen Spiele zu organisieren, am linken Fahnenmast unter gleichzeitiger Abspielung der entsprechenden Nationalhymne.

Der Präsident des Internationalen Olympischen Komitees betritt daraufhin die Rednerbühne und gibt die Beendigung der Spiele mit folgenden Worten bekannt:

„Im Namen des Internationalen Olympischen Komitees entbiete ich den ... und dem ... Volk (Name des Monarchen bzw. des Staatsoberhauptes sowie Name des Landes), den Behörden der Stadt ... und dem Organisationskomitee der Spiele meinen tiefempfundenen Dank. Ich erkläre hiermit die Spiele der ... Olympiade für beendet und rufe traditionsgemäß die Jugend aller Länder auf, in vier Jahren sich in ... (sollte die betreffende Stadt noch nicht festliegen, so heißt es an dieser Stelle: an dem zu erwählenden Ort) einzufinden, um mit uns die Spiele der ... Olympiade zu begehen. Möge sie dabei Fröhlichkeit und Eintracht an den Tag legen, auf daß die Olympische Fackel mit wachsendem Eifer, Mut und Ehre im Interesse der Humanität über alle Zeiten hinweg erhalten bleibe."

Es folgen Fanfarenklänge und das Auslöschen des Olympischen Feuers. Zu den Klängen der Olympischen Hymne wird sodann die olympische Fahne heruntergeholt und in horizontaler Lage von acht Männern in Uniform aus der Arena hinausgetragen. Es folgt ein Salut von 5 Schüssen, der Chor singt, die Standarten- und Fahnenträger sowie die Wettkämpfer marschieren zu angemessener Kapellenmusik hinaus.

### Rangordnung

60. Während der Spiele genießen die Mitglieder des Internationalen Olympischen Komitees, ihrem Rangalter nach,

der führende Präsident und der leitende Vizepräsident, bei allen olympischen Funktionen den Vorrang, gefolgt von den Mitgliedern des Organisationskomitees, den Präsidenten der Internationalen Föderationen und den Präsidenten der Nationalen Olympischen Komitees.

Das Organisationskomitee darf keiner Delegation oder Abordnung aus dem Ausland offizielle Anerkennung zollen, noch den Teilnehmern gegenüber irgendwelche andere Autorität anerkennen als diejenige des Nationalen Olympischen Komitees, der Internationalen Föderation und des Internationalen Olympischen Komitees.

*Aufnahmebedingungen*

Die Olympischen Spiele werden alle vier Jahre abgehalten. Sie vereinen Amateure aller Nationen zu ehrlichem Wettkampf unter gleichen Bedingungen.

Keine Diskriminierung ist gegen ein Land oder eine Person aus Gründen der Rasse, der Religion oder der politischen Richtung zulässig.

Nur Personen, die die in Artikel 26 enthaltenen Bedingungen erfüllen, dürfen an den Olympischen Spielen teilnehmen.

## Artikel 26

Ein Amateur ist jemand, der sich aus Liebhaberei am Sport beteiligt und immer beteiligt hat, ohne materiellen Gewinn irgendwelcher Art.

Er kann diese Begriffsbestimmung auf sich beziehen,

a) wenn er einen Hauptberuf hat, der ihm seinen Lebensunterhalt in Gegenwart und Zukunft sichert;

b) wenn er keine Vergütung für seine Teilnahme am Sport erhält oder erhalten hat;

c) wenn er die Bestimmungen des betreffenden Internationalen Verbandes und die offizielle Auslegung dieser Vorschrift Nr. 26 erfüllt.

Eine Person, die diese Bedingung erfüllt, gilt nach dem Olympischen Standpunkt als Amateur.

Die offiziellen Erklärungen, die in Artikel 26 erwähnt sind, folgen. Es ist beabsichtigt, von Zeit zu Zeit, wenn nötig, zusätzliche Erklärungen folgen zu lassen. Mißachtungen dieser Regelungen werden an ein Sonderkomitee übergeben, das beim Vorstand des Internationalen Olympischen Komitees zur Untersuchung und Berichterstattung hinsichtlich der zu ergreifenden Maßnahmen eingesetzt ist.

Für die Olympischen Spiele müssen diese Regeln eingehalten werden, sogar dann, wenn sie den Regeln irgendeiner anderen Organisation entgegenstehen.

Das Internationale Olympische Komitee behält sich das Recht vor, für Sportarten oder Sportler Ausnahmen von diesen Regeln zu gewähren, vorausgesetzt, das Grundprinzip ist erfüllt, daß ein Sportler mit seinem Sport keine materiellen Gewinne erzielt und nicht seinen Lebensunterhalt damit verdient.

## Offizielle Erklärungen

Unter anderem können folgende Sportler nicht an olympischen Wettbewerben teilnehmen:

Jene, die für Geld gestartet sind oder ihre Preise in Geld verwandelt haben, oder jene, die ohne Erlaubnis der Nationalen Sportverbände durch die dafür vorgesehenen Regelungen der Internationalen Sportverbände Preise im Wert von mehr als 50 Dollar angenommen haben, oder jene, die Geschenke erhalten haben, die in Geld oder andere materiellen Gewinne verwandelt werden können.

Jene, die aus ihrem athletischen Ruhm oder Erfolg Kapital geschlagen haben, kommerziell davon profitiert haben oder besondere Anreize zur Teilnahme angenommen haben; jene, die eine Anstellung oder Beförderung auf Grund ihrer sportlichen und nicht ihrer sonstigen Leistungen erlangten, ganz gleich ob in Handel, Industrie, militärischen Diensten, irgendeinem Zweig von Presse, Theater, Fernsehen, Film, Radio oder einer anderen bezahlten Tätigkeit.

Ein Athlet, der Berufssportler in irgendeiner Sportart wird oder beschlossen hat, einer zu werden, oder in einer Mannschaft von Berufssportlern mitspielt mit dem Ziel, Profi zu werden.

Jene, die dafür bezahlt werden, andere für sportliche Wettbewerbe zu unterrichten und zu trainieren.

Jemand, der hauptsächlich auf Grund seiner sportlichen Leistungen ein Stipendium erhalten hat.

Ein Sportler, der Bezahlung oder Kostenersatz für einen Manager, Trainer, Verwandten oder Freund verlangt.

Jene, die mehr Kosten ersetzt bekamen, als tatsächlich angefallen waren.

Jene, deren Beschäftigung (Studium oder Arbeit) länger als vier Wochen in irgendeinem Kalenderjahr für ein Spezialtraining in einem Trainingslager unterbrochen war.

Jene, die Kosten für mehr als 30 Tage ausschließlich der Reisezeit in irgendeinem Kalenderjahr erhalten haben, außer wenn:

a) der betreffende nationale Sportverband eine Verlängerung gewährt, um die Teilnahme an Olympischen Spielen, regionalen Spielen, Meisterschaften oder echten Länderkämpfen zu ermöglichen;
b) die zuständigen internationalen Sportverbände eine sehr beschränkte Verlängerung in außergewöhnlichen Umständen gewährt haben.

Jene, die ihre gewöhnlichen Aufgaben oder beruflichen Pflichten wegen des Wettkampfsports, sei es im Inland oder Ausland, vernachlässigt haben.

Jede berufliche Beschäftigung muß ehrlich und nicht ein Deckmantel für außergewöhnliche Möglichkeiten zum Training und zum Wettkampfsport sein.

Wenn ein Sportler für die Benutzung seines Namens oder Bildes oder für eine Mitwirkung bei Funk oder Fernsehen bezahlt wird, so ist das eine Kapitalisierung des sportlichen Ruhms wie oben beschrieben. (Auch wenn keine Bezahlung erfolgt, so sind solche Praktiken unerwünscht, da sie in der Vorstellung vieler, hauptsächlich junger Menschen, die zu recht vom Amateursport gehaltene hervorragende Stellung untergraben.)

### Ein Wettkampfteilnehmer darf erhalten

Kosten für die Reise und den Lebensunterhalt dürfen in der tatsächlich anfallenden Höhe erstattet werden für die Zeit des Wettkampfes inklusive Olympischer Spiele und für eine sehr begrenzte Zeit zum Training (nicht mehr als vier Wochen im Kalenderjahr), die der Genehmigung durch das Nationale Olympische Komitee bedarf.

Kleidung und Ausrüstung, die notwendig sind, um den Sport seines Amateursportvereins ausführen zu können.

Taschengeld, um die kleinen täglichen Ausgaben während der Spiele zu decken, jedoch nur von seinem Nationalen Olympischen Komitee.

### Beihilfe für Lohnausfall

Normalerweise ist das Internationale Olympische Komitee dagegen, eine Beihilfe für die Zeit zu bezahlen, in der die Arbeit unterbrochen wird. Es ist gegen die olympischen Amateurregeln, die Arbeit länger zu unterbrechen. Wenn der Wettkämpfer (oder die Wettkämpferin) jedoch beweisen kann, daß seine (oder ihre) Angehörigen Not leiden, weil er (oder sie) einen Lohnausfall wegen der Teilnahme an Olympischen Spielen hat, so kann sein (ihr) Nationales Olympisches Komitee an seine (ihre) Angehörigen eine Beihilfe bezahlen, die jedoch unter keinen Umständen höher sein darf als die Summe, die er (oder sie) während der tatsächlichen Abwesenheit verdient hätte. Diese Abwesenheit darf 30 Tage nicht überschreiten.

### Andere Entscheidungen

Ein Sportler, der dafür bezahlt wird, zeitweise Elementarsportunterricht zu erteilen (für Anfänger oder Schulkinder) und der dadurch seinen Beruf nicht aufgibt, kann an Olympischen Spielen teilnehmen.

Ein Sportler kann ein regulär angestellter Journalist, Radio- oder Fernsehreporter oder ein vollbeschäftigter Leiter oder Angestellter in einer Sportvereinigung sein, ohne seinen Amateurstatus zu verletzen.

### Teilnahme von Frauen

Von Sportlerinnen kann verlangt werden, sich einer medizinischen Beweisuntersuchung zu unterwerfen.

### Doping

Das Einnehmen von Drogen oder künstlichen Stimulanzen in irgendeiner Form wird verdammt und jede Person, die Dopingmittel in irgendeiner Form anbietet oder annimmt, kann an Olympischen Spielen nicht teilnehmen.

Wenn ein Sportler überführt wird, Dopingmittel eingenommen zu haben, soll das ganze Team in diesem Sport disqualifiziert werden.

### Strafen in Übertretungsfällen

Ein Wettkampfteilnehmer, der wissentlich die olympischen Regeln übertreten hat, soll disqualifiziert werden und jegliche Plätze verlieren, die er womöglich gewonnen hat. Wenn das Nationale Olympische Komitee oder die Sportvereinigung dieses Wettkämpfers an der Übertretung beteiligt war, soll ebenso das ganze Team in dem betreffenden Sport disqualifiziert werden.

### Pseudo-Amateure

Sportler, die von der Regierung, Erziehungsinstitutionen oder Geschäftskonzernen auf Grund ihrer athletischen Fähigkeiten unterstützt werden, sind keine Amateure. Geschäfte und Industriekonzerne beschäftigen manchmal Sportler wegen ihrer Werbewirksamkeit. Die Sportler erhalten eine bezahlte Anstellung bei wenig Arbeit und sind jederzeit frei zum Training und zu Wettkämpfen. Zur nationalen Verherrlichung wenden Regierungen manchmal die gleichen Methoden an und geben Sportlern Anstellungen in der Armee, bei der Polizei oder in Behörden. Sie führen Trainingslager über längere Zeiten hinweg durch. Einige Colleges und Universitäten gewähren hervorragenden Sportlern Stipendien und andere Arten von

Ansporn. Empfänger dieser besonderen Vergünstigungen, die nur auf Grund ihrer sportlichen Fähigkeiten gewährt werden, sind bei Olympischen Spielen nicht zugelassen.

## Politik und Sport

Das Internationale Olympische Komitee bemerkt mit Genugtuung, daß seine Bemühungen weltweite Anerkennung finden. Es freut sich über den Enthusiasmus, den die olympische Bewegung bei manchen Nationen hervorgerufen hat und es gratuliert jenen, die ein weites Programm zur körperlichen Erziehung aufgestellt haben.

Das Internationale Olympische Komitee findet es jedoch für die olympischen Ideale gefährlich, daß neben der eigentlichen Entwicklung des Sports im Einklang mit den Amateurgrundsätzen gewisse Tendenzen bestehen, die hauptsächlich darauf hinzielen, die erreichten Ergebnisse zur Hervorhebung des Landes zu benützen, anstatt einzusehen, daß das wichtigste Ziel der Olympischen Spiele die gemeinschaftlichen, freundschaftlichen Anstrengungen und Wettkämpfe sind.

## Kein materieller Gewinn bei Olympischen Spielen

Niemand darf aus Olympischen Spielen einen materiellen Gewinn ziehen. Wenn nicht Tausende von Männern und Frauen, Mitglieder des Internationalen Olympischen Komitees, der internationalen Sportverbände, der Nationalen Olympischen Komitees und der nationalen Sportverbände, freiwillig Dienst leisteten, gäbe es keine Olympischen Spiele. Es wäre unmöglich, diese Dienste zu bezahlen, die so gerne von jenen geleistet werden, die an den Amateursport glauben. Die Spiele basieren auf dieser schönen und soliden Grundlage, und alle sind fest entschlossen, weder Einzelpersonen noch Organisationen und Nationen zu erlauben, aus den Olympischen Spielen materiellen oder politischen Gewinn zu ziehen. Darum sieht eine Olympische Regel vor, daß jeder Gewinn aus den Olympischen Spielen an das Internationale Olympische Komitee abgeführt werden muß, wo er zur Förderung der Olympischen Bewegung oder für die Entwicklung des Amateursports verwendet wird.

## 2. Ergänzung der Olympischen Statuten auf der 62. Sitzung der Internationlen Olympischen Komitees in Tokio

1. Bei der Sitzung, auf welcher die Einladung und die Fragebogen erörtert werden, dürfen von der einladenden Stadt keine Cocktail-Parties, Empfänge usw. gegeben werden, solange (ihr) die Spiele nicht übertragen worden sind.

2. Die an der Versammlung teilnehmende Delegation soll insgesamt nicht über 6 Personen umfassen.

3. Vor der Versammlung sollen die einladenden Städte nicht auf eigene Faust an Mitglieder des Internationalen Olympischen Komitees herantreten oder ihnen Besuche abstatten, weder persönlich noch auf diplomatischem Wege.

4. Die den Mitgliedern des Internationalen Olympischen Komitees übersandten Informationen (Angaben, Unterlagen) haben sich auf die offiziellen Antworten, zusammen mit eventuellen Ergänzungen (Zusätzen) und Berichtigungen, zu beschränken.

5. Den Mitgliedern des IOK dürfen keine Geschenke oder Gaben übersandt werden.

6. Die (Selbst-)Darstellung der sich bewerbenden Stadt, einschließlich der Zeit für eine (evtl.) Filmvorführung, ist zeitlich auf 45 Minuten zu begrenzen (bei Winterspielen auf 30 Minuten).

7. Bei dieser Versammlung sollen nur Mitglieder des IOK und Abgeordnete der Internationalen Verbände anwesend sein.

8. Die finanziellen Vorbereitungen (z. B. Kosten pro Sportler, usw.) sollen später auf der Sitzung des IOK erörtert werden, bevor die Abstimmung stattfindet.

## 3. Das Programm der Olympischen Spiele

| Disziplin | Athen | Paris | St. Louis | London | Stockholm | Antwerpen | Paris | Amsterdam | Los Angeles | Berlin | London | Helsinki | Melbourne | Rom | Tokio | Mexiko | München |
|---|---|---|---|---|---|---|---|---|---|---|---|---|---|---|---|---|---|
| | 1896 | 1900 | 1904 | 1908 | 1912 | 1920 | 1924 | 1928 | 1932 | 1936 | 1948 | 1952 | 1956 | 1960 | 1964 | 1968 | 1972 |
| Bogenschießen | | | | ● | | ● | | | | | | | | | | | ● |
| Leichtathletik | ● | ● | ● | ● | ● | ● | ● | ● | ● | ● | ● | ● | ● | ● | ● | ● | ● |
| Basketball | | | ● | | | | | ● | | ● | ● | ● | ● | ● | ● | ● | ● |
| Boxen | | | | | | | ● | | | ● | ● | ● | ● | ● | ● | ● | ● |
| Kanu | | | | | | | ● | | | ● | ● | ● | ● | ● | ● | ● | ● |
| Radfahren | ● | ● | | ● | ● | ● | ● | ● | ● | ● | ● | ● | ● | ● | ● | ● | ● |
| Reiten | | ● | | | ● | ● | ● | ● | ● | ● | ● | ● | ● | ● | ● | ● | ● |
| Fechten | ● | ● | ● | ● | ● | ● | ● | ● | ● | ● | ● | ● | ● | ● | ● | ● | ● |
| Fußball | | ● | | ● | ● | ● | ● | ● | | ● | ● | ● | ● | ● | ● | ● | ● |
| Turnen | ● | ● | ● | ● | ● | ● | ● | ● | ● | ● | ● | ● | ● | ● | ● | ● | ● |
| Handball | | | | | | | | | | ● | | | | | | | ● |
| Judo | | | | | | | | | | | | | | | ● | | ● |
| Hockey | | | | ● | | ● | | ● | ● | ● | ● | ● | ● | ● | ● | ● | ● |
| Mod. Fünfkampf | | | | | ● | ● | ● | ● | ● | ● | ● | ● | ● | ● | ● | ● | ● |
| Rudern | ● | ● | ● | ● | ● | ● | ● | ● | ● | ● | ● | ● | ● | ● | ● | ● | ● |
| Schießen | ● | ● | | ● | ● | ● | ● | | ● | ● | ● | ● | ● | ● | ● | ● | ● |
| Schwimm. Spring. und Wasserball | ● | ● | ● | ● | ● | ● | ● | ● | ● | ● | ● | ● | ● | ● | ● | ● | ● |
| Tennis | ● | ● | ● | ● | ● | ● | ● | | | | | | | | | | |
| Volleyball | | | | | | | | | | | | | | | ● | ● | ● |
| Gewichtheben | ● | | ● | | | ● | ● | ● | ● | ● | ● | ● | ● | ● | ● | ● | ● |
| Ringen | ● | | ● | ● | ● | ● | ● | ● | ● | ● | ● | ● | ● | ● | ● | ● | ● |
| Segeln | | ● | | ● | ● | ● | ● | ● | ● | ● | ● | ● | ● | ● | ● | ● | ● |

Die Reitwettbewerbe der XVI. Olympischen Spiele fanden im Juli 1956 in Stockholm statt.

## 4. Informationen für Städte, die sich um die Ausrichtung von Olympischen Spielen bewerben

Die Olympischen Spiele sind ein großes internationales Fest der Jugend der Welt. Ermöglicht werden sie durch das Mitwirken der Dienste von Tausenden von Amateursportlern, Wettkämpfern wie Offiziellen von jeder Kulturnation. Ihnen liegt nicht die Absicht eines profitmachenden Unternehmens zu Grunde, und jeglicher Profit, der sich durch die Veranstaltung Olympischer Spiele ergibt (nach Zahlung aller entsprechenden Ausgaben in Verbindung mit der Organisation), wird an das Internationale Olympische Komitee gezahlt, um der Förderung der olympischen Bewegung oder der Entwicklung des Amateursportes zugute zu kommen. In der Tat wurde bei vergangenen Spielen wenig oder kaum Profit erzielt. Die nicht faßbaren Vorteile sind jedoch unmeßbar. Zunächst einmal kann man die große Freude jener Bürger einer Stadt anführen, die als Gastgeber für dieses größte aller Sportereignisse fungiert. Zweitens werden Anlagen und Geräte, die eigens für diese Spiele erstellt wurden, Eigentum dieser Bürger, und folgende Generationen können noch daraus Nutzen ziehen. Drittens wird dieser glückliche Ort während der Spiele zur Hauptstadt der Welt des Sportes und zum Zentrum der Aufmerksamkeit für die Sportler aller Nationen.

Die Olympischen Spiele unterstehen der Kontrolle und der Leitung des Internationalen Olympischen Komitees, welches von dem Baron de Coubertin aus Frankreich ins Leben gerufen wurde, und durch dessen Bemühungen die Spiele 1894 wieder auflebten und erstmals 1896 in Athen stattfanden. Regeln und Vorschriften des Internationalen Olympischen Komitees sollten einem sorgfältigen Studium unterzogen werden, bevor eine Bewerbung eingereicht wird.

Bewerbungen zur Veranstaltung von Spielen müssen von dem Bürgermeister oder von der höchsten Autorität der Stadt kommen und schriftlich dem Internationalen Olympischen Komitee, Campagne Mon Repos, Lausanne, Schweiz, spätestens sechs Jahre im voraus unterbreitet werden. Bewerbungen müssen von dem Nationalen Olympischen Komitee jenes Landes, in welchem die Stadt liegt, unterzeichnet sein, und nur eine Bewerbung von jeweils einem Land wird Berücksichtigung finden. Sollte sich jedoch mehr als ein Kandidat in einem Land bewerben, so wird das Nationale Olympische Komitee entscheiden, welche Bewerbung dem Internationalen Olympischen Komitee unterbreitet werden soll. Das Nationale Olympische Komitee in Zusammenarbeit mit den Autoritäten der Stadt wird nun ein Komitee ernennen, welches die Spiele organisiert. Bewerbungen müssen sich der Billigung der Regierung jenes Landes erfreuen, in welchem die Stadt liegt, um sich der erfolgreichen Kooperation bei der Veranstaltung der Spiele zu vergewissern. Bewerbungen müssen klar zum Ausdruck bringen, daß keinerlei politische Versammlungen oder Demonstrationen im Stadion oder auf anderen Sportplätzen stattfinden werden, auch nicht im Olympischen Dorf während der Spiele eine Woche vorher und eine Woche nachher und daß keine Absicht besteht, die Spiele für irgendeinen anderen Zweck zu benutzen, als zur Förderung der Olympischen Bewegung.

Die Spiele müssen nach den Regeln des Internationalen Olympischen Komitees durchgeführt werden, und das Programm muß zur Billigung vorgelegt werden. Alle technischen Arrangements müssen im Sinne der Vorschriften der jeweiligen Internationalen Föderation sein.

Die Spiele müssen in würdiger Weise und ohne übermäßigen wirtschaftlichen Gewinn durchgeführt werden. Geschäftliche Einrichtungen und Reklame sind sowohl für das Stadion als auch für alle anderen Sportarenen nicht erlaubt. Das offizielle Programm muß wenigstens 15 der folgenden Sportarten beinhalten:

Leichtathletik, Bogenschießen, Basketball, Boxen, Kanu, Radfahren, Reitersport, Fechten, Fußball, Turnen, Handball, Feldhockey, Judo, Moderner Fünfkampf, Rudern, Schießen, Schwimmen und Kunstspringen, Volleyball, Wasserpolo, Gewichtheben, Ringen, Segeln.

Eine Ausstellung „Der schönen Künste“ muß organisiert werden. Das Programm für die Winterspiele kann folgendes beinhalten: Biathlon, Ski, Eislaufen, Eishockey, Bobfahren, Schlittenfahren. Folgende Anforderungen müssen vom Organisationskomitee erfüllt werden: Alle Nationalen Olympischen Komitees, die vom Internationalen Olympischen Komitee anerkannt sind, haben das Recht, zu den Spielen Teilnehmer zu entsenden, und ihnen muß freier Zutritt ohne Diskriminierung in bezug auf Religion, Farbe oder politischer Zugehörigkeit gewährleistet werden.

Die Olympischen Spiele sind ein großes Fest der Jugend der Welt, und die gesellschaftlichen, erzieherischen, ästhetischen, ethischen und geistigen Werte, wie auch die athletischen Charakteristika müssen hervorgehoben werden. Sie müssen in würdiger Weise veranstaltet werden, und zwar als ein unabhängiges Ereignis, ohne jedwede Verbindung mit gleichzeitig stattfindenden internationalen oder nationalen Unternehmen wie Messen oder Ausstellungen. Kein anderes internationales Sportereignis darf in oder in der Nähe der olympischen Stadt während der Spiele, eine Woche vorher und eine Woche nachher, angesetzt werden.

Angemessene Einrichtungen für alle Sportarten, die zum Programm der Spiele gehören, müssen zur Zufriedenheit derjeweiligen Internationalen Föderation garantiert werden, und eine ausreichende Anzahl von Übungsplätzen muß gewährleistet werden.

Ein Olympisches Dorf für Männer und eins für Frauen, ausschließlich für Wettkämpfer und Mannschaftsfunktionäre aus den verschiedenen Ländern, müssen zur Verfügung gestellt werden. Ein komplettes Restaurant und deren notwendige Betreuungsstellen müssen arrangiert werden. Ein tägliches Entgelt, das von den Mannschaften für Verpflegung, Wohnung und für Transportmöglichkeiten am Ort — was alles der Billigung durch das Internationale Olympische Komitee bedarf —, muß möglichst niedrig gehalten werden. Alle diese Einrichtungen und die Dörfer müssen eine günstige Lage aufweisen, wenn möglich nebeneinander.

Ein Stadion mit zufriedenstellendem künstlichen Eis muß für die Winterspiele zur Verfügung gestellt werden.

Nach Beendigung der Spiele muß ein ausführlicher und vollständiger gedruckter Bericht für das Internationale Olympische Komitee vorbereitet werden. Ein vollständiger fotografischer Bericht der Spiele muß gemäß der olympischen Regel 49 zur Verfügung gestellt werden. Besondere Anstrengungen müssen unternommen werden, um Reise- und Unterbringungskosten für Wettkämpfer wie Offizielle auf ein Minimum zu reduzieren, um so all zu hohe Eintrittspreise für Zuschauer zu verhindern.

Den Mitgliedern des Internationalen Olympischen Komitees müssen reservierte Plätze im Hauptstadion, und zwar mit separater Einzäunung, zur Verfügung gestellt werden, ferner den Offiziellen der Internationalen Föderationen, den Nationalen Olympischen Komitees und anderen, wie es die olympische Regel Nr. 48 vorschreibt. Transportmöglichkeiten am Ort müssen für die Leute der Kategorien A und B kostenlos zur Verfügung gestellt werden.

Entsprechende Arrangements müssen für die Presse, für das Fernsehen und für die Radiostationen getroffen werden.

Die Ergebnisse einer jeglichen Disziplin müssen täglich dem Internationalen Olympischen Komitee, der Presse und den Radiostationen übermittelt werden. Auf der Anzeigetafel wie auch in den täglichen Programmheften muß angekündigt werden, daß die Spiele Ereignisse für Individuen sind und daß keine Nationenwertung vorgenommen wird.

Angemessene Sitzungsräume müssen dem Internationalen Olympischen Komitee und den Internationalen Föderationen zur Verfügung gestellt werden. Während der Zeit der Olympischen Spiele muß dem Internationalen Olympischen Komitee ein Büro mit entsprechenden Angestellten gemäß der Regel 21 zur Verfügung stehen.

Empfänge, Diners und Veranstaltungen jedweder Art zur Unterhaltung der Wettkämpfer wie Offiziellen bedürfen der Billigung des Internationalen Olympischen Komitees und sollten während der Zeit der Spiele vermieden werden.

Den Bewerbungen müssen die Antworten des nachstehenden Fragebogens beiliegen: Sie werden bei dem nächsten Meeting des Internationalen Olympischen Komitees, bei dem jeweils ein Delegierter einer jeden Internationalen Föderation anwesend sein wird, zur Diskussion stehen. Nach einer Beratung mit den Delegierten der Internationalen Föderation über die angebotenen technischen Einrichtungen wird das Internationale Olympische Komitee die Stadt auswählen, von der es glaubt, daß sie die Spiele zum größten Wohlergehen der olympischen Bewegung veranstalten wird.

### 5. Fragebogen für sich bewerbende Städte

A. Welcher Art ist Ihr Programm der „Schönen Künste"?

B. Die Spiele sind auf 15 Tage begrenzt (10 Tage für die Winterspiele), (siehe Regel 52). Welche Daten schlagen Sie vor?

D. Welche Einrichtungen für die Spiele haben Sie gegenwärtig in Ihrer Stadt (Stadien, Arenen, Schwimmbecken, Übungsfelder usw.)? Alle Einrichtungen sollten vernünftigerweise eng beieinander liegen und eine günstige Lage zu den Olympischen Dörfern haben. Ein Plan, der die Stadt mit den einzelnen Lokationen aufweist, sollte beiliegen.

E. Sollten diese Einrichtungen unzureichend sein, werden dann andere zur Verfügung gestellt; wo und wann?

F. Haben Sie die offiziellen Berichte vergangener Spiele einem genauen Studium unterzogen und sind Sie vorbereitet, die Spiele gleichermaßen gut zu veranstalten?

G. Gibt es irgendwelche Gesetze, Sitten oder Statuten in Ihrer Stadt oder in Ihrem Land, welche die Spiele in irgendeiner Weise begrenzen, verbieten oder mit diesen interferieren würden? Freier Zutritt muß allen Mannschaften aller Nationalen Olympischen Komitees, die vom Internationalen Olympischen Komitee anerkannt sind, gewährleistet werden.

H. Welcher Art werden die Olympischen Dörfer sein, die Sie zur Verfügung stellen und wo werden sie liegen?

I. Wie werden die Spiele finanziert werden?

J. Bitte geben Sie generelle Informationen über Ihre Stadt, Größe, Bevölkerung und Klima (Temperatur und Regenfall), Höhe, und geben Sie fernerhin alle Gründe an, warum Ihre Stadt als Austragungsort für Olympische Spiele in Betracht gezogen werden soll?

K. Welche Unterbringungsmöglichkeiten gibt es für Zuschauer?

L. Nennen Sie bitte wichtige internationale Veranstaltungen, die von Ihrer Stadt organisiert wurden?

M. Können Sie garantieren, daß die Spiele in gerechter Weise und in Übereinstimmung mit den Olympischen Regeln und Statuten durchgeführt werden, falls wir Sie beehren, die Olympischen Spiele durchzuführen?

N. Welche Sportvorführungen schlagen Sie vor?

## 6. Satzungen des Nationalen Olympischen Komitees für Deutschland*

### *§ 1. Name und Sitz*

1. Der Name des Vereins lautet „Nationales Olympisches Komitee für Deutschland" (NOK).

2. Das NOK ist gemäß den Regeln des Internationalen Olympischen Komitees (IOC) unabhängig und selbständig. Es hat seinen Sitz in München und ist in das Vereinsregister eingetragen.

### *§ 2. Zweck*

1. Das NOK dient der Verbreitung des olympischen Ideengutes in der Bundesrepublik Deutschland in allen seinen Erscheinungsformen.

2. Das NOK bereitet die Teilnahme des deutschen Sports an Olympischen Spielen vor und führt die Aufgaben durch, die den Nationalen Olympischen Komitees vom IOC gestellt werden. Es pflegt Kontakte mit den NOKs in der ganzen Welt.

### *§ 3. Mitgliedschaft*

1. Mitglieder des NOK sind:

a) je ein Vertreter der deutschen Sportfachverbände, deren Sportarten im olympischen Programm enthalten sind,

* Beschlossen von der Mitgliederversammlung des NOK am 28. 6. 1970.

b) die deutschen Mitglieder des IOC,
c) der Präsident des Deutschen Sportbundes,
d) zwei Vertreter der Deutschen Olympischen Gesellschaft (DOG),
e) persönliche Mitglieder,
f) der Ehrenpräsident,
g) die Ehrenmitglieder.

2. Die Mitglieder zu a) und d) werden von den betreffenden Verbänden zur Hauptversammlung des NOK für die laufende Geschäftszeit schriftlich benannt. Sie können jederzeit abberufen werden. Im Falle des Ausscheidens dieser Mitglieder durch Abberufung, Austritt oder Tod kann unverzüglich mit sofortiger Wirkung eine Neubenennung erfolgen. Für jede olympische Sportart kann nur ein Fachverband mit dem Recht der Benennung eines Mitgliedes anerkannt werden. In Zweifelsfällen entscheidet die Hauptversammlung.

3. Für die Mitglieder zu a) können die Sportfachverbände je 1 ständigen Vertreter benennen, der im Falle der Verhinderung des Mitgliedes an seiner Stelle Sitz und Stimme in den Versammlungen wahrnimmt.

4. Die Mitglieder zu b) gehören dem NOK für die Dauer ihrer Mitgliedschaft im IOC an.

5. Die Mitglieder zu c) werden durch die Hauptversammlung oder eine Mitgliederversammlung für die laufende Geschäftszeit gewählt.

6. Die Zahl der Mitglieder zu c) darf die Zahl der Mitglieder zu a) nicht übersteigen.

7. Die Mitglieder zu f) und g) werden durch die Hauptversammlung oder eine Mitgliederversammlung auf Lebenszeit gewählt.

8. Der Austritt von Mitgliedern ist durch fristlose schriftliche Mitteilung an das NOK möglich.

### *§ 4. Organe*

Organe des NOK sind:

a) die Hauptversammlung,
b) die Mitgliederversammlung,

c) das Präsidium,
d) Ausschüsse.

### § 5. *Hauptversammlung*

Die Mitglieder treten in dem den Olympischen Spielen folgenden Kalenderjahr zur Hauptversammlung zusammen. Sie hat insbesondere folgende Aufgaben:

a) Entgegennahme des Berichts des Präsidiums über die vergangene Geschäftszeit,
b) Entlastung des Präsidiums,
c) Wahl der Mitglieder zu § 3c, 3f und 3g,
d) Wahl des Präsidiums,
e) Wahl der Rechnungsprüfer,
f) Satzungsänderungen,
g) Beschlußfassung über Arbeits- und Haushaltsplan,
h) Beschlußfassung über vorliegende Anträge.

### § 6. *Mitgliederversammlung*

1. In den übrigen Jahren treten die Mitglieder zur Mitgliederversammlung zusammen. Sie hat insbesondere folgende Aufgaben:

a) Entgegennahme des Berichts des Präsidiums über das vergangene Geschäftsjahr,
b) Ergänzungswahlen für ausgeschiedene Mitglieder des Präsidiums und der Ausschüsse sowie ggf. Wahlen zu 3c, 3f und 3g,
c) Satzungsänderungen,
d) Beschlußfassung über Arbeits- und Haushaltsplan,
e) Beschlußfassung über vorliegende Anträge.

2. Darüber hinaus können jederzeit nach Bedarf Mitgliederversammlungen einberufen werden. Das muß auf Beschluß des Präsidiums oder auf Antrag von mindestens einem Drittel der Mitglieder geschehen.

### § 7. *Präsidium*

1. Das Präsidium besteht aus:

a) dem Präsidenten,
b) den drei Vizepräsidenten (zwei Vizepräsidenten für den Sommersport, ein Vizepräsident für den Wintersport),

c) dem Schatzmeister,
d) bis zu 4 Beisitzern, darunter der Vertreter des NOK im Vorstand des DSB-Bundesausschusses zur Förderung des Leistungssports,
e) den beiden Vertretern der Deutschen Olympischen Gesellschaft,
f) den deutschen Mitgliedern des IOC,
g) dem Präsidenten des Deutschen Sportbundes,
h) dem Ehrenpräsidenten,
i) den Ehrenmitgliedern.

2. Die Präsidiumsmitglieder zu a — d werden durch die Hauptversammlung für die Dauer der Geschäftszeit gewählt.

3. Der Schatzmeister des NOK soll gleichzeitig Schatzmeister der DOG sein. Die Präsidenten beider Organisationen sollen sich auf eine geeignete Persönlichkeit einigen und sie zur Wahl vorschlagen.

4. Vorstand im Sinne des § 26 BGB sind der Präsident und die Vizepräsidenten, von denen je zwei gemeinsam handeln.

5. Im übrigen vertritt der Präsident das NOK. Seine Vertretung kann durch die Entscheidung des Präsidenten oder der Haupt- oder Mitgliederversammlung einem oder mehreren Vizepräsidenten übertragen werden.

6. Das Präsidium führt die Geschäfte des NOK im Sinne der Beschlüsse der Hauptversammlung und der Mitgliederversammlungen. Es bedient sich dabei einer Geschäftsstelle unter der Leitung des Generalsekretärs, der u. a. die Aufgabe eines Schriftführers erfüllt und dem Präsidium und allen Versammlungen mit beratender Stimme angehört.

### *§ 8. Ausschüsse und Vertretung*

1. Das Präsidium kann zu seiner Beratung besondere Ausschüsse für die Geschäftszeit berufen. Die Berufung der Mitglieder dieser Ausschüsse erfolgt aus den Vorschlägen der Hauptversammlung in der dieser Versammlung folgenden Präsidialsitzung. Ständige Ausschüsse sollen sein:

a) das Kuratorium Olympische Akademie
zur Beratung über die deutsche Beteiligung an der Internationalen Olympischen Akademie,

b) der Finanzausschuß
zur Beratung des Schatzmeisters und des Präsidiums in Finanzfragen.

2. Das Präsidium kann für bestimmte Aufgaben Referenten ernennen oder Vertreter delegieren.

3. Für eine Vertretung des NOK im Präsidium der DOG beruft das Präsidium in der der Hauptversammlung folgenden Sitzung für die Dauer der Geschäftszeit zwei seiner Mitglieder.

*§ 9. Verfahrensordnung*

1. Die Geschäftszeit beträgt 4 Jahre und läuft von Hauptversammlung zu Hauptversammlung. Das Präsidium bleibt bis zur Neuwahl im Amt.

2. Das Geschäftsjahr ist das Kalenderjahr.

3. Die Haupt- und Mitgliederversammlungen werden vom Präsidenten spätestens 8 Wochen vor dem Termin schriftlich einberufen und sind stets beschlußfähig. Anträge auf Satzungsänderungen müssen dem NOK mindestens 5 Wochen vor dem Termin eingereicht werden. Sie sind den Mitgliedern mit der Tagesordnung 4 Wochen vorher bekanntzugeben. Anträge zur Haupt- und Mitgliederversammlung können die Mitglieder und das Präsidium stellen.

4. Das Präsidium tagt nach Bedarf. Jede Sitzung muß 14 Tage vorher schriftlich vom Präsidenten einberufen werden und ist stets beschlußfähig.

5. Der Präsident oder ein Stellvertreter leitet die Sitzungen des Präsidiums sowie der Haupt- und Mitgliederversammlung.

6. Die Ausschüsse sind dem Präsidium verantwortlich und berichten ihm. Die Mitglieder des Präsidiums haben das Recht, an den Sitzungen der Ausschüsse mit beratender Stimme teilzunehmen.

7. Vertreter des NOK in anderen Organisationen sind dem Präsidium verantwortlich. Zur Erörterung grundsätzlicher Fragen ihres Arbeitsgebietes im Präsidium sind sie einzuladen.

8. Das Präsidium gibt sich selbst und den Ausschüssen eine Geschäftsordnung, die nicht Bestandteil dieser Satzung ist.

9. Über alle Sitzungen ist ein Protokoll zu führen, das den Verlauf und die Beschlüsse wiedergibt. Es ist vom Sitzungsleiter und vom Protokollführer zu unterzeichnen.

### *§ 10. Abstimmungen*

1. Die Mitglieder des NOK nach § 3a) haben je drei Stimmen, alle übrigen Mitglieder je eine Stimme. Bei Abstimmungen entscheidet die einfache Stimmenmehrheit. Beschlüsse über Satzungsänderungen und über die Zulassung von Dringlichkeitsanträgen bedürfen der Zweidrittelmehrheit.

2. Wahlen sind schriftlich und geheim durchzuführen, wenn nicht durch einstimmigen Beschluß der zuständigen Versammlung darauf verzichtet wird.

3. Der Ehrenpräsident, die Ehrenmitglieder und die persönlichen Mitglieder bedürfen zu ihrer Wahl der einfachen Mehrheit der anwesenden Stimmen.

4. Mitglieder des Präsidiums werden in getrennten Wahlgängen, wenn nicht anders beschlossen wird, mit einfacher Mehrheit der anwesenden Stimmen gewählt. Wird in zwei Wahlgängen diese Mehrheit nicht erreicht, so gilt der zweite Wahlgang als Stichwahl, aus der nur die beiden Kandidaten mit den meisten Stimmen den dritten Wahlgang erreichen. Es gilt als gewählt, wer im dritten Wahlgang die meisten Stimmen auf sich vereinigt.

### *§ 11. Finanzverwaltung*

1. Das NOK finanziert seine Arbeit durch Beiträge, Spenden und Zuschüsse der Öffentlichen Hand. Die Mitglieder zu 3a) zahlen aus den Mitteln ihrer Verbände einen bis zum 31. 3. fälligen Jahresbeitrag, dessen Höhe von der Hauptversammlung jeweils für die Geschäftszeit beschlossen wird. Bei Nichtzahlung erlischt das Stimmrecht, nach Ablauf des Beitragsjahres die Mitgliedschaft. Alle übrigen Mitglieder sind beitragsfrei.

2. Vom Schatzmeister wird über die Jahresausgaben ein Haushaltsplan erstellt und der Haupt- bzw. Mitgliederversammlung des Vorjahres vom Präsidium zur Genehmigung vorgelegt. Der Schatzmeister verwaltet die Mittel gemeinsam

mit der Geschäftsführung und erstattet einen jährlichen Finanzbericht zur Mitgliederversammlung und einen abschließenden Bericht zur Hauptversammlung.

3. Eine Rechnungsprüfung erfolgt durch eine anerkannte Prüfungsgesellschaft sowie durch die Rechnungsprüfer des NOK jeweils zum Schluß eines geraden Kalenderjahres für den Zeitraum von 2 Jahren. Zwei Rechnungsprüfer wählt die Hauptversammlung für die Geschäftszeit, einen dritten Prüfer benennt die DOG. Die Rechnungsprüfer prüfen die Wirtschaftlichkeit und Sparsamkeit der Ausgaben nach Durchsicht des Berichtes der Prüfungsgesellschaft und berichten der Haupt- bzw. Mitgliederversammlung. Sie sind nur der Hauptversammlung verantwortlich.

4. Das Präsidium gibt sich eine Finanzordnung, die nicht Bestandteil dieser Satzung ist.

### *§ 12. Gemeinnützigkeit*

1. Das NOK ist ausschließlich gemeinnützig, verfolgt keine wirtschaftlichen Zwecke und strebt keinen Gewinn an.

2. Die Mitglieder dürfen bei ihrem Ausscheiden oder bei Auflösung des Komitees nicht mehr als ihre geleisteten Bareinlagen und den gemeinen Wert gegebener Sacheinlagen zurückerhalten.

3. Es dürfen keine Personen durch Ausgaben, die vom Satzungszweck fremd sind oder durch unverhältnismäßig hohe Vergütungen besonders begünstigt werden.

### *§ 13. Auflösung*

1. Die Auflösung des NOK kann nur von einer Hauptversammlung mit ¾ der anwesenden Stimmen beschlossen werden und nur, wenn der Antrag auf der Tagesordnung der schriftlichen Einberufung gestanden hat.

2. Das Vermögen des NOK fällt nach seiner Auflösung an die Bundesregierung mit der Auflage, daß sie nur für die in dieser Satzung als Aufgabe des NOK genannten Zwekke verwenden darf.

Anmerkung:

Das NOK ist wegen Förderung internationaler Gesinnung und der Völkerverständigung als gemeinnützige Körperschaft im Sinne der Gemeinnützigkeitsverordnung vom 24. 12. 1953 durch das Finanzamt Frankfurt/Main anerkannt (zuletzt durch Freistellungsbescheid vom 26. 5. 1966).

## 7. Verfassung der „Stiftung Deutsche Sporthilfe"*

### *§ 1. Stiftungszweck*

1. Die Stiftung dient ausschließlich und unmittelbar dem gemeinnützigen Zweck, Sportler und Sportlerinnen zum Ausgleich für ihre Inanspruchnahme durch die Gesellschaft und bei der nationalen Repräsentation ideell und materiell durch alle dazu geeigneten Maßnahmen zu fördern. Das geschieht insbesondere durch

a) Hilfen jeder Art, um die sportliche Leistungsfähigkeit voll zu entfalten und zu erhalten,

b) Unterstützung einer ihren Anlagen, Fähigkeiten und ihrer eigenen Einsatzfreudigkeit entsprechenden beruflichen Aus- und Weiterbildung.

2. Es besteht kein Rechtsanspruch auf Förderung, auch nicht bei Wiederholung einer Förderungsmaßnahme.

### *§ 2. Sitz*

Die Stiftung hat ihren Sitz in Frankfurt am Main.

### *§ 3. Stifungsvermögen*

1. Das Vermögen der Stiftung besteht aus einem Kapitalbetrag von DM 50 000,—. Eine Vermehrung des Stiftungsvermögens durch Annahme von Zuwendungen öffentlicher und privater Stellen, durch Sammlungen und andere Veranstaltungen, die der Mittelbeschaffung dienlich sind, ist vorgesehen.

2. Über die Anlage des Stiftungsvermögens entscheidet der Vorstand nach freiem Ermessen. Er hat jedoch für eine bestmögliche Anlage zu sorgen.

* In der 3. Fassung vom 10. April 1970.

### § 4. *Organe*

Organe der Stiftung sind:

1. der Vorstand
2. das Kuratorium
3. der Gutachter-Ausschuß

### § 5. *Vorstand*

1. Der Vorstand besteht aus 11 Mitgliedern. Ihm gehören an:

a) 7 Mitglieder, die vom Kuratorium der Stiftung gemäß § 7 der Satzung benannt werden;

b) 3 Mitglieder, die vom Deutschen Sportbund benannt werden;

c) 1 Mitglied, das vom NOK für Deutschland benannt wird.

2. Der Vorstand wählt aus seiner Mitte den Vorsitzenden, die zwei stellvertretenden Vorsitzenden und den Schatzmeister.

3. Der Vorstand vertritt die Stiftung gerichtlich und außergerichtlich.

4. Zur Zeichnung namens der Stiftung mit rechtlicher Wirkung Dritten gegenüber sind die Unterschriften von zwei Vorstandsmitgliedern erforderlich.

5. Die Amtszeit der Vorstandsmitglieder beträgt vier Jahre. Das Geschäftsjahr, in dem die Amtszeit beginnt, wird nicht mitgerechnet. Wiederbenennung ist zulässig. Der Nachfolger eines ausgeschiedenen Vorstandsmitgliedes wird lediglich für die noch restliche Amtszeit seines Vorgängers berufen.

### § 6. *Beschlußfassung des Vorstands*

1. Der Vorstand faßt seine Beschlüsse in Sitzungen oder auf schriftlichem Wege. Er soll mindestens zweimal während eines Geschäftsjahres zusammentreten.

2. Die Sitzungen des Vorstands werden vom Vorsitzenden, im Falle seiner Behinderung von einem der stellvertretenden Vorsitzenden einberufen. Beschlußfähigeit besteht, wenn außer dem Vorsitzenden oder einem der stellvertretenden Vorsitzenden mindestens noch fünf andere Mitglieder anwesend sind.

3. Die Beschlüsse des Vorstands werden mit einfacher Stimmenmehrheit der anwesenden Mitglieder gefaßt. Bei Stimmengleichheit entscheidet die Stimme des Vorsitzenden, im Falle seiner Behinderung die seines Stellvertreters, der die Sitzung leitet.

4. Beschlüsse über Verfassungsänderungen bedürfen einer $^{2}/_{3}$-Mehrheit der anwesenden Mitglieder des Vorstands.

5. Über die Beschlüsse des Vorstands wird ein Protokoll angefertigt, das vom Vorsitzenden bzw. einem der stellvertretenden Vorsitzenden zu unterzeichnen ist.

6. Der Vorstand beschließt für die Tätigkeit des Gutachter-Ausschusses und der Geschäftsführung eine Geschäftsordnung.

### *§ 7. Kuratorium*

1. Zur Förderung der Stiftung und zur Beratung des Vorstands bei der Durchführung seiner Aufgaben wird ein Kuratorium berufen.

Die Berufung in das Kuratorium erfolgt durch den Vorstand gemäß § 5 Absatz 1 aus einem Kreis von Persönlichkeiten des öffentlichen Lebens, die bereit und in der Lage sind, mit Rat und Tat in besonderer Weise zur Verwirklichung des Zieles der Stiftung beizutragen. Die Berufung erfolgt auf jeweils vier Jahre. Wiederberufung ist zulässig.

2. Das Kuratorium benennt aus seiner Mitte 7 Mitglieder, unter denen sich der vom Bundesministerium des Innern bestimmte Vertreter befinden muß, die gemäß § 5 Absatz 1 der Verfassung dem Vorstand angehören.

3. Vorsitzender des Kuratoriums ist der Vorsitzende des Vorstands der Stiftung, im Falle seiner Behinderung einer der stellvertretenden Vorsitzenden. Der Vorsitzende beruft das Kuratorium nach Bedarf ein und leitet dessen Beratungen.

4. Das Kuratorium kann zur Intensivierung seiner Tätigkeit und für spezielle Aufgaben Ausschüsse bilden, die im Rahmen ihres Auftrages selbständig tätig sind und dem Vorstand unmittelbar Vorschläge unterbreiten können. Den Ausschüssen können auch Nichtmitglieder des Kuratoriums angehören. Über

die Berufung entscheidet das Kuratorium auf Vorschlag des Vorstands der Stiftung.

### *§ 8. Gutachter-Ausschuß*

1. Der Gutachter-Ausschuß besteht aus 5 Mitgliedern (darunter 1 Vertreter des NOK), die vom Vorstand auf Vorschlag des Deutschen Sportbundes berufen werden.

2. Der Gutachter-Ausschuß beschließt über die im Einzelfall zu ergreifenden Förderungsmaßnahmen entsprechend der vom Vorstand erlassenen Geschäftsordnung.

Die Beschlüsse werden mit einfacher Mehrheit gefaßt. Zur Beschlußfähigkeit ist die Anwesenheit von mindestens drei Mitgliedern erforderlich.

3. Der Gutachter-Ausschuß unterrichtet den Vorstand über die getroffenen Maßnahmen.

### *§ 9. Geschäftsführung*

1. Der Vorstand bestellt einen oder mehrere Geschäftsführer. Sie führen die Beschlüsse und Anordnungen des Vorstandes und des Gutachter-Ausschusses entsprechend der vom Vorstand erlassenen Geschäftsordnung aus.

In Eilfällen ist ein Geschäftsführer ermächtigt, die Stiftung zusammen mit einem Mitglied des Vorstandes nach außen zu vertreten.

2. Die Kosten der Geschäftsführung trägt die Stiftung.

3. Die Stiftung darf keine Personen durch Verwaltungsausgaben, die dem Zweck der Körperschaft fremd sind, oder durch unverhältnismäßig hohe Vergütungen begünstigen.

### *§ 10. Ehrenamtlichkeit*

Die Vorstandsmitglieder, die Mitglieder des Kuratoriums und des Gutachter-Aussschusses versehen ihre Ämter ehrenamtlich.

### *§ 11. Geschäftsjahr, Rechnungslegung, Aufsicht*

1. Das Geschäftsjahr der Stiftung ist das Kalenderjahr.

2. Die Stiftung hat über ihre Verhältnisse nach den Grundsätzen ordnungsgemäßer Buchführung Buch zu führen.

3. Die Nachprüfung der Rechnung und der bestimmungsmäßigen Verwendung der Mittel im abgelaufenen Rechnungsjahr erfolgt durch das Revisionsamt der Stadt Frankfurt gemäß §§ 12 und 28 des Hessischen Stiftungsgesetzes vom 4. 4. 1966 (GVBl. 1966 I S. 77).

*§ 12. Verfassungsänderung, Aufhebung*

1. Änderungen der Verfassung sowie die Aufhebung der Stiftung bedürfen der Genehmigung der zuständigen staatlichen Aufsichtsbehörde.

2. Im Falle der Aufhebung der Stiftung soll deren Vermögen zu gleichen Teilen an den DSB und die DOG bzw. deren Rechtsnachfolger fallen, die es ausschließlich zu gemeinnützigen Zwecken im Sinne des Stiftungszweckes verwenden sollen.

## 8. Geschäftsordnung der „Stiftung Deutsche Sporthilfe“

Der Vorstand der Stiftung Deutsche Sporthilfe beschließt in seiner 6. Sitzung vom 19. 11. 1968 gemäß § 6 der Verfassung folgende Geschäftsordnung (3. Fassung):

*I. Abschnitt*

1. Die Stiftung Deutsche Sporthilfe dient dem gemeinnützigen Zwecke, Sportler und Sportlerinnen durch schnelle, wirksame und unkomplizierte Maßnahmen zu fördern.

2. Über die Auswahl der zu fördernden aktiven Sportler und über die Art ihrer Förderung entscheidet im Regelfall der *Gutachter-Ausschuß* nach Maßgabe der in der Verfassung und in dieser Geschäftsordnung festgelegten Grundsätze.

3. Grundsatzbeschlüsse bedürfen der Zustimmung des Vorstandes.

4. Der Gutachter-Ausschuß trifft seine Entscheidungen auf Sitzungen. In dringenden Fällen kann auch telefonisch oder schriftlich entschieden werden. Der Gutachter-Ausschuß ist beschlußfähig, wenn mindestens zwei Mitglieder des Ausschusses und der Geschäftsführer anwesend sind.

5. Der Gutachter-Ausschuß wird vom Vorsitzenden einberufen. Die Mitglieder des Vorstandes haben jederzeit das Recht, an Sitzungen des Ausschusses teilzunehmen. Zu Beginn jeder Sitzung wählen die Mitglieder des Gutachter-Ausschusses aus ihrer Mitte einen Versammlungsleiter, der auch für die Erstellung des Protokolls verantwortlich zeichnet.

6. Alle eingehenden Förderungsanträge werden vom Geschäftsführer vorgeprüft und mit sämtlichen Unterlagen sowie einem Vorschlag für die zu ergreifende Förderungsmaßnahme dem Gutachter-Ausschuß zur Entscheidung vorgelegt.

7. Bei der Beratung der Anträge durch den Gutachter-Ausschuß kann im Einzelfall ein Vertreter des Spitzenverbandes, dem der zur Förderung vorgeschlagene Sportler angehört, zur zusätzlichen Begründung des Förderungsantrages hinzugezogen werden.

8. Der Geschäftsführende Vorstand ist berechtigt, in Einzelfällen Förderungsmaßnahmen zu beschließen. Der Gutachter-Ausschuß wird jeweils in der darauffolgenden Sitzung über derartige Beschlüsse unterrichtet. Der Vorstand kann zweckdienliche Änderungen an allen Beschlüssen vornehmen.

9. Der Geschäftsführer führt die Beschlüsse unverzüglich und direkt aus. Dem zuständigen Spitzenverband ist von diesen Beschlüssen Kenntnis zu geben.

10. Finanzielle Hilfen werden nicht dem zu fördernden Sportler, sondern treuhänderisch einer Kontaktperson (Abschnitt IV) übergeben; Übernahme von Verdienstausfall ist im Regelfall mit dem Arbeitgeber direkt zu regeln. Bei allen Hilfen ist die Steuerpflicht zu beachten.

11. Der Gutachter-Ausschuß gibt dem Vorstand nach Ablauf eines jeden Geschäftsjahres einen schriftlichen Bericht einschließlich Rechnungslegung über die von ihm beschlossenen einzelnen Maßnahmen.

*II. Abschnitt*

1. *Anträge* stellen insbesondere die Spitzenverbände an die Stiftung. Um rechtzeitig einen Überblick über die insgesamt benötigten Mittel in einem Rechnungsjahr zu erhalten,

werden die Spitzenverbände aufgefordert, bereits zum Jahresanfang eine Bedarfsübersicht einzureichen. Diese gelten nicht als Antragsunterlagen.

2. Die einzelnen Anträge sind so rechtzeitig zu stellen, daß eine Entscheidung noch vor dem Zeitpunkt des Bedarfs getroffen werden kann.

3. Anträge zur Förderung einzelner Sportler sollen enthalten:

a) Angaben zur Person:

| | |
|---|---|
| Name | Heimatanschrift |
| Geburtstag | Berufsanschrift |
| Beruf | Telefon |
| Familienstand | |

Arbeitgeber mit voller Anschrift und Telefonnummer.

b) Angaben über soziale Verhältnisse:

Verdienstbescheinigung durch den Arbeitgeber;
Bescheinigung über die Höhe der Studiengebühren;
Angabe über die Höhe der Stipendien oder ähnliche Zuwendungen von anderer Seite (Verein, Verband etc.)

c) Angaben zur sportlichen Organisation:

Verein, Name und Anschrift;
Trainer, Name und Anschrift.

d) Übersichtliche Darstellung der sportlichen Leistungen

e) Stellungnahme des Spitzenverbandes zum Antragsgegenstand

f) Angaben zur Kontaktperson:

Name
Beruf
Anschrift
Telefon
Konto-Nr.
Funktion im betreffenden Spitzenverband (ggf.)

g) Sonstige Anmerkungen (besondere Gesichtspunkte aus der Sicht des Antragstellers).

*III. Abschnitt*

1. *Zum Kreise der förderungswürdigen Sportler* gehören:
a) die Inhaber des Olympia-Passes des NOK
b) die Mitglieder der Nationalmannschaften der Verbände nebst Anwärtern
c) herausragende Talente.

2. Die Förderungsmaßnahmen werden in erster Linie von der Förderungsbedürftigkeit bestimmt. In jedem Einzelfall ist zu prüfen, ob der Sportler aus der Sicht seiner Anlagen und Fähigkeiten, seiner sportlichen Leistungen und seiner charakterlichen Haltung förderungswürdig ist.

*IV. Abschnitt*

1. Für jeden in die Förderungsmaßnahmen der Stiftung einbezogenen Sportler ist eine *Kontaktperson* (Mentor) zu benennen, welche die personelle Betreuung übernimmt und für die Abwicklung der beschlossenen Hilfen Sorge trägt.

2. Mentor kann z. B. der Trainer, ein Vertreter des Vereinsvorstandes oder des Verbandes, ein Mitglied des zuständigen Zweigstellen-Vorstandes der DOG, der Dienstvorgesetzte oder eine andere Person des Vertrauens der Stiftung sein.

3. Der Mentor ist gegenüber der Stiftung belegpflichtig im Sinne der ordnungsgemäßen Verwaltung der Mittel nach der Belegordnung der Stiftung. Er ist weiterhin verantwortlich für die Erfüllung der Steuerpflicht des Empfängers. Der Nachweis der Erfüllung der Steuerpflicht ist Teil der Belegpflicht.

*V. Abschnitt*

1. Die Stiftung kennt ideelle und materielle *Möglichkeiten der Förderung von Sportlern.*

2. In den ideellen Bereich gehören u. a.:
a) Betreuung, entsprechend den Anlagen des Sportlers, und Einflußnahme auf den Arbeitgeber zur Erwirkung des erforderlichen Urlaubs für Training und Wettkampf;
b) Vermittlung von Sport-Patenschaften, um die Spitzensportler durch Mentoren auch personell betreuen und menschlich führen zu lassen und ihnen so das Gefühl einer gewissen sozialen Sicherstellung zu geben.

3. Zu den materiellen Hilfen (Zuschüsse und Darlehen) rechnen u. a.:

a) Studien-, Ausbildungs- und Unterhaltsbeihilfen
   aa) Stipendien, einschließlich begrenzter Verlängerung des Studiums
   ab) Lehrmittel- und Arbeitshilfen
   ac) Förderung der beruflichen Aus- und Weiterbildung
   ad) Nachhilfestunden bei Schülern
b) Vergütung von Lohn- und Verdienstausfall
c) Ernährungs- und Erholungsbeihilfen
d) Übernahme der Kosten für Sauna, Massage und spezielle sportärztlichen Betreuung
e) Zuschüsse für Fahrtkosten und Trainingsaufenthalt
   ea) für den Weg zur Trainingsstätte
   eb) für den Weg zum Trainingszentrum
   ec) zur Zusammenführung von Partnern usw.
f) Hilfen zur Benutzung von Sportanlagen
d) Anschaffung spezieller Trainingsgeräte für das Eigentraining und sonstiger Trainingsmittel
h) sonstige Hilfestellungen im Sinne des Stiftungsgedankens (§ 1 der Verfassung), z. B. Honorierung von Trainern.

4. Die Förderungsmaßnahmen werden aufgrund der besonderen Verhältnisse im Einzelfall von der Stiftung eingeleitet. Pauschale Zahlungen an Verbände usw. zur Verteilung sind grundsätzlich ausgeschlossen.

5. Die Stiftung führt in Abstimmung mit den Verbänden ferner besondere Maßnahmen zur langfristigen Heranbildung des Nachwuchses durch.

6. Hilfen können aus Mitteln der Stiftung gegeben oder auch durch die Stiftung (aus anderen Quellen) vermittelt werden.

7. Alle Hilfen der Stiftung werden nur dann gegeben, wenn andere Hilfsquellen erschöpft oder nicht ausreichend sind. Bisherige Hilfen sollen durch die Stiftung nicht abgelöst, sondern nur ergänzt werden in der Absicht, eine möglichst schnelle, ausreichende und weitreichend wirksame Förderung zu gewährleisten.

*VI. Abschnitt*

Für die Stiftung werden *Bank- und Postscheckkonten* eingerichtet. Zeichnungsberechtigt für diese Konten sind der Vorsitzende, sein Stellvertreter und der Schatzmeister sowie der Geschäftsführer in der Form, daß jeweils zwei Zeichnungsberechtigte gemeinsam zeichnen; für Beträge bis zu DM 2000.— genügt die Unterschrift eines der vier Zeichnungsberechtigten.

*VII. Abschnitt*

1. Für auf den Konten der Stiftung eingegangene Zuwendungen werden *Spendenbescheinigungen ausgestellt.*

2. Es sind nur fortlaufend numerierte vorgedruckte Quittungen zulässig. Die Durchschriften werden entsprechend der Numerierung abgeheftet. Für Zweitausfertigungen der Spendenbescheinigungen müssen entsprechende Nummern auf den Quittungen und auf den Durchschriften eingetragen werden.

3. Die Stiftung führt eine einfache Liste der ausgestellten Spendenquittungen und Zweitschriften.

## 9. Anti-Doping Bestimmungen der International Amateur Athletic Federation*

### PART I: I.A.A.F. RULE 144 — DOPING

1. Doping at the time of competition is strictly forbidden.

2. Doping is the use by or distribution to a competitor of certain substances which could have the effect of improving artificially the competitor's physical and/or mental condition and so augmenting his athletic performance.

3. Doping substances, for the purpose of this rule, include the following: —

*a) Psychomotor stimulant drugs:*

amphetamine
benzphetamine
cocaine
diethylpropion
dimethylamphetamine
ethylamphetamine
fencamfamin
fenproporex
methylamphetamine
methylphenidate

* In deutscher Fassung nicht veröffentlicht

norpseudo ephedrine
pemoline
phendimetrazine
phenmetrazine
phentermine
pipradol
prolintane
and related compounds

*b) Symphatomimetic Amines:*

ephedrine
methylephedrine
methoxyphenamine
and related compounds

*c) Miscellaneous central nervous system stimulants:*

amiphenazole
bemigride
leptazole
nikethamide
strychnine
and related compounds

*d) Narcotic Analgesics:*

morphine
heroin
methadone
pethidine
dextromoramide
dipipanone
and related compounds

*e) Anabolic Steroids:*

The above list is not necessarily comprehensive. Cases of doubt as to other substances which may be regarded as doping substances shall be referred to the Medical Advisory Panel for decision. Before any penalties are imposed under this rule the actual doping substance must be identified beyond reasonable doubt.

4. Anti-doping controls shall be carried out under the supervision of a Doping Committee and will take place only when ordered by the I.A.A.F. or by the Area or national governing body responsible for organising or sanctioning the meetings. The Doping Committee shall include a qualified medical officer and an appropriate official of the meeting (e. g. a Technical Delegate).

Where testing for doping is to be carried out, the method of selection of the athletes to be controlled shall be decided before the event by the Doping Committee. Additional controls or tests may be ordered after the event at the discretion of the Doping Committee.

5. An athlete who takes part in a competition must, if so requested by the responsible official, submit to an anti-doping control. Refusal to do so will result in disqualification and the athlete shall be reported to his national governing body, who shall inform the I.A.A.F.

6. Medication administered by any route within 3 days of the start of the competition or event, must be declared to the Doping Committee before the competition or event, by means of official forms.

7. A competitor found to have used or to be in possession of doping substances at an athletic meeting shall be disqualified from the competition and reported to his national governing body. (See Rule 53, para: xi)

Likewise any person assisting or inciting others to use doping substances shall be considered as having committed an offence against I.A.A.F. rules, and thus exposes himself to disciplinary action.

Any offences under this rule shall be reported by the national governing body to the I.A.A.F.

8. The detailed procedure for the conduct of tests, including the collection of urine samples, the method of analysis and the use of accredited Laboratories, shall be determined by the Medical Advisory Panel of the I.A.A.F. Copies of the current approved procedure shall be supplied on request by I.A.A.F. to responsible organising bodies for the information and guidance of the Doping Committees, athletes and officials.

Note:

The above rule differs slightly from the version in the 1971/72 Handbook, as it includes additions to the list of doping substances and other minor amendments made on the advice of members of the Medical Advisory Panel with the approval of the Council.

## PART II: Procedure for Anti-Doping Controls

*General:*

All officials concerned should inform themselves regarding the procedure, and team officials should ensure that athletes under their control are warned in advance that they may be required to undergo tests.

Meeting Organizers must ensure that adequate control-centre facilities are provided, e. g. waiting rooms, W.C.'s, private rooms (secure from intruders) for registration etc.

Athletes selected for testing should be handed a Notice (Appendix 1) immediately after their event.

*Collection and Registration of Urine Samples:*

a) The urine should be collected at the completion of a particular event but there is no special urgency about urine collection provided the urine is obtained within a few hours of the event being tested.

b) No representative of the Press, Television or Radio should be permitted to be present during the collection or registration of samples.

c) At no time should there be more than one competitor in the room when the following procedure is being carried out.

d) A minimum of 50 mls of the urine sample must be collected from a competitor to be tested. This sample must then be divided as indicated below, using two bottles for each competitor tested, both bearing the same code, which should be etched on the bottles. Unused bottles, straight from the manufacturer, should be used.

e) A competitor should be allowed the choice of coded bottles.

f) It must be checked that the urine from the competitor is voided into one of the selected bottels.

g) One half of the urine sample should then be poured into the corresponding coded bottle by an official in the presence of the competitor.

h) At the time of sub-division of samples, a drop of urine should be removed from one of the bottles, using a glass rod, and spotted on to indicator paper pH 4 to 8, and the result obtained entered on to the competitor's Anti-Doping Control Form. (Appendix 2).

i) The samples should be sealed in the presence of the competitor, who should check that the code on the bottles is the same as the official's entry against the competitor's name on the Anti-Doping Control Form.

j) The signatures of the competitor and an official, on the Doping Control Form, must be obtained, showing that the above procedure has been carried out.

k) A separate record should be extracted from the Control Forms, listing against each bottle code number, the pH and any drugs declared, but no other information, and this record should be passed to the laboratory when the samples are sent for testing. The original Control Forms should then be placed in a sealed envelope and handed to the Chairman of the Doping Committee or his nominee.

*Storage and Disposal of Samples:*

a) One of each pair of bottles should be placed into a box for submission to an analytical laboratory, whereas the second sample should be placed into a second box as a reserve sample.

b) When all the competitors have been tested for the event, the containers containing the bottles for testing and those containing the reserve samples, should be sealed.

c) The boxes containing the reserve samples should be stored as "Reserve Samples" in accordance with the instructions of the responsible governing body.

d) The samples for analysis should be despatched to the designated Analytical Laboratory.

e) Control samples may be introduced at the discretion of the Doping Committee and included with the samples sent for analysis.

f) The samples of urine should be stored at a cool temperature before testing.

*Analysis of Samples:*

a) Only laboratories accredited and approved by the I.A.A.F. on the advice of the Medical Advisory Panel should be used to carry out the analytical work in connection with dope control.

b) Screening tests based upon gas-liquid chromatography using a number of columns, and thin-layer chromatography using a number of systems, must be used.

c) If a positive result is indicated in the above tests, then further tests, should be carried out, such as derivative gas chromatographic techniques, pyrolysis gas chromatography and gas chromatography combined with mass spectrometry.

*Communication of Results and Protests:*

a) The results of the control are strictly confidential and shall be communicated to the Chairman of the Doping Committee or his nominee in a sealed envelope.

**APPENDIX I — SPECIMEN NOTICE (see Part II General):**

| I.A.F.F.<br>ANTI-DOPING<br>CONTROL TEST | F.I.A.A.<br>CONTROLE<br>ANTI-DOPING |
|---|---|

*Competitor's Name/Nom*

*Number/Numéro*

Please note that you are required to accompany the medical attendant to the Control Room for Anti-Doping Tests.

At this test a urine specimen will be taken under supervision.

---

Veuillez prendre note que vous devez accompagner le Commissaire médical à la Chambre réservée aux besoins du contrôle anti-doping.

Lors de cette visite un échantillon d'urine sera pris sous contrôle.

Note: This notice may be prepared in additional languages on the advice of the Doping Committee concerned.

Appendix 2.

| International Amateur Athletic Federation | | | |
|---|---|---|---|
| anti doping test | | control form | |
| Athlete | | Signatures | |
| Name/Nom | | Athlete | |
| No./Num. | | Official of Doping Control<br>Officiel du Controle Anti-Doping | |
| Country/Pays | | | |
| Date and Time of event<br>Date et heure de l'épreuve | | Drugs declared to have been used<br>During the last three Days<br>Substrances declarées a avoir été Prises dans les 3 jours Précédents | |
| Time of Urine Sampling<br>Heure du controle d'Urine | | | |
| No. on Bottle<br>Num.-Bouteille | | | |
| No.-Reserve<br>Num.-Réservé | | Remarks/Remarquies | |
| Amount of Urine (in ml)<br>Quantité d'Urine (en ml) | | | |
| pH of Urine<br>pH de l'Urine | | | |

b) The evidence which has led to a definitive identification of a doping substance must be made available to the Chairman of the Doping Committee or his nominee.

c) If the Doping Committee decides that there is evidence of doping, the athlete concerned shall be informed through his team manager.

d) If a competitor or an official acting on his behalf challenges a positive result, within 24 hours of being notified, the analysis of the corresponding reserve sample shall be made as soon as possible, and the medical attendant of the athlete may be present to witness the procedure.

Alternatively the competitor or official concerned may request that the analysis of the reserve sample shall take place in another accredited laboratory, in a country other than the one involved in making the protest.

## 10. Doping-Bestimmungen des Deutschen Leichtathletik-Verbandes*

I. Doping ist verboten und wird bestraft.

II. Doping ist der Versuch, eine Steigerung der Leistungsfähigkeit des Sportlers durch unphysiologische Substanzen für den Wettbewerb zu erreichen.

Man versteht darunter die Anwendung (Einnahme, Injektion oder Verabreichung) einer Dopingsubstanz durch Sportler oder deren Hilfspersonen (insbesondere Mannschaftsleiter, Trainer, Betreuer, Ärzte, Pfleger und Masseure) vor, während oder unmittelbar nach einem Wettkampf.

III. Insbesondere gelten folgende Substanzen als Doping:

a) *Psychomotorische Stimulanzien:* z. B. Amphetamine, Methylamphetamine, Äthylamphetamine, Benzphetamine, Phen-

* Vorlage an den Verbandstag des Deutschen Leichtathletik-Verbandes zur Änderung der Regel 16 der Amtlichen Leichtathletik-Bestimmungen. Abdruck nach Sonderdruck aus „Leichtatheltik" 9/71 vom 2. 3. 1971.

dimetrazine, Cocaine, Norpseudoephedrine und ähnliche Stoffe.

b) *Symphaticomimetische Amine:* z. B. Ephedrine, Methylephedrine, Methosyphenamine und ähnliche Stoffe.

c) *Verschiedene Stimulanzien des zentralen Nervensystems:* z. B. Leptazol, Amiphensale, Bemigride, Nikethamide, Strychtine und ähnliche Stoffe.

d) *Narkotika:* z. B. Morphium, Heroin, Methadone, Pethidine, Dextromoramide, Dipipanone und ähnliche Stoffe.

Die obige Liste darf nicht als vollständig betrachtet werden. Auch im Training eingenommene anabole Steroide entsprechen der Doping-Definition. In Zweifelsfällen entscheidet der Rechtsausschuß nach Anhörung der Doping-Kommission.

Nicht zu den Doping-Mitteln zählen: a) reine Vitaminpräparate, b) Massage und Einreibemittel, c) Traubenzucker, d) Genußmittel (Alkohol, Coffein, Tein, Nikotin).

Auch aus medizinischen Gründen dürfen Doping-Substanzen von Sportlern vor, während oder nach einem Wettkampf nicht eingenommen werden. Ausgenommen sind Lokalanaesthetika bei Verletzungen. Die Anwendung ist der Wettkampfleitung unverzüglich mitzuteilen.

IV. 1. Wettkämpfer haben die Vornahme der Doping-Kontrolle zu dulden.

2. Die Verweigerung der Doping-Kontrolle wird behandelt, als ob der Tatbestand des Dopings erwiesen wäre.

Die Auswahl der zu untersuchenden Sportler erfolgt durch einen Angehörigen der Doping-Kommission oder des Schiedsgerichts durch Losentscheid oder nach den Plazierungen.

Die Kosten der Doping-Untersuchungen trägt der Veranstalter. Bei positivem Ausfall trägt der Athlet die Kosten, sein Verein haftet dafür.

*Durchführungsbestimmungen zur Doping-Kontrolle*

Mit der Nennung zu einem Wettkampf verpflichtet sich jeder Athlet, sich einer Doping-Kontrolle durch die verantwortlichen Organe des Verbandes (DLV, LV) zu stellen, falls es verlangt wird. Verantwortliche Organe sind die Kontrollbeauftragten (Sachverständigen) des Verbandes. Ein Kontrollbeauftragter ist in Zusammenarbeit mit dem Veranstaltungsarzt und dem Schiedsgericht für die ordnungsgemäße Durchführung der Doping-Kontrolle zuständig. Der Kontrollbeauftragte legt vor dem Wettkampf gemeinsam mit dem Schiedsgericht den Modus der Auswahl (Wettbewerb, Los oder Plätze) fest.

Außerhalb dieser *vor dem Wettkampf* getroffenen Entscheidung sollen nur Athleten, die bereits einmal des Dopings überführt wurden, kontrolliert werden. Zeigt ein Wettkämpfer jedoch ein auffallend unnormales Benehmen, hat der Veranstaltungsarzt das Recht, ihn zur Kontrolle zu schicken.

Als Nachweismethode dienen Gas- und Dünnschichtchromatographie bei einem von der Dopingkommission oder dem DSB anerkannten Institut.

Für die Feststellung eines Dopings ist nur der qualitative Nachweis entscheidend, der Zeitpunkt der Einnahme, die Höhe der Dosis und die Tauglichkeit sind grundsätzlich bedeutungslos.

*Folgende Punkte sollen beim Kontrollvorgang beachtet werden:*

a) Der Kontrollbeauftragte übergibt unmittelbar nach dem Wettkampf dem ausgelosten Athleten eine schriftliche Aufforderung und vereinbart mit ihm den Zeitpunkt seines Erscheinens im Kontrollraum.

b) Eine zeitliche Begrenzung ist nicht vorgeschrieben. Die Kontrolle kann sofort nach dem Wettkampf bis mehrere Stunden danach erfolgen. Zwischen Wettkampfende und Kontrolle eingenommene Dopingmittel werden als Verstoß gegen die Regel gewertet.

c) Im Kontrollraum sollen nur der Athlet, sein Betreuer, der Kontrollbeauftragte und der Veranstaltungsarzt anwesend sein. Presse, Rundfunk und Fernsehen haben während der Kontrolle keinen Zutritt.

d) Nach der Feststellung seiner Identität durch den Dopingkontrolleur wählt der Athlet aus einer Reihe hygienisch verpackter Trichter einen und aus mehreren fabrikneuen Flaschen zwei beliebige aus.

e) Mittels Glasschreiber kennzeichnet der Athlet die beiden Flaschen mit einer selbstgewählten dreistelligen Zahl (möglichst verschiedene Ziffern), die der Kontrollbeauftragte als noch nicht vorhanden bestätigt.

f) Der Veranstaltungarzt überwacht, daß der Athlet durch den Trichter direkt in eine der Flaschen uriniert. Mindestens 50 ml Urin sollen gesammelt werden.

g) Der Kontrollbeauftragte fertigt ein Protokoll, das neben den Personalien des Athleten auch Angaben über evtl. eingenommene Arzneimittel und die Uhrzeit enthält.

h) Vor dem Athleten wird ein Teil der Harnprobe in die zweite gekennzeichnete Flasche gefüllt. Bei der Unterteilung soll ein Tropfen Urin auf seinen Wasserstoffexponenten geprüft werden. Der ermittelte pH-Wert wird im Protokoll vermerkt.

i) Der Athlet trägt eigenhändig die von ihm gewählte Code-Nummer in das Protokollformular ein und schreibt die gleiche nochmals auf einen Papierstreifen.

j) In Gegenwart des Athleten werden die beiden Flaschen hermetisch verschlossen und von dem Kontrollbeauftragten mit dem (DLV-)Petschaft versiegelt. Der Papierstreifen mit der Code-Nummer soll miteingesiegelt werden.

k) Die Überprüfung des gesamten Vorgangs erfolgt durch den Athleten und wenn möglich durch seinen Betreuer, der in jedem Falle das Recht hat, bei der Dopingkontrolle anwesend zu sein.

l) Die Beteiligten unterzeichnen das Protokoll und bestätigen auf einem Formblatt die vorschriftsmäßige Abwicklung der Kontrolle. Die beiden Flaschen werden in zwei getrennte Behälter gestellt. Nach Abschluß der Kontrollen werden die Protokolle in einem versiegelten Umschlag dem Verband übergeben. Die Behälter werden ebenfalls versiegelt und vom Kontrollbeauftragten zum anerkannten Labor gebracht.

Dort wird eine Probe untersucht und die zweite Probe für eine evtl. Nachkontrolle im Kühlschrank aufbewahrt. Das Resultat ist streng vertraulich und wird in einem verschlossenen Brief der Dopingkommission mitgeteilt. Im positiven Falle erfolgt baldmöglichst die Untersuchung der zweiten Probe. Sie kann im gleichen Labor in Anwesenheit eines sachkundigen Vertreters des Athleten oder in einem anderen qualifizierten Institut erfolgen, das sich der gleichen Arbeitsmethode bedient.

Das Ergebnis wird wieder der Dopingkommission mitgeteilt, die es mit dem DLV-Vorstand bzw. DLV-Rechtsausschuß bespricht.

## Dopingliste des DLV

Nach der Dopingdefinition ist die Einnahme von unphysiologischen (körperfremden) Mitteln in jeder Form untersagt.

Ein Athlet, der ärztlich behandelt wurde, kann an einem Wettkampf nicht teilnehmen, wenn er unter der Einwirkung eines der nachfolgend genannten Arzneimittel steht. Für die Feststellung eines Dopings ist nur der qualitative Nachweis entscheidend, der Zeitpunkt der Einnahme, die Höhe der Dosis und die *Tauglichkeit* sind grundsätzlich *bedeutungslos.*

Grundlage der Aufzählung sind die Regeln der IAAF und die Richtlinien des DSB (Liste Dr. Donike).

Die Aufstellung enthält, lediglich zur Information für Athleten und Trainer, in Deutschland bekannte Arzneispezialitäten, die unter allen Umständen bei Dopingkontrollen im DLV-Bereich überprüft und verfolgt werden.

Die Liste ist als nicht vollständig zu betrachten. Bei der Unzahl der Synonyma und der vielen Kombinationspräparate können allein die chemische Nomenklatur und die Strukturformel für die Zuordnung einer Substanz zu den Dopingmitteln verbindlich sein.

In allen Zweifelsfällen entscheidet die Dopingkommission.

| | | |
|---|---|---|
| Adenofrenon | Aethylnitrit | Amphodyn |
| Adipathrol | Aixolein | Amylnitrit |
| Adiposetten | Akrinor | AN 1 |
| Adrianol | Akrothem Tabl. | Analeptic Flex |

Ascencil
Aterenol
Avicol

Becardin
Bradycardin

Cafilon
Captagon
Cardiazol
Complamin
Coramin
Cormed
Cosaldon
Circolomyo
Circyvit

Daptazile
Dilaudid
Dilatol
Ditenate
Dolantin
Dromeran

Effortil
Elastonon
Emacosan
Ephecor
Ephedrin
Ephetonin
Eukodal
Eukraton
Eventin
Exponcit

Ganal
Gilutensin

Hypertensin
Hypotonin

Ilidar
Instenon
Invocan

Jatrosom
Jetrium

Katovit
Kokain

Lobelon

Marplan
Marsilid
MCP 875
Metarminol
Metrotonin
Micoren
Mirapont
Modalin
Modatrop
Morphium
Movellan

Nardil
Niamid
Niconacid
Nicoplectal
Nitro . . .
Nitroglin
Nitroglyzerin
Nitrolingual
Normotion
Norphen
Novadral
Nux vomica

Ol. camphoratum
Opilon
Ordinal

Palfium
Pasuma
Percoffedrol
Pervitin
Phenylephrin
Poikiliton
Phosvitanon
Preludin
Priscol
Progressin
Polamidon

Rankotip
Reaktivan
Recresal
Regenon
Regulton
Restausat
Ritalin
Ronicol
RR-plus

Serpatonil
Sofro
Solvosal
Solucampher
Spasmocyclon
Stimul
Strychnin. nitr.
Suprarenin
Sympatocard
Sympatol

Tenate
Testifortan
Tonhormon
Toniazol
Tonicum „Roche"
Tonocor
Tonol
Tradon
Trazu

Vandid
Vanicord
Vasculat
Vaso-Detrisan
Vasosteril
Veriazol
Veritol
Viracton plus

*Anabolica*

| | | |
|---|---|---|
| Anaboleen | Emdabol | Steranabol |
| Dianabol | Oranabol | Stromba |
| Durabolin | Primobolan | |

# III. Die Olympischen Sommerspiele 1972

## 1. Beschluß der Vollversammlung des Stadtrates der Stadt München vom 20. Dezember 1965*

(Auszug)

### Betreff: Bewerbung der Landeshauptstadt München um die Ausrichtung der Olympischen Sommerspiele 1972

*I. Vortrag*

Meine sehr verehrten Damen und Herren!

Als Stadtrat der Landeshauptstadt München stehen wir heute vor der gemeinsamen Aufgabe, eine Entscheidung von außerordentlicher Tragweite zu treffen, nämlich die Entscheidung darüber, ob sich die Landeshauptstadt München bei dem Internationalen Olympischen Komitee (IOC) um die Ausrichtung der Olympischen Sommerspiele 1972 bewerben soll. Mein Vortrag will der Vorbereitung dieser Entscheidung dienen. Zu diesem Zweck werde ich zunächst die Vorgeschichte dieser Entscheidung kurz umreißen (I), die allgemeinen Bedingungen und Voraussetzungen für eine Bewerbung schildern (II), sodann die Frage untersuchen, ob die Landeshauptstadt diese Bedingungen und Voraussetzungen erfüllen kann (III), und schließlich die für und gegen eine Bewerbung sprechenden Gründe gegeneinander abwägen (IV).

I. Die Frage, ob sich die Landeshauptstadt München um die Ausrichtung der Olympischen Sommerspiele bewerben soll, hat Herr Bürgermeister Brauchle als erster bereits im Winter

* Anton Fingerle: München, Heimat und Weltstadt, Alfred-Wurm-Verlag, München.

1963/64 gestellt. Ende Oktober 1965 wurde sie neuerdings aufgeworfen, als in einem Gespräch mit dem Präsidenten des Nationalen Olympischen Komitees (NOK) und des Deutschen Sportbundes, Herrn Daume, bekannt wurde, daß dem IOC zu diesem Zeitpunkt noch keine offizielle Bewerbung vorlag.

Erste Überlegungen ergaben sogleich, daß die Landeshauptstadt dem Gedanken an eine Bewerbung nur im engsten Einvernehmen und mit voller Unterstützung der Bundesrepublik und des Freistaates Bayern nähertreten könnte, weil die Bedeutung und die Auswirkung einer derartigen Veranstaltung weit über die Zuständigkeit der Landeshauptstadt hinausreichen. Insbesondere stellten sich folgende drei Vorfragen:

1. Hat eine Bewerbung einer deutschen Stadt überhaupt Erfolgsaussichten?

Das ist von Persönlichkeiten, die mit den dafür maßgebenden Verhältnissen auf Grund langjähriger Erfahrungen vertraut sind, bejaht worden. Die seitherige Entwicklung hat diese Auffassung in gewissem Umfange bestätigt.

2. Soll Deutschland diese Chance nützen?

Auch das ist von den für die Beurteilung der hier maßgebenden allgemein politischen, aber auch wirtschaftlichen, konjunkturellen und finanzpolitischen Gesichtspunkte zuständigen Stellen, nämlich dem Herrn Bundeskanzler, der Bundesregierung, dem Herrn Bayerischen Ministerpräsidenten und der Bayerischen Staatsregierung, aber auch dem Senat der Stadt Berlin eindeutig bejaht worden. Ein maßgebender Ausschuß des Deutschen Bundestages und der Bayerische Landtag haben sich später dieser Beurteilung in vollem Umfange angeschlossen.

3. Welche deutsche Stadt hat die besten Aussichten, mit ihrer Bewerbung beim IOC durchzudringen?

Auch hinsichtlich dieser Frage hat die Landeshauptstadt München aus naheliegenden Gründen die Beurteilung zunächst anderen Stellen und Persönlichkeiten, insbesondere denen überlassen, die auch insoweit mit den für die Entscheidung des IOC maßgebenden Umständen aus eigener Anschauung vertraut sind. Diese haben einhellig erklärt, daß unter den gegenwärtigen Verhältnissen nur München reale Erfolgsaussichten habe. Diese Ansicht findet eine gewisse Bestätigung auch in einem Schreiben des Präsidenten des IOC vom 25. November 1965. Nach der positiven Beantwortung dieser Vorfragen hing nunmehr das weitere Vorgehen im wesentlichen von der Initiative der Landeshauptstadt München ab.

II. Die Landeshauptstadt München hat zu diesem Zweck die Statuten des IOC, die Informationen und den Fragebogen für die an einer Bewerbung interessierten Städte sowie die offiziellen Berichte über die bisher durchgeführten Olympischen Spiele und eine große Anzahl von Bewerbungen anderer Städte für frühere Spiele beschafft. Wegen der besonders bedeutsamen Abschnitte IV—VI der Statuten des IOC wird auf die Anlagen 1—3 verwiesen. Wichtig ist in diesem Zusammenhang insbesondere auch die Bestimmung, daß die Bewerbung der Zustimmung und Mitzeichnung des NOK sowie der Billigung der Regierung des Landes bedarf, in dem sich die bewerbende Stadt befindet.

III. 1. Zur Vorbereitung der Entscheidung des Stadtrates, ob sich die Landeshauptstadt München um die Ausrichtung der Olympischen Sommerspiele 1972 bewerben soll und ob die dafür notwendigen Voraussetzungen gegeben sind oder zeitgerecht geschaffen werden können, wurden Stellungnahmen aller Referate eingeholt. Außerdem wurden mehr als 50 Münchner Institutionen und Verbände um ihre Äußerung gebeten.

Die Stellungnahmen und Äußerungen wurden von einer Arbeitsgruppe ausgewertet, der die zuständigen berufsmäßigen Stadträte, eine Reihe leitender Beamter, der Verwaltungsbeirat des Sportamtes sowie ein Repräsentant des NOK, des Bayerischen Landessportverbandes, der Deutschen Olympischen Gesellschaft und des Sportbeirates angehörten. Die Auswertung und die damit zusammenhängende Vorbereitung dieses Vortrags und des Entwurfs der Bewerbung stand wegen des drohenden Fristablaufes unter einem gewissen Zeitdruck. Diese Tatsache muß sowohl bei den Kostenschätzungen als auch bei den Kapazitätsberechnungen berücksichtigt werden.

2. Der von der Arbeitsgruppe erstellte Entwurf der Bewerbungen liegt als Anlage 4 bei. Ich nehme auf diesen Ent-

wurf Bezug und beschränke mich auf einige kurze Erläuterungen:

a) Es erschien zweckmäßig, den Antworten eine Präambel voranzustellen. In ihr wird der Gedanke Coubertins von der klassischen Einheit von Sport und Kultur betont und begründet, warum gerade Olympische Spiele in München diesem Gedanken in besonderem Maße gerecht werden könnten.

b) Das IOC hat im Jahre 1962 seinen Fragebogen überarbeitet und dabei im Hinblick auf die eben erwähnte Zielrichtung die Frage nach dem Programm der „Schönen Künste" an die Spitze des Fragenkatalogs gestellt. Der Entwurf der Antwort auf diese Frage enthält ein ausgewogenes Programm mit Wettbewerben auf dem Gebiet der bildenden Künste, der Musik und der Dichtkunst und sieht als weiteren bedeutsamen Programmpunkt die Einladung von Dichtern und Gelehrten aus aller Welt zu einem Symposion gemäß der Olympischen Charta vor.

c) Bei den Sportanlagen kann die Landeshauptstadt München zwar auf bestehende Anlagen wie das Stadion an der Grünwalder Straße und das Dantestadion sowie auf verschiedene Ausstellungshallen, das Schwimmstadion an der Dantestraße, die Amor-Radrennbahn, die Reitsportanlagen in Riem und eine Vielzahl von Bezirkssportanlagen und Turnhallen zurückgreifen. Wesentliche Anlagen müssen jedoch neu errichtet werden. So in erster Linie das Großstadion, eine Großsporthalle sowie ein Schwimmstadion. Für das Großstadion liegen bereits Planungen vor, die sich der Baureife nähern. Das hat den Vorteil, daß auf die Olympischen Spiele abgestellte Sonderanforderungen ohne wesentlichen Zeitverlust noch berücksichtigt werden könnten.

d) Das Olympische Dorf könnte auf dem Oberwiesenfeld in unmittelbarem räumlichen Zusammenhang mit den Hauptsportstätten errichtet werden. Bei einer Kapazität von 7000 Wohnplätzen würde es mit allen Gemeinschaftseinrichtungen etwa 80 ha Fläche benötigen. Die Siedlung wäre verkehrsmäßig gut zu erschließen und könnte nach den Spielen für allgemeine Wohnzwecke Verwendung finden. Wegen der näheren Einzelheiten der Planungen für das Oberwiesenfeld nehme ich auf den Entwurf des Bebauungsplanes in seiner gegenwärtigen Fassung Bezug. Im Laufe der letzten Tage ist für die gestaltung des Oberwiesenfeldes eine Alternative entwickelt worden, deren wesentlichen Inhalt die ausgehängte Planskizze erkennen läßt. Sie beruht auf einer einheitlichen Gesamtkonzeption für das ganze Oberwiesenfeld, also auch für seinen Nordteil. Es wird zu erwägen sein, der Bewerbung unter Umständen diese Planskizze anstelle des Bebauungsplanentwurfes beizufügen. Der Freistaat Bayern hat auf eine entsprechende Anfrage der Landeshauptstadt fernmündlich voraus erklärt, daß für die Olympischen Spiele auch der Nordteil des Oberwiesenfeldes zur Verfügung gestellt werde.

e) Die Landeshauptstadt ist als führende Fremdenverkehrsstadt zusammen mit ihrem Umland durchaus in der Lage, auch sehr große Zahlen von Besuchern zu beherbergen. Gegenwärtig stehen in München und im Umkreis von 50 km über 45 000 gewerbliche Betten zur Verfügung. Ihre Zahl wird bis zum Jahre 1972 nach den Schätzungen der zuständigen Stellen auf über 55 000 ansteigen. Dazu kommen noch voraussichtlich zahlreiche Zeltplätze und Unterkunftsmöglichkeiten in Schulen, Jugend- und Studentenheimen.

3. Die Verkehrssituation wird im Jahre 1972 vor allem durch ein weiteres, starkes Wachstum der Stadt und ihrer Region gekennzeichnet sein. Es ist damit zu rechnen, daß München 1972 rund 1,325 Mill. Einwohner haben wird. Ferner werden in München etwa 420 000 Kraftfahrzeuge zugelassen sein, so daß sich, zusammen mit den Fahrzeugen der Bundeswehr, der amerikanischen Stationierungskräfte und der auswärtigen Besucher und Einpendler, etwa 600 000 Fahrzeuge täglich innerhalb des Burgfriedens befinden werden. Der in den Sommermonaten auftretende starke Reiseverkehr ist dabei bereits berücksichtigt.

In Beachtung dieser Entwicklungsfaktoren und der heute in den abendlichen Flutstunden zu beobachtenden Verkehrsverhältnisse muß deshalb alles versucht werden, um eine optimale Abstimmung zwischen dem Programm der Spiele und diesen verkehrlichen Gegebenheiten zu erreichen. Insbesondere müßte der Abschluß von Großveranstaltungen auf dem Oberwiesenfeld möglichst so gelegt werden, daß er nicht mit dem abendlichen Spitzenverkehr zusammentrifft. Ob dies gelingt, kann jedoch heute noch nicht gesagt werden. Unabdingbare Voraussetzung für eine reibungslose Abwicklung des zu erwartenden Verkehrs ist aber auf jeden Fall, daß bis 1972 sowohl die gesamte V-Bahn als auch die Nord-Süd-U-Bahn bis zum Marienplatz ihren Betrieb aufgenommen haben und der Altstadtring Ost und Nord einschließlich des Ringdurchbruchs zum Sendlinger-Tor-Platz dem Verkehr übergeben werden konnte. U-Bahn-Amt und Baureferat haben entsprechende Erklärungen abgegeben. Auch die Deutsche Bundesbahn hat die Einhaltung des Termins als möglich bezeichnet.

c) Unter Zusammenfassung der bisher erörterten Grundzüge würde sich bei der möglichen maximalen Zahl von 130 000 Besuchern auf dem Oberwiesenfeld folgende Aufteilung auf die einzelnen Verkehrsmittel ergeben:

| | |
|---|---|
| 40 000 Besucher | Individualverkehr |
| 10 000 Besucher | in Fernbussen |
| 20 000 Besucher | als Fußgänger und Radfahrer |
| 35 000 Besucher | auf den Straßenbahn- und Omnibuslinien |
| 10 000 Besucher | für Fernzüge an der Nordringlinie |
| 15 000 Besucher | für V-Bahn oder U-Bahn |
| 130 000 Besucher | |

Unter Berücksichtigung der bei der U-Bahn möglichen Steigerung der Beförderungkapazität — die Wendeanlage am Jakobsplatz vorausgesetzt — ist hier eine nicht unbedeutende Kapazitätsreserve gegeben. Diese Reserve würde die Gewähr dafür bieten, daß bei Störungen der oberirdischen Verkehrsbedienung trotzdem alle Besucher der Sportstätten auf dem Oberwiesenfeld an ihre Bestimmungsorte gebracht werden können. Dem Bau der U-Bahn-Verbindung zum Oberwiesenfeld sollte daher im Rahmen der Gesamtplanung ein besonderer Rang eingeräumt werden.

4. Es bleibt schließlich die Frage nach den Kosten der nach den bisherigen Darlegungen zu schaffenden Einrichtungen und Anlagen sowie nach ihrer Deckung. Eine Ende November erstellte erste Kostenübersicht ergab eine Summe von rund 500 Millionen DM. Dieser Betrag mußte als untere Grenze des für die Durchführung der Spiele notwendigen Finanzbedarfs angesehen werden. Die zwischenzeitlich durchgeführten weiteren Kostenuntersuchungen der einzelnen Referate haben zu folgendem Ergebnis geführt:

a) Die bisher für den Bau der Sportanlagen errechnete Summe von 158 Millionen DM erhöht sich auf 180 Millionen DM, weil mit einem Kostenaufwand von 22 Millionen DM eine Schwimmhalle gebaut werden muß. Ihre Notwendigkeit hat sich bei der Prüfung der für die Durchführung der Olympischen Disziplinen von den einzelnen Fachverbänden erlassenen Richtlinien ergeben.

b) Die weiteren Vorplanungen für das Olympische Dorf haben ergeben, daß für die Wohnbauten und die Gemeinschaftseinrichtungen ein Gesamtbetrag von 165 Millionen DM erforderlich sein dürfte. In der ersten Übersicht war für das Olympische Dorf ein Kostenaufwand von 120 Millionen DM zugrunde gelegt worden.

c) Der Kostenansatz für Verwaltung und Organisation ist mit 3,5 Millionen DM unverändert geblieben.

d) Für den Verkehrsausbau ergeben sich folgende Kostenschätzungen:

aa) für die U-Bahn-Strecke von der Münchner Freiheit zum Oberwiesenfeld — 100 Mio DM

bb) Für Straßenbahn- und Omnibuswendeanlagen — 5,5 Mio DM

cc) für die oben unter 3. b) dd) aufgeführten Straßenbaumaßnahmen der ersten Gruppe, die sonst nicht oder noch nicht bezuschussungsfähig sind — 102 Mio DM

Die Kosten der übrigen unter 3. b) dd) 2—3 genannten Maßnahmen der zweiten und dritten Gruppe sollen im Rahmen der Abwicklung des Mehrjahresprogrammes mit den üblichen Zuschüssen finanziert werden, die nach den Bundesrichtlinien bis zu 40 % betragen und in Sonderfällen noch weiter erhöht werden können. Es ist zu erwarten, daß in vorliegendem Falle von diesen Erhöhungsmöglichkeiten Gebrauch gemacht wird. In die Kosten der Olympischen Spiele im eigentlichen Sinne sind sie deshalb nicht einzubeziehen. Insgesamt ergibt sich demnach eine Kostensumme von 556 Millionen DM. Auf die schon geäußerten Vorbehalte wird noch einmal verwiesen.

5. Bei der Finanzierung dieser Kosten ist von folgenden Voraussetzungen auszugehen:

a) Die Bundesregierung hat mit Billigung des Haushaltsausschusses des Bundestages einer Kostenbeteiligung der Bundesrepublik in Höhe eines Drittels grundsätzlich zugestimmt. Auf das Schreiben des Herrn Bundesministers des Innern vom 8. Dezember 1965 nehme ich insoweit Bezug.

b) Die Staatsregierung hat mit einstimmiger Billigung des Landtags für den Freistaat Bayern eine gleichlautende Erklärung abgegeben. Auf das Schreiben des Herrn Ministerpräsidenten vom 16. Dezember 1965 wird Bezug genommen.

c) Auf den Anteil der Landeshauptstadt sind folgende, teilweise schon erbrachte oder finanzierte Leistungen anzurechnen:

| | |
|---|---|
| Großstadion Oberwiesenfeld (Planungskosten, Parkplätze, Grunderwerb) | 20,0 Mio DM |
| Eis- und Mehrzweckhalle (Projekt genehmigt und finanziert) | 6,0 Mio DM |
| U-Bahn-Bau (zwei Jahresraten der Stadt zu den über die MTG zu erbringenden Finanzierungsleistungen) | 60,0 Mio DM |
| Olympisches Dorf (Anteil) | 24,0 Mio DM |
| Altstadtring (Planungskosten und Grunderwerb) | 45,0 Mio DM |
| Straßenbahn- und Omnibuswendeanlagen beim Großstadion | 5,5 Mio DM |
| Organisation und Verwaltung | 3,5 Mio DM |
| | 164,0 Mio DM |

d) Die für die Landeshauptstadt München zu erwartenden Einnahmen sind schwer abzuschätzen und deshalb nicht als

Deckungsmittel herangezogen. Sie stellen jedoch eine gewisse Reserve dar, mit deren Hilfe die Leistungen der Stadt gegebenenfalls erhöht werden können.

IV. Die bisherigen Darlegungen ermöglichen nunmehr eine Abwägung der für und gegen eine Bewerbung sprechenden Gesichtspunkte. Gegen eine Bewerbung könnte zunächst eingewendet werden, daß sich die Landeshauptstadt München schon jetzt einer Fülle schwer zu bewältigender Aufgaben gegenübersieht und sich, wie die kürzlich erst abgeschlossene Beratung des Haushaltes 1966 ergeben hat, am Rande ihrer finanziellen Leistungsfähigkeit und auch ihrer Verschuldungsfähigkeit bewegt. Weiter könnte eine übermäßige Erhitzung der örtlichen Baukonjunktur und auch eine nachteilige Beeinflussung des örtlichen Preis- und Lohngefüges befürchtet werden. In diesen beiden Richtungen bewegen sich nicht zuletzt die von der Industrie- und Handelskammer und in gewissem Umfang auch von der Handwerkskammer in ihren Stellungnahmen geäußerten Sorgen. Weiter ist zu bedenken, daß im Falle eines Erfolges der Bewerbung in der verhältnismäßig kurzen Zeitspanne von sechs Jahren eine Fülle von Bauarbeiten abgewickelt werden muß, die nicht unbeträchtliche Verkehrsbehinderungen und auch Belästigungen und Nachteile zur Folge haben werden. Schließlich wäre in diesem Falle von allen Organen der Landeshauptstadt und der gesamten Stadtverwaltung, aber auch von einer großen Zahl anderer Institutionen und Organisationen in München ein hohes Maß an zusätzlicher Arbeit zu leisten.

Auf der anderen Seite sprechen aber gewichtige Gründe deutlich für die Bewerbung. Einmal wäre es für München, Bayern und ganz Deutschland eine Ehre und Auszeichnung, wenn die Ausrichtung der Spiele unserer Stadt anvertraut würde. Dann böte München die besten Voraussetzungen für eine enge Verbindung der sportlichen Wettkämpfe mit einem Wettstreit der Künste und der Musen, der von mir schon eingangs erwähnten Lieblingsidee des Wiederbegründers der Olympischen Spiele, des Barons de Coubertin. Endlich würden die Spiele aber auch für viele ohnehin erforderliche, ja lebensnotwendige Münchner Projekte eine kaum zu überschätzende Förderung bedeuten.

Was feste Termine dieser Art zu bewirken vermögen, das hat beispielsweise die Weltausstellung in Brüssel im Jahre 1958 gezeigt und zeigt gegenwärtig die Vorbereitung der Weltausstellung in Montreal.

Aus diesen Erwägungen habe ich mich nach reiflicher und sorgfältiger Überlegung in nüchterner Abschätzung auch der damit verbundenen Risiken dazu entschlossen, Ihnen vorzuschlagen, die Bewerbung der Landeshauptstadt um die Ausrichtung der Olympischen Sommerspiele 1972 gutzuheißen. Dieser Vorschlag stützt sich vor allem auch auf die Tatsache, daß sich von den um eine Äußerung gebetenen und für die Münchner Bürgerschaft wohl repräsentativen Institutionen, Organisationen und Verbänden die ganz überwiegende Mehrheit ohne jeden Vorbehalt für die Bewerbung ausgesprochen hat. Die Bewerbung dürfte deshalb im Falle Ihres zustimmenden Beschlusses mit Recht als eine Bewerbung der Münchner Bürgerschaft betrachtet werden.

Das NOK hat seinerseits der Bewerbung auf seiner Mitgliederversammlung in München am 18. Dezember 1965 zugestimmt und die Mitzeichnung der Bewerbung in Aussicht gestellt.

Eines möchte ich jedoch zum Schluß ganz unmißverständlich aussprechen. München kann und will sich mit den Möglichkeiten einer Stadt wie Tokio nicht vergleichen und nicht messen. Falls für das Jahr 1972 Olympische Spiele erwartet werden, die hinsichtlich des Aufwandes und des zahlenmäßigen Ergebnisses die des Jahres 1960 oder des Jahres 1964 erreichen, ja sogar noch übertreffen sollen, dann kann, und ich glaube ehrlicherweise sagen zu sollen, will München diese Spiele nicht ausrichten. Wenn die Spiele aber in erster Linie der Begegnung von Sport, Kunst und Kultur dienen und als menschliche Spiele im Sinne der olympischen Ideale die Jugend der Welt zueinanderführen sollen, dann könnte München solchen Spielen einen würdigen Rahmen innerhalb überschaubarer Verhältnisse bieten.

Ich komme daher mit Zustimmung der Herren Bürgermeister Brauchle und Bayerle und mit Zustimmung sämtlicher

Herren berufsmäßigen Stadträte, insbesondere des Herrn Stadtschulrats, des Herrn Stadtbaurats, des Herrn Kulturreferenten und des Herrn Stadtkämmerers, nach vorheriger Erörterung in einer gemeinsamen Sitzung des Sport- und Finanzausschusses zu folgendem

*II. Antrag*

Die Landeshauptstadt München bewirbt sich um die Ausrichtung der Olympischen Sommerspiele 1972.

*III. Beschluß*

Nach Antrag.

*Stadtrat der Landeshauptstadt München*

| Der Vorsitzende: | Der Referent: |
| --- | --- |
| Brauchle | Dr. Vogel |
| Bürgermeister | Oberbürgermeister |

## 2. Bewerbung der Landeshauptstadt München um die Austragung der Olympischen Spiele 1972*

(Auszug)

München, Bayerns Landeshauptstadt, hat sich beim Internationalen Olympischen Komitee in Lausanne um die Austragung der Olympischen Sommerspiele 1972 beworben mit der Absicht, die Spiele im Sinne der Olympischen Idee wieder enger mit Kunst und Kultur zu verknüpfen. München will für die Olympischen Spiele 1972 inmitten des Stadtgebietes, nur wenige Kilometer von der Stadtmitte entfernt, eine geschlossene, moderne, allen Ansprüchen großzügig gerecht werdende Sportstadt einschließlich des Olympischen Dorfes und eines Pressezentrums errichten. Damit würde es möglich, Spiele in engster Verbindung mit dem kulturellen Leben einer Stadt zu feiern, deren Geschichte und Wesen auch heute noch bestimmt

* Anton Fingerle: München, Heimat und Weltstadt, Alfred-Wurm-Verlag, München.

ist von den Künsten und den Geisteswissenschaften. Diese einmalige Chance, Olympische Spiele inmitten einer Millionenstadt mit einem bis 1972 gut ausgebauten Verkehrsnetz zu feiern, bietet für die aktiven Teilnehmer, denen zudem zahlreiche Trainingsstätten zur Verfügung stünden, für die offiziellen Vertreter, die Journalisten und die Besucher der Wettkämpfe unschätzbare praktische Vorteile: es wären Olympische Spiele der „kurzen Wege", Spiele ohne lange zeit- und kräfteraubende Fahrten in einem überschaubaren Rahmen. Diese Idee prägt auch den Text der Münchner Bewerbung, die nachstehend in ihren wesentlichen Punkten wiedergegeben wird:

*Die Begegnung von Sport und Kunst*

*Erfüllt von dem Bewußtsein, daß Sport und Kultur im Sinne eines mehr als 2000 Jahre alten klassischen Ideals zum friedlichen Wettstreit und zur Verständigung unter allen Völkern auf dieser Erde beizutragen vermögen, bewirbt sich die Landeshauptstadt München um die Veranstaltung der Olympischen Sommerspiele im Jahre 1972.*

Die bedeutende, von der Entfaltung eines reichen kulturellen Lebens gekennzeichnete Geschichte der Stadt München rechtfertigt die Erwartung, daß hier, inmitten eines beziehungsreichen und strahlungskräftigen Zentrums der europäischen Kultur, der langgehegte Wunsch des Internationalen Olympischen Komitees, Sport und Kunst möchten sich in einer einzigartigen Demonstration gegenüber der Weltöffentlichkeit zu einer Einheit verbinden, erfüllt wird.

Die Stadt München besitzt aus der Zeit ihrer achthundertjährigen Kulturgeschichte, die sie durch Romanik und Gotik, durch Renaissance, Barock und Rokoko, durch den Klassizismus und die Romantik bis in die moderne Zivilisation des zwanzigsten Jahrhunderts geführt hat, unzählige wertvolle Kultur-Gebieten. Diese sind aber nicht nur als historische Tradition erhalten, sondern lebendige Elemente des öffentlichen kulturel-denkmäler und Institutionen zur Pflege der Künste auf allen len Lebens, die als Stätten der Erziehung und Bildung heutzutage in jedem Jahr Hunderttausende von Besuchern aus der ganzen Welt anziehen.

Auch die Pflege der Leibeserziehung und das Bewußtsein der Bedeutung gesunder Betätigung in allen Disziplinen des Sports waren stets Bestandteil der Geschichte dieser Stadt. Der hohe pädagogische Grundsatz, daß die Bildung des Körpers und des Geistes gleichermaßen zur Entwicklung des freien und selbstbewußten Menschen beiträgt, war für München, insbesondere im zwanzigsten Jahrhundert, Richtlinie und Ziel. So ist es gelungen, Sportstätten in allen Stadtgebieten auszubauen. Die Verwirklichung der geplanten Anlage eines Sportzentrums nach internationalen Maßstäben wird in den nächsten Jahren zu einer Krönung aller bisheriger Bemühungen auf sportlichem Gebiet führen.

Die Atmosphäre dieser Stadt ist gemischt aus Internationalität, Urbanität und Bodenständigkeit. Millionen von Gästen nahmen einen unverwechselbaren Eindruck von dieser Münchner Eigenart mit nach Hause, die in unserer Zeit zum Gegenstand vielfältiger Betrachtungen durch die internationale Weltpresse, den internationalen Film und das internationale Fernsehen geworden ist. Dieses Bild wünscht der Stadtrat der Landeshauptstadt München anläßlich der Veranstaltung der Olympischen Sommerspiele 1972 in einer Zusammenfassung aller in ihr wirkenden Kräfte farbig, vielfältig und noch strahlender als jemals zuvor zu präsentieren.

*Eine der dynamischsten Städte Deutschlands*

München, Bayerns Landeshauptstadt, hat eine Bevölkerung von 1,2 Millionen Einwohnern. Mit der gesamten Stadtregion zusammen sind es über 1,6 Millionen. Der Burgfrieden umfaßt ein Gebiet von 310 qkm. Seiner Lage entsprechend, bildet München den wichtigsten Verkehrsknotenpunkt Süddeutschlands. So ist die Stadt nicht nur der bedeutendste Mittelpunkt des süddeutschen Eisenbahnnetzes — Zugverbindungen nach fast allen wichtigen Metropolen Europas —, sondern auch ein Schnittpunkt internationaler Verkehrswege für den Autoverkehr (Autobahnen München—Berlin, München—Salzburg und München—Stuttgart). Hinzu kommen in nächster Zeit die Bundesautobahn nach Lindau sowie die Brennerautobahn. Auch der Flughafen München-Riem, nur rund 7,5 km von der Stadtmitte entfernt, wird wegen seiner Bedeutung für den süd- und südosteuropäischen Raum sowie für den Flugverkehr mit dem Vorderen Orient und nach Ostasien von fast allen großen Fluggesellschaften im regulären Linienverkehr bedient. Diese Tatsache macht es möglich, daß von München aus alle wichtigen Städte Europas in kürzester Zeit ständig erreichbar sind. Zusammen mit seiner in den letzten Jahren ständig gewachsenen wirtschaftlichen Bedeutung tragen alle diese Faktoren dazu bei, daß München heute zu den an Wachstum und Anziehungskraft dynamischsten Gemeinwesen Deutschlands gehört.

*Schnelle Verbindungen zum Sportzentrum*

München hat in den vergangenen Jahren eine Reihe von weitläufigen Straßenzügen gebaut, die die einzelnen Stadtteile gut miteinander verbinden. Daneben dient ein dichtes Netz öffentlicher Nahverkehrslinien (Straßenbahnen und Omnibusse) zur Beförderung der pro Tag 900 000 Fahrgäste. Bis 1971 wird ein erster Abschnitt einer städtischen U-Bahn-Linie den Norden Münchens mit dem Stadtzentrum, dem Marienplatz, verbinden und sich dort mit einem ost-westlich gelagerten weiteren unterirdischen Nahverkehrsweg der Deutschen Bundesbahn kreuzen. Diese unterirdische Verbindungsbahn zwischen Haupt- und Ostbahnhof knüpft 14 ins weitere Umland führende Vorortsstrecken der Bundesbahn zu einem einheitlichen, das Stadtzentrum durchquerenden Nahverkehrssystems zusammen und trägt dazu bei, die Bevölkerung des Umlandes rasch in die Stadt zu befördern. Der Bau beider unterirdischer Verkehrslinien wurde bereits begonnen und ist mit Sicherheit bis 1972 abgeschlossen. Unter Anbindung des Oberwiesenfeldes an U-Bahn und Verbindungsbahn besteht dann, zusammen mit den übrigen Verkehrsmitteln, die Gewähr dafür, daß die Besucher der dortigen Hauptsportstätten schnell und sicher an jeden Punkt des Stadtgebietes gebracht werden können.

*Gutes Klima für sportliche Höchstleistungen*

Das Klima Münchens (geographische Lage: 510 m über dem Meer, 11 Grad 30 Minuten östlicher Länge — Greenwich — und 48 Grad 07 Minuten nördlicher Breite) scheint gerade in den Sommermonaten Juli und August für die Austragung sportlicher Wettkämpfe besonders geeignet. Die Statistik des Wetteramtes München zeigt aufgrund der Ergebnisse der vergangenen Jahre, daß in den beiden genannten Monaten eine mittlere Lufttemperatur von 17,2 Grad Celsius und eine mittlere Niederschlagsmenge von 117,5 mm/qm gegeben ist. Die durchschnittliche relative Luftfeuchtigkeit beträgt 68 Prozent. Diese Werte sind erfahrungsgemäß für die Leistungsfähigkeit des menschlichen Organismus bei der Erbringung sportlicher Höchstleistungen als gut anzusehen. Für Olympische Spiele bestehen hier also beste Voraussetzungen. Letztere um so mehr, als im Juli und August eine durchschnittliche tägliche Sonnenscheindauer von 7,7 Stunden festzustellen ist.

*Kunststadt von internationalem Rang*

Abgesehen von seiner verkehrstechnischen und wirtschaftlichen Bedeutung, machen die zahlreichen Kunstschätze, die Vielzahl und der Rang seiner Museen und Theater München, das auch Universitätsstadt von europäischem Ansehen ist, zu einem kulturellen Schwerpunkt Deutschlands und verleihen somit München das Prädikat einer Kunststadt von internationalem Rang. Neben der im wiederaufgebauten Nationaltheater residierenden Bayerischen Staatsoper, die zu den führenden Opernhäuser Europas gehört, stehen 17 Theater und drei kleine Kunstbühnen Einwohnerschaft und Gästen der Stadt offen. 23 Museen und Sammlungen vermitteln dem Beschauer Wissenswertes auf fast allen Gebieten der Kunst und der Naturwissenschaften. Konzerte und drei in München wirkende philharmonische Orchester bereichern das Musikleben der Stadt. Sakrale und profane Bauten aller Stilepochen lassen einen Münchner Spaziergang zum eindrucksvollen Erlebnis für den Gast werden. Weite Grünflächen und Parks innerhalb des Stadtgebietes — hier ist auch der Tierpark Hellabrunn zu nennen, Europas größter geographischer Zoo — bieten angenehme Erholungsmöglichkeiten.

*Nahe Schönheit von Bergen und Seen*

Doch nicht nur im Stadtgebiet selbst, auch in der näheren und weiteren Umgebung finden sich viele Punkte von besonderem Reiz und historischer Bedeutung. Vor allem darf die Lieblichkeit der nahen Voralpenlandschaft erwähnt werden. Die vor Münchens südlicher Haustür hingebreitete oberbayerische Seenplatte mit ihren freundlichen größeren und kleineren Gewässern bietet viele Möglichkeiten zu Entspannung und Urlaubsfreuden. Alle diese Seen, aber auch renommierte Reiseziele — wie etwa Garmisch, Ettal, Oberammergau und Berchtesgaden — sind mit dem eigenen Wagen oder der Eisenbahn von München aus rasch und bequem erreichbar.

Gerade dieses Zusammenspiel einer landschaftlich genußreichen Umgebung mit der Stadt und ihrer vielfältigen Ausstrahlungskraft wäre ein Grund mehr zu der Empfehlung, die Olympischen Sommerspiele 1972 in den wohlproportionierten Münchner Rahmen zu stellen. Allen Teilnehmern und Besuchern möchten die Stadt und ihre Bürger in bewährter Gastfreundschaft und Herzlichkeit entgegenkommen.

Schließlich sei ein Ausspruch des amerikanischen Dichters Thomas Wolfe aus seinem 1925 erschienenen Buch „Geweb und Fels“ zitiert, der auch heute noch nicht an Gültigkeit verloren hat. „Was könnte man über München anderes sagen, als das es eine Art von deutschem Paradies sei? Viele Menschen schlafen und träumen manchmal, sie seien in den Himmel gekommen — in ganz Deutschland träumen die Leute oft, sie seien nach München, nach Bayern gefahren.“

*Reichhaltiges kulturelles Programm geplant*

Für den Fall, daß der Landeshauptstadt München die Olympischen Spiele 1972 übertragen werden, ist beabsichtigt, folgende kulturelle Veranstaltungen durchzuführen:

1. Ausschreibung von Wettbewerben auf den Gebieten der Malerei, Bildhauerei, Architektur, Musik und Literatur durch das IOC, die vom Nationalen Olympischen Komitee für Deutschland gemeinsam mit der Landeshauptstadt München veranstaltet werden. Im Rahmen dieser Wettbewerbe sollen stattfinden:

a) eine Ausstellung aus den Gebieten der bildenden Künste (Malerei, Bildhauerei und Architektur) im Haus der Kunst,

b) Aufführung der preisgekrönten Werke der Musik und Verwendung der preisgekrönten Musik im Rahmen der sportlichen Ereignisse der Olympischen Spiele 1972,

c) Einberufung eines Internationalen Dichterkongresses mit Vortrag aus den preisgekrönten Werken auf dem Gebiet der Literatur und Veröffentlichung dieser Werke in Form einer eigenen Buchpublikation.

2. Einladung von Gelehrten und Dichtern aus aller Welt zu einem Symposium gemäß der Olympischen Charta auf verschiedenen wissenschaftlichen Gebieten.

3. Aufführung eines Olympischen Festspiels im Stadion an verschiedenen Abenden unter Beteiligung bedeutender Orchester, Sänger, Schauspieler und Tänzer aus aller Welt. Wegen des Auftrags für Komposition wird mit führenden europäischen Dichtern und Komponisten verhandelt werden.

4. Einbeziehung der olympischen Akademie in das Programm von München. Die Kursteilnehmer werden von Olympia nach München eingeladen, und dort wird für sie ein besonderes Zeltlager aufgebaut werden, wo die in München anwesenden Gelehrten und Künstler sich als Dozenten für die Fortführung der Akademie in München zur Verfügung stellen sollen.

5. Festspielwochen aller großen Münchner Theater unter Schaffung von drei Schwerpunkten:

a) die Münchner Opernfestspiele im Nationaltheater und Cuvilliéstheater, mit einem auf den Gedanken der Olympischen Spiele abgestimmten Spielplan;

b) Aufführung von Werken aus der griechischen und römischen Klassik an den großen Münchner Schauspielbühnen;

c) Ballettfestwoche der Bayerischen Saatsoper.

6. Musikalische Abende mit Symphoniekonzerten aus aller Welt.

7. Folklore-Abende mit einem gemischten Programm aus Tanz und Gesang unter Beteiligung der bayerischen Gruppen und einer Reihe von Nachbarländern.

8. Filmtage mit den wichtigsten Sportfilmen der letzten Jahrzehnte im Filmmuseum des Münchner Stadtmuseums und den Münchner Filmtheatern.

9. Abendlicher Führungsdienst in den Museen und Sammlungen.

10. Die Münchner Jazztage sollen im Jahre 1972 während der Zeit der Olympischen Spiele mit hervorragenden internationalen Ensembles veranstaltet werden.

11. Ausstellung der besten Sportphotos des 20. Jahrhunderts im Photomuseum des Münchner Stadtmuseums.

12. Kulturelle Sonderveranstaltungen für Aktive und Offizielle.

*Die bestehenden Sportanlagen der Stadt*

München verfügt bereits jetzt über folgende, zum Teil noch ausbaufähige Sportanlagen:

*Stadion an der Grünwalder Straße* (44 000 Plätze) mit Mannschafts-, Umkleide-, Schiedsrichter-, Gemeinschafts- und Clubräumen, Flutlichtanlage 750 Lux.

*Stadion an der Dantestraße* (22 000 Plätze — Erweiterung auf 35 000 Plätze möglich) mit allen Leichtathletikanlagen, Mannschafts-, Umkleide-, Schiedsrichter-, Gemeinschafts- und Clubräumen. Flutlichtanlage.

*Stadion am Pullacher Platz* (25 000 Plätze), teilweise auch Leichtathletikanlagen.

*20 neuzeitliche städtische Übungsstätten* stehen darüber hinaus im Stadtgebiet mit jeweils mehreren Rasenspielfeldern oder Hartplätzen zur Verfügung. Diese Anlagen enthalten fünfzehn 400-m-Bahnen und weitere Leichtathletikanlagen sowie die erforderlichen Nebenräume und stehen den einzelnen Nationen für Trainingszwecke in den verschiedensten Sportdisziplinen zur Verfügung. Zuschauermöglichkeit bis zu 3000 Personen.

*Sporthallen* im Münchner Ausstellungspark: Halle 7 (6000—7000 Plätze); Bayernhalle (4500 Plätze); 5 weitere Hallen (bis zu je 2500 Plätzen) mit bis zu 9 Spielfeldern für Hallenhandball und Basketball. Circus-Krone-Bau (3100 Plätze) sowie weitere 257 Turn- und Sporthallen.

*Schwimmstadion an der Dantestraße* (3000 Plätze) — Erweiterung auf 10 000 möglich mit acht 50-m-Bahnen, gefliest, Sprungbecken mit 10-m-Sprungturm, Wassertemperatur bestimmbar, Wassertiefe 1,90 m — 2,40 m, sowie weitere Trainingsmöglichkeiten in mehreren Hallen- und Freischwimmbädern (Warmwasser) im Stadtgebiet.

*Amor-Radrennbahn* (9000 Plätze, Länge 333$^{1}/_{3}$ m).

*Reitsportanlagen* in München-Riem, 8 km vom Stadtmittelpunkt entfernt.

Mehrere *Schießanlagen* im Stadtgebiet; nur für Modernen Fünfkampf und Training verwendbar.

### *Die „Olympische Stadt" auf dem Oberwiesenfeld*

Zur Ergänzung der bereits bestehenden Anlagen werden schon in den nächsten Jahren, aber spätestens bis 1971, unmittelbar auf dem „Oberwiesenfeld" oder in unmittelbarer Nähe folgende Sportanlagen errichtet:

### *Olympisches Stadion*

Für ein Großstadion mit 90 000 bis 100 000 Zuschauerplätzen, davon 50 000 überdacht und 70 000 Sitzplätze, liegen bereits Pläne vor, die sich der Baureife nähern. Das Großstadion, künftig das Zentrum des Münchner Sports, erhält Einrichtungen für fast alle Sportdisziplinen, von allem für Leichtathletik sowie großzügige Einbauten für den laufenden Betrieb. Es ist daher für die Abhaltung großer internationaler Sportveranstaltungen besonders geeignet.

Dieses Großstadion mit einem Innenraum von einer Gesamtlänge von 180 m und einer Gesamtbreite von 107,50 m erhält im einzelnen folgende Einrichtungen:

1 Rasenspielfläche im Ausmaß von 72 × 104 m;

8 Laufbahnen für 400 m mit Kreisbögen, ausreichende Anlagen für alle technischen leichtathletischen Disziplinen;

1 Flutlichtanlage;

2 olympische Tore;
Ehrentribüne mit direktem Zugang von außen und zum Spielfeld;
170 Presseplätze, 40 Rundfunk- und Fernsehkabinen,
3 Plattformen für Fernsehkameras;
30 Telepax-Telefonzellen;
Fernschreib-, Fernsprech- und Lautsprecherzentrale;
1 Turnhalle, 1 Gymnastikraum, verschiedene Trainingshallen und -anlagen;
1 Schwimmhalle 10×25 m, 1 Sauna;
1 Sonderpostamt;
entsprechende Umkleide-, Büro- und technische Räume.

*Großsporthalle*

Ein weiterer Zentralpunkt auf dem Oberwiesenfeld ist die geplante Mehrzweckhalle für 12 000 Zuschauer auf einem Gesamtareal von 6 ha mit hindernisfreier Sicht für alle Zuschauer.

Sie enthält Einrichtungen für

Turn-, Box-, Ring- und Fechtwettbewerbe, Hallenleichtathletik und -handball, Basketball, Tennis,
Filmvorführungen und
Reit- und Fahrturniere (mit Ställen) sowie sonstige Nebenanlagen und eine kleinere Halle im Ausmaß von 40×20 m und Trainingsräume,
Nebenräume für Presse, Rundfunk und Fernsehen.

*Sporthalle*

Bereits 1966 wird eine Sportanlage auf dem Oberwiesenfeld fertiggestellt sein, die auch eine Halle für 8000 Zuschauer erhält. Der Mittelraum im Ausmaß von 60×30 m kann für Hallenwettbewerbe (Boxen, Ringen, Fechten) Verwendung finden.

*Schwimmhalle*

Unmittelbar beim Olympischen Dorf wird eine Schwimmhalle mit einem Fassungsvermögen von 10 000 Zuschauern gebaut werden. Sie erhält im Hauptbecken (25×50 m, Wassertiefe 2,20 m) 10 Schwimmbahnen, konstante Wassertemperatur, vollautomatische Zeitmeßanlage und ein Sprungbecken im Ausmaß von 20×20 m und 5 m Tiefe sowie einen 10-m-Sprungturm mit Aufzug.

*Radrennbahn*

Zur Austragung der olympischen Bahnwettbewerbe für Radrennen wird angrenzend an das Oberwiesenfeld eine neue Anlage für 10 000 Zuschauer geschaffen.

*Ruder- und Kanuregattastrecken*

Eine Regattastrecke wird entweder in München oder auf einem bayerischen Gewässer geschaffen werden.

*Optimale Voraussetzungen für die Spiele*

Zusammengefaßt kann daher festgestellt werden, daß München von den bestehenden und geplanten Sportanlagen her optimale Voraussetzungen für die Abhaltung Olympischer Sommerspiele bietet. Die bereits fertiggestellten oder geplanten Hauptsportanlagen, also

> *das Großstadion, die Großsporthalle, die Schwimmhalle* sowie *die Sporthalle befinden sich zusammen mit dem Olympischen Dorf und den dazugehörigen Einrichtungen und Trainingsanlagen* auf dem von *Schnellstraßen, U-Bahn, Bundesbahn, Straßenbahn und Omnibus* günstig zu erschließenden, mit 10 000 Parkplätzen auszustattenden, etwa 3 Millionen qm großen „Oberwiesenfeld“ im Norden der Stadt, nur 3,8 km vom Stadtmittelpunkt entfernt.

Für die dort nicht unterzubringenden olympischen Disziplinen und das Training werden Einrichtungen, soweit sie noch nicht bestehen, ausgebaut oder neu errichtet, und zwar mit geringen Ausnahmen in unmittelbarer Nähe des olympischen Zentrums oder verkehrsgünstig gelegen innerhalb des Stadtgebietes mit einer Höchstentfernung von 10—15 km. Weithin sichtbarer Akzent des Sportzentrums auf dem Oberwiesenfeld wird der bereits zur Hälfte fertiggestellte 290 m hohe „Münchner Fernsehturm“.

### *Das Olympische Dorf*

Alle Teilnehmer der Spiele werden in einem Olympischen Dorf untergebracht. Diese wird in unmittelbarem räumlichen Zusammenhang mit den Hauptsportstätten neu errichtet und mit allen seinen Einrichtungen etwa 80 ha umfassen. Es soll nach den Spielen ein bevorzugtes Wohnquartier in guter Lage zur Stadt und ihren kulturellen und zivilisatorischen Einrichtungen sein. Es soll Raum für 7000 Personen bieten. Die Siedlung ist verkehrsmäßig äußerst günstig erschlossen. Ihre Lage ermöglicht es, alle sportlichen und kulturellen Veranstaltungsorte außerhalb der Hauptsportstätten während der Olympischen Spiele schnell und bequem zu erreichen. Die Fertigstellungstermine werden so abgestimmt, daß die Siedlung 1972 erstmalig von den Olympiateilnehmern benutzt werden kann. Das Olympische Dorf wird ein Gemeinschaftszentrum mit allen erforderlichen organisatorischen und kulturellen Einrichtungen aufweisen. Das Zentrum verbindet die Wohnbezirke der Sportler und Sportlerinnen und wird den verschiedenartigen Bedürfnissen der teilnehmenden Nationen Rechnung tragen.

Die Trainingseinrichtungen und Übungsfelder des Olympischen Dorfes, den geforderten Ausmaßen entsprechend, liegen in einem parkartig gestalteten Bereich von etwa 27 ha Ausdehnung, der die Siedlung und die Hauptsportstätten trennt. Der Grünzug wird genügend Gelegenheit zur Vorbereitung auf die Wettkämpfe und zur Erholung bieten.

### *Alle organisatorischen Voraussetzungen erfüllt*

Das NOK ist zusammen mit der Landeshauptstadt München in der Lage, die Olympischen Spiele in München einwandfrei zu planen und durchzuführen.

Das NOK hat in der Ausrichtung der Olympischen Spiele sehr große Erfahrungen und Kenntnisse, nachdem bereits die Olympischen Sommer- und Winterspiele des Jahres 1936 in Berlin und Garmisch-Partenkirchen vom NOK organisiert und durchgeführt wurden.

Die Landeshauptstadt München hat ebenfalls eine große Praxis in der Planung und Verwirklichung von Großveranstaltungen. Wenn das IOC die Stadt München mit der Ausrichtung der Olympischen Spiele 1972 beehrt, werden NOK und Landeshauptstadt München gemeinsam ein Organisationskomitee für die Olympischen Spiele ins Leben rufen, das aus Mitgliedern des NOK, Vertretern der Landeshauptstadt München und hervorragenden Fachleuten auf allen Gebieten bestehen wird. Dieses Komitee wird die weiteren Vorbereitungen für die Durchführung der Olympischen Spiele treffen.

*Ungehinderte Einreise für alle Mannschaften*

Es gibt keine Gesetze oder Vorschriften, die die Durchführung der Olympischen Spiele in München in irgendeiner Form beeinträchtigen könnten. Allen Teilnehmern an den Olympischen Spielen 1972, einschließlich deren Begleitung, der Presse, Rundfunk und Fernsehen und allen Besuchern wird die ungehinderte Einreise in die Bundesrepublik gewährleistet.

Die zuständige Regierungsstelle hat eine diesbezügliche verpflichtende Erklärung gegenüber der Landeshauptstadt München schriftlich abgegeben.

Die Landeshauptstadt München organisiert seit mehreren Jahrzehnten internationale Kongresse, Tagungen und Veranstaltungen auf allen Gebieten. Die Zahl der internationalen Kongresse und Tagungen, die in der Landeshauptstadt München durchgeführt wurden, betrug in den letzten 10 Jahren über 570. Dabei ist die Zahl der Veranstaltungen von 16 im Jahre 1955 auf 136 im Jahre 1965 gestiegen.

*München hat Platz für viele Gäste*

München steht mit 3,8 Millionen Gäste-Übernachtungen im deutschen Fremdenverkehr mit Abstand an erster und im Weltfremdenverkehr an führender Stelle. Auch als Kongreß- und Tagungsstadt genießt München internationales Ansehen. München ist daher, zusammen mit seiner unmittelbaren Umgebung — dem führenden deutschen Fremdenverkehrsgebiet Oberbayern —, auch sehr großen Besucherströmen gewachsen.

Folgende Zahlen verdeutlichen diese Feststellung:

| | in München | in Oberbayern (Umkreis 50 km, gute Verkehrsverbindungen) | Zusammen |
|---|---|---|---|
| | Betten | Betten | Betten |
| | (in Ein- und Zweitbettzimmern in Hotels und Pensionen aller Kategorien) | | |
| 1965 vorhandener Bestand | 15 000 | 30 000 | 45 600 |
| bereits in Planung weitere | 2 000 | 2 000 | 4 000 |
| zu erwartender weiterer Zuwachs bis 1972 | 3 000 | 3 000 | 6 000 |
| Zusammen bis 1972 | 20 600 | 35 000 | 55 600 |

Innerhalb dieses Bettenangebots stehen ausreichend Einzelzimmer der Spitzenkategorien zur Verfügung, so daß alle Wünsche bezüglich der Unterbringung nationaler Delegationen, von Ehrengästen, von Presse, Rundfunk und Fernsehen, von Kongreßteilnehmern wie auch von Zuschauern erfüllt werden können.

Für Camper stehen in München drei Campingplätze, in Oberbayern zahlreiche weitere in landschaftlich reizvollen Lagen zur Verfügung.

Für jugendliche Besucher werden geeignete und preisgünstige Unterkünfte in Schulen, Jugendheimen und Studentenheimen geschaffen. Außerdem werden preiswerte Privatquartiere in großer Zahl bereitgestellt.

In München und seiner unmittelbaren Umgebung können somit während der Olympischen Sommerspiele täglich weit über 100 000 Gäste in zufriedenstellender Weise untergebracht werden.

## 3. Bericht des Staatssekretärs im Bundesinnenministerium zur Gesamtfinanzierung der Olympischen Spiele 1972 vom 29. März 1968*

(Auszug)

Am 5. Mai 1967 habe ich dem Deutschen Bundestag einen ersten Bericht über die Gesamtfinanzierung der Olympischen Spiele 1972 erstattet. Im Anschluß hieran berichte ich im Einvernehmen mit dem Herrn Bundesminister der Finanzen wie folgt:

I.

Das Organisationskomitee für die Spiele der XX. Olympiade München 1972 e. V. (im folgenden Organisationskomitee genannt), die Olympia-Baugesellschaft mbH und die beteiligten Gebietskörperschaften haben ihre Arbeiten zur Vorbereitung der Olympischen Spiele 1972 nachdrücklich fortgesetzt. Dennoch ermöglicht es der Stand der Planungen, Untersuchungen und Verhandlungen auch heute noch nicht, einen vollständigen und abgeschlossenen Finanzplan vorzulegen; die Dinge sind noch zu sehr im Fluß. Meine Ausführungen geben den Sachstand vom 15. März 1968 wieder.

II.

Kosten der Sportanlagen und der Einrichtungen, die für die Ausrichtung der Olympischen Spiele 1972 in München und in Kiel notwendig sind (Investitionskosten):

1. Olympiabedingte Investitionskosten in München:

a) Die Bundesrepublik Deutschland, der Freistaat Bayern und die Landeshauptstadt München haben am 10. Juli 1967 einen „Konsortialvertrag über den Bau und die Finanzierung der Sportanlagen und Einrichtungen für die Olympischen Spiele 1972 in München" geschlossen. In diesem Vertrag haben

* Abdruck nach „Deutscher Bundestag", 5. Wahlperiode, Drucksache V/2796.

sie sich — vorbehaltlich einer Bewilligung der Mittel durch die zuständigen gesetzgebenden Körperschaften — verpflichtet, den Bau der für die Ausrichtung der „Olympischen Spiele München 1972" notwendigen Sportanlagen und Einrichtungen zu fördern und zu gleichen Teilen zu finanzieren. Für die Planung, die Einrichtung und die Finanzierung der Anlagen und der Einrichtungen wurde die Olympia-Baugesellschaft mbH gegründet. Ihre Gesellschafter sind die drei genannten Gebietskörperschaften. Dem Aufsichtsrat der Gesellschaft gehören Vertreter der Gesellschafter, der Länder und des Organisationskomitees an.

b) Die Sportanlagen und Einrichtungen, die für die Ausrichtung der „Olympischen Spiele München 1972" notwendig sind, sind in dem Konsortialvertrag vom 10. Juli 1967 im einzelnen aufgeführt. Ihre Kosten wurden nach dem damaligen Stand der Vorplanungen und Kenntnisse auf 520 Mio DM geschätzt und mit dieser Summe in den Vertrag eingestellt. Hierbei lag eine Konzeption zugrunde, die die Voraussetzungen für die Ausrichtung der Spiele eng begrenzte.

Die Konkretisierung der Planungen hat gezeigt, daß diese Konzeption dem sportlichen, dem kulturellen und dem nationalrepräsentativen Rang Olympischer Spiele selbst dann nicht genügt, wenn man sich — und dies entspricht dem gemeinsamen Willen aller Beteiligten — auf einen maßvollen Rahmen beschränkt. Hinzu traten Anforderungen, die aus den Überlegungen für eine sinnvolle und möglichst wirtschaftliche Dauernutzung der Anlagen entstanden sind. Vor allem hat das Ergebnis des „Architekten-Wettbewerbs für die XX. Olympischen Spiele 1972 in München" dazu beigetragen, die ursprüngliche Konzeption in wesentlichen Teilen zu ändern.

Das Preisgericht des Architekten-Wettbewerbs traf seine Entscheidung am 13. Oktober 1967; den 1. Preis erkannte es dem Entwurf der Architektengruppe Behnisch & Partner und Professor Dr. Joedicke zu. In Übereinstimmung hiermit und auf Empfehlung des Organisationskomitees hat der Aufsichtsrat der Olympia-Baugesellschaft mbH am 1. März 1968 einstimmig entschieden, daß der mit dem 1. Preis ausgezeichnete Entwurf der Gesamtkonzeption für die olympischen Sportstätten auf dem Oberwiesenfeld zugrunde zu legen ist. Eine abschließende Entscheidung über die Dachlösung behielt sich der Aufsichtsrat vor.

Der Aufsichtsrat hat bei seiner Entscheidung auch die Kostenfrage sorgfältig geprüft. Ihm lag das Ergebnis eingehender Kostenvergleiche der Geschäftsführung und anerkannter Fachleute vor. Sie zeigten, daß die Kosten des mit dem 1. Preis ausgezeichneten Entwurfs nur um etwa 6,5 % (= rund 20 Mio DM) höher liegen als die Kosten, die der finanziell günstigste Entwurf erfordert hätte.

c) Auf Grund der Konzeption, die aus den genannten Erfordernissen und aus dem Ergebnis des Architekten-Wettbewerbs erwachsen ist, hat die Geschäftsführung der Olympia-Baugesellschaft mbH im Februar 1968 eine neue Kostenvorausschau erstellt. Hierin sind die Gesamtbaukosten für die Sportanlagen und für die Einrichtungen, die Gegenstand des Konsortialvertrages vom 10. Juli 1967 sind, mit rund 821 Mio DM angenommen. Sie setzen sich wie folgt zusammen:

| | | |
|---|---|---|
| — Oberwiesenfeld Sportanlagen, innere Erschließung | — | 374,5 Mio DM |
| — Sportanlagen außerhalb des Oberwiesenfeldes | — | 70,3 Mio DM |
| — Olympisches Dorf (Anteil der öffentlichen Mittel) | — | 88,7 Mio DM |
| — Äußere Erschließung des Oberwiesenfeldes, U-Bahn-Olympialinie, S-Bahn, Straßenbahn, Straßenbaumaßnahmen | — | 260,4 Mio DM |
| — Freimachung des Oberwiesenfeldes | — | 27,5 Mio DM |
| Gesamtsumme | | 821,4 Mio DM |

Die Kostenvorausschau beruht auf Schätzungen. Ein Kostenvoranschlag kann erst ausgearbeitet werden, wenn der Vorentwurf erstellt ist. Nach dem Bauzeitplan wird dies im Herbst 1968 der Fall sein. Die angenommene Gesamtsumme unterliegt daher nach oben und nach unten der Toleranzbreite, die bei Bauprojekten dieser Größenordnung zwangsläufig und üblich ist. Ebenso ist es möglich, daß sich zwischen den einzelnen Positionen Verschiebungen ergeben.

Der Aufsichtsrat nahm von der Kostenvorausschau Kenntnis. Er beschloß, daß alle vertretbaren Möglichkeiten für Einsparungen zu nutzen sind. Zur Prüfung des gesamten Raum- und Funktionsprogramms für die Sportanlagen und zur Prüfung der Planungen für die Infrastruktur setzte er eine Arbeitsgruppe ein, die aus Vertretern der drei Konsorten, der Länder, des Organisationskomitees und der Geschäftsführung der Olympia-Baugesellschaft mbH besteht. Die Arbeitsgruppe ist gehalten, die Prüfung beschleunigt durchzuführen. Auf Grund ihres Berichtes werden die Konsorten nach dem Verfahren, das Artikel 2 Abs. 2 des Konsortialvertrages vom 10. Juli 1967 für den Fall unabweisbarer Kostensteigerungen vorsieht, in Verhandlungen treten. Ziel der Verhandlungen wird es sein, auf der Grundlage vertrauensvoller Zusammenarbeit und anteiliger Finanzierung eine im gemeinsamen Interesse liegende geeignete Lösung herbeizuführen.

2. Olympiabedingte Investitionskosten in Kiel:

Das Organisationskomitee hat die Ausrichtung der Olympischen Segelwettbewerbe 1972 der Landeshauptstadt Kiel übertragen. Die Bundesrepublik Deutschland, das Land Schleswig-Holstein und die Landeshauptstadt Kiel beabsichtigen, den Bau und die Finanzierung der Sportanlagen und der Einrichtungen, die für die Ausrichtung der Segelwettbewerbe notwendig sind, ebenfalls in einem Konsortialvertrag zu regeln. Erste Verhandlungen haben begonnen; eine Vorausschau auf die Kosten lassen sie noch nicht zu. Insbesondere steht die Entscheidung des Preisgerichts in dem „Bauwettbewerb für die Segelwettbewerbe der XX. Olympischen Spiele 1972 in Kiel“ noch aus.

3. Olympiabedingte Einnahmen zur Entlastung der Investitionskosten:

Die Länder und der Bund sind bemüht, zusätzliche Einnahmen zu erschließen, um die Haushalte der Gebietskörperschaften zu entlasten, die die olympiabedingten Investitionen tragen. Hier sind zu nennen:

a) Olympia-Lotterie:

Die Ministerpräsidenten der Länder haben am 2. Juni 1967 beschlossen, eine Olympia-Lotterie einzuführen. Ihr Zweckertrag ist bis zur Höhe von 250 Mio DM dazu bestimmt, die für die Ausrichtung der Olympischen Spiele in München und in Kiel notwendigen Sportanlagen mitzufinanzieren. Seit Oktober 1967 wird die Olympia-Lotterie in allen Ländern von den Lotto- und Totogesellschaften durchgeführt; bis zum 10. März 1968 hat sie rund 16,8 Mio DM erbracht.

b) Olympiamünze:

Der Bundesminister der Finanzen beabsichtigt, aus Anlaß der Olympischen Spiele 1972 eine Bundesmünze von 10 Deutsche Mark auszprägen und auszugeben. Ein entsprechender Gesetzesentwurf wird vorbereitet. Bei einer Ausgabe von 10 Millionen Olympiamünzen, mit der gerechnet werden kann, beträgt der Münzgewinn etwa 70 Mio DM. Er soll — nicht anders als der Zweckertrag der Olympia-Lotterie — dazu beitragen, die olympiabedingten Investitionen zu finanzieren und die Haushalte der beteiligten Gebietskörperschaften anteilig zu entlasten.

4. Gesamtrechnung im Investitionsbereich:

Für die olympiabedingten Investitionen in München und in Kiel liegen, wie ich ausgeführt habe, noch keine Endzahlen vor. Schon heute steht jedoch fest, daß die Investitionen nicht allein für die Zeit der Olympischen Spiele bestimmt sind. Alle Anlagen und Einrichtungen sind vielmehr so geplant, daß sie auch nach den Spielen auf Dauer dem Sport zur Verfügung stehen (z. B. Stadion, Schwimmhalle, Hochschulsportanlage), als Wohnungen oder als Studentenwohnheime Verwendung finden (Olympisches Dorf) oder die Verkehrsverhältnisse verbessern (U-Bahn, S-Bahn, Straßenbaumaßnahmen). Für die Beurteilung der Kosten dürfte dies ein wichtiger Faktor sein.

III.

Kosten der Vorbereitung, Organisation und Durchführung der Olympischen Spiele 1972 (Veranstaltungskosten):

Das Organisationskomitee für die Spiele der XX. Olympiade München 1972 e. V. hat die Aufgabe, die Olympischen Spiele in München und in Kiel vorzubereiten, zu organisieren und durchzuführen. Für seine Ausgaben und Einnahmen gilt:

1. Veranstaltungskosten:

Das Organisationskomitee wird in der nächsten Zeit eine Kostenvorausschau vorlegen, die einen Gesamtüberblick über die voraussichtlichen Ausgaben und Einnahmen enthält. Das Komitee hofft, seine Ausgaben im wesentlichen aus dem ihm zufließenden Teil der olympiabedingten Erträge (Nummer 2) und aus eigenen Einnahmen (Nummer 3) decken zu können.

Die Bundesrepublik Deutschland, der Freistaat Bayern und die Landeshauptstadt München haben es übernommen, die Kosten, die dem Organisationskomitee auf Grund seiner satzungsmäßigen Aufgaben entstehen, bis zum Eingang ausreichender eigener Einnahmen des Komitees zu je einem Drittel vorzufinanzieren. Die Zuwendungen werden als Darlehen gewährt und mit jährlich 6 % verzinst. Das Organisationskomitee zahlt sie spätestens zum 1. Dezember 1972 zurück. Die Rückzahlung erfolgt vor diesem Zeitpunkt, wenn und soweit das Komitee aus eigenen Einnahmen hierzu in der Lage ist, ohne den Vereinszweck zu gefährden.

Der Wirtschaftsplan des Organisationskomitees für das Rechnungsjahr 1968 sieht Ausgaben in Höhe von etwa 4,2 Mio DM vor. An Einnahmen und an Überträgen aus dem Vorjahr stehen ihnen 2,15 Mio DM gegenüber. Den Ausgleich stellen Darlehen der drei Gebietskörperschaften her. Auf die Bundesrepublik Deutschland entfallen rund 685 000 DM. Im Rechnungsjahr 1967 betrug das Darlehen des Bundes rund 567 000 DM.

2. Olympiabedingte Erträge:

Die Deutsche Bundespost wird in den Jahren 1968 bis 1972 insgesamt 5 Serien von Olympiamarken als Sonderpostwertzeichen mit Zuschlägen herausgeben. Der Zuschlagserlös, der bis zu 30 Mio DM betragen dürfte, fließt der „Stiftung zur Förderung der Olympischen Spiele“ zu und wird von ihr verteilt. Unterstützt werden — über die Stiftung „Deutsche Sporthilfe“ — die Förderung von Spitzensportlern und — über das

Organisationskomitee — weitere Maßnahmen, die der Vorbereitung und der Durchführung der Olympischen Spiele 1972 dienen; gedacht ist z. B. daran, das Olympische Jugendlager aus diesen Mitteln zu finanzieren.

3. Eigene Einnahmen des Organisationskomitees:

a) Fernsehrechte, Eintrittskarten, Lizenzen:

Die entscheidende Einnahmequelle des Organisationskomitees wird in der Veräußerung der Fernsehrechte liegen. Erlöse aus dem Verkauf der Eintrittskarten und — unter Umständen — aus der Vergabe von Lizenzen für gewerbliche Nutzungen des Emblems kommen hinzu. In diesen Fragen sind die Vorarbeiten und Verhandlungen noch nicht weit genug fortgeschritten, um konkreten Aussagen zu gestatten.

b) Olympia-Gedenk-Medaille 1972:

Das Organisationskomitee gibt eine offizielle Olympia-Gedenk-Medaille heraus. Die Medaille wird als Silbermedaille in einer Größe und als Goldmedaille in drei Größen hergestellt. Ihre Herstellung und ihren Vertrieb hat ein Bankenkonsortium übernommen, das im Interesse der guten Sache auf jeden eigenen Gewinn verzichtet. Der Reingewinn, der aus dem Verkauf der Medaille entsteht, fällt allein dem Organisationskomitee zu.

Die erste Medaille wurde am 20. Oktober 1967 geprägt. Bis zum 31. Dezember 1967 fiel ein Reingewinn von 430 000 DM an.

## IV.

Olympische Spiele haben ihren eigenen Rang. In die gemeinsame Verantwortung aller Beteiligten ist es gestellt, ihre Kosten gleichwohl auf ein Maß zu begrenzen, das zugleich angemessen und vertretbar ist. Hinzufügen möchte ich jedoch:

Das Gastland der Olympischen Spiele 1972 wird das freiheitliche und demokratische Deutschland sein. Ich wüßte keine Gelegenheit, die mehr geeignet wäre, um diesem Deutschland in aller Welt Freunde zu gewinnen.

In Vertretung

*Gumbel*

## 4. Bericht des Bundesministers des Inneren zur Vorbereitung der Olympischen Spiele 1972 vom 30. November 1970*

(Auszug)

### I. Gesamtbereich

1. Unter dem Vorsitz des Herrn Bundeskanzlers trat der Beirat des Organisationskomitees für die Spiele der XX. Olympiade München 1972 am 23. März 1970 zusammen. Das Organisationskomitee und die Olympia-Baugesellschaft erstatteten über den Fortgang der Arbeiten eingehend Bericht.

2. Der 1. Sonderausschuß für Sport und Olympische Spiele des Deutschen Bundestages unterrichtete sich am 13. April 1970 in München und am 26. Juni 1970 in Kiel über den Stand der Vorbereitungen.

Am 13. Mai 1970 fand in Amsterdam die 69. Sitzung des Internationalen Olympischen Comitees statt. Der Präsident des Organisationskomitees und der Oberbürgermeister der Landeshauptstadt München erstatteten Bericht über den Fortgang der Arbeiten. Die Berichte wurden mit Interesse und Zustimmung entgegengenommen.

### II. Olympiabedingte Sportanlagen und Einrichtungen in München

#### 1. Olympia-Baugesellschaft mbH

*1.1 Beschlußgremien*

Am 17. Dezember 1969 wählte der Aufsichtsrat der Olympia-Baugesellschaft einen neuen Vorsitzenden und einen neuen stellvertretenden Vorsitzenden.

*1.2 Geschäftsführung*

Am 17. Dezember 1969 beschloß die Gesellschafterversammlung der Olympia-Baugesellschaft, die Stellen des technischen und des kaufmännischen Geschäftsführers vom 1. Januar 1970 ab neu zu besetzen.

* Abdruck nach „Deutscher Bundestag", 6. Wahlperiode, Drucksache VI/1492.

### *1.3 Organisations- und Stellenplan*

Der Organisations- und Stellenplan der Gesellschaft wurde erneut überprüft und dem Arbeitsablauf angepaßt. Er weist nunmehr 120 (Vorjahr 91) Stellen aus, von denen 117 besetzt sind. Anregungen der Rechnungsprüfungsbehörden, mit denen sie Verbesserungen der gesellschaftsinternen Geschäftsverteilung und Arbeitstechnik vorschlugen, wurden berücksichtigt.

## 2. Sportanlagen und Einrichtungen auf dem Oberwiesenfeld

### *2.1 Planung und Ausführung insgesamt*

Die architektonische Gesamtkonzeption des Olympiaparks Oberwiesenfeld nimmt täglich mehr Gestalt an. Für alle Bauten zog die Olympia-Baugesellschaft den Endtermin der Fertigstellung auf den 31. Dezember 1971 vor.

Der lange und strenge Winter 1969/70 brachte zwar eine erhebliche Behinderung der Arbeiten mit sich; der termingerechte Abschluß der Rohbauarbeiten blieb gleichwohl gewahrt. So wurde am 23. Juli 1970 — ein Jahr nach der Grundsteinlegung und früher als erwartet — für die vier großen Hauptsportstätten Stadion, Sporthalle, Schwimmhalle und Zentrale Hochschulsportanlage das Richtfest gefeiert. 3500 Arbeiter, 350 Ehrengäste und 150 Vertreter von Presse, Funk und Fernsehen nahmen hieran teil.

Auch die innere Erschließung des Oberwiesenfeldes geht planmäßig voran. Die Brückenbaumaßnahmen sind nahezu beendet. An dem Straßen- und Wegenetz sowie an den Parkplatzflächen wird mit Hochdruck gearbeitet.

Die Versorgungsanlagen für Strom, Gas, Wasser und Kanalisation sind größtenteils fertiggestellt. Die Begrünung und Bepflanzung der Sportfelder sowie der Außenanlagen ist in vollem Gang.

Der Olympia-See wird durch ein Stauwehr in einen Ober- und einen Untersee geteilt. Während die Abdichtung des Untersees bereits erfolgt ist, kann der Obersee erst 1971 nach Räumung der noch für Baustelleneinrichtungen erforderlichen Flächen abgedichtet werden.

## 2.2 *Sportanlagen*

### 2.2.1 Stadion, Sporthalle und Schwimmhalle

Die Rohbauarbeiten an den drei wichtigsten Sportstätten Stadion, Sporthalle und Schwimmhalle sind abgeschlossen. Der Innenausbau schreitet zügig voran. Auch der Ausbau des Stadion-Spielfeldes (mit Spielfeldheizung) ist in vollem Gang. Der Rohbau für die Aufwärmhalle ist bis auf die Dacheindeckung fertiggestellt.

### 2.2.2 Gesamtüberdeckung der Sportanlagen („Zeltdach“)

Das „Olympia-Zeltdach“, um das im grundsätzlichen wie im einzelnen lange gerungen wurde, befindet sich nunmehr im Bau. Mit seinen 74 800 qm Fläche und mit den technischen Eigenarten seiner Konstruktion gab es der Planung und Ausführung neuartige Probleme auf. Das technische Neuland, das hier betreten wurde, war Gegenstand vielfacher Diskussion. Ein Überblick darüber, wie es sich mit der Technik des Daches in den Grundzügen verhält, erscheint daher veranlaßt:

Bei der Planung und Ausführung des „Olympia-Zeltdachs“ sind drei Komplexe zu unterscheiden: Fundierung, tragende Stahlkonstruktion und Eindeckung.

(1) Die Fundierung des Daches besteht neben den Druckfundamenten für Pylone und Stützen in der Hauptsache aus über 100 Zugfundamenten für die Verankerung der Rückhalte- und Abspannseile. Die ursprüngliche Konzeption sah vor, sämtliche angreifenden Zugkräfte über Injektions-Zuganker in den Boden einzuleiten. Da diese jedoch bei ihrer Verwendung als dauernde Verankerung eine „neue Bauweise“ im Sinne der Bayerischen Bauordnung darstellen, war hierfür ein Zulassungsverfahren erforderlich. Nach umfangreichen Grundsatz- und Eignungsversuchen erteilte das Bayerische Staatsministerium des Innern die Zustimmung, allerdings mit der Einschränkung, daß die Injektions-Zuganker nur bei formgebenden Fundamenten verwandt werden dürfen, nicht aber bei solchen, deren Versagen eine Einsturzgefahr bedeuten würde. Aus diesen wie auch aus terminlichen Gründen wurden die letztgenannten Verankerungen teils als Schwergewichts-, teils als T-förmige Schlitzwandfundamente umgeplant und ausgeführt. Inzwischen

sind die gesamten Fundierungsarbeiten bis auf einige Restarbeiten abgeschlossen.

(2) Die tragende Stahlkonstruktion besteht aus einem zwischen Randseile gespannten Stahlnetz mit einer Maschenweite von 75×75 cm, das an 51 Pylonen und Stützen (bis zu 80 m hoch, bis zu 3,50 m ⌀) aufgehängt und über Rückhalte- und Abspannseile an den Zugfundamenten verankert ist.

Nachdem die öffentliche Ausschreibung im Jahre 1969 kein befriedigendes Ergebnis erbracht hatte, wurde die Stahlkonstruktion im Wege des Selbstkostenerstattungsvertrages an die „Arbeitsgemeinschaft Stahlbau Dach“ vergeben, die aus sechs namhaften deutschen und österreichischen Stahlbaufirmen besteht. Die Zulieferung der einzelnen Konstruktionselemente erfolgt teils durch die Partnerfirmen der ARGE Stahlbau Dach, teils durch Sublieferanten.

Die Einzelteile werden zur Zeit in den Herstellerwerken gefertigt. Auf der Baustelle werden die großen Hauptmaste montiert. Engpässe bestehen in der termingerechten Lieferung der Gußteile für Mastköpfe, Umlenksättel und Knotenpunkte der Seile, weil die in der Gußstahlindustrie üblichen Lieferfristen aufgrund der späten Zuschnittsangaben bzw. geometrischen Daten zum Teil wesentlich verkürzt werden mußten.

Schwierigkeiten hat die Anfertigung der Zuschnittspläne bereitet. Dies ist darauf zurückzuführen, daß bei Beauftragung keine fertigen, auf die vorgesehene Konstruktion direkt anwendbaren Rechen- und Zeichenmethoden vorlagen, sondern solche erst im Verlauf der Bearbeitung entwickelt werden mußten. Bereits Ende 1969 wurde durch Beauftragung einer mathematischen Zuschnittsermittlung ein Parallelweg beschritten. Weiterhin wurde ein mit Rechen- und automatischen Zeichenanlagen ausgerüstetes Ingenieurbüro eingeschaltet, um die Auslieferung der Zuschnittspläne sicherzustellen. Bei der Ermittlung der Zuschnitte wurde daher nicht nur diesem Bauwerk gedient, sondern neue wissenschaftliche Entwicklungen, insbesondere auf dem Gebiet der elektronischen Berechnung derartiger Netzwerke, wurden in Gang gesetzt und erfolgreich betrieben.

(3) Die Eindeckung war ursprünglich lichtundurchlässig vorgesehen. Dies mußte aufgrund der Forderungen des Fernsehens zugunsten einer lichtdurchlässigen Eindeckung aufgegeben werden. Zur Auswahl standen die Verwendung von tafelartigem Eindeckungsmaterial (Acrylglas oder glasfaserverstärktes Polyester) oder von Planen aus PVC-beschichtetem Diolen- oder Trevira-Gewebe.

Nach monatelangen, eingehenden Untersuchungen über Haltbarkeit, Lichtdurchlässigkeit, Wasserdichtigkeit, Brandverhalten sowie Vor- und Nachteile bei der Montage fiel die Entscheidung zugunsten von Acrylglasplatten (Plexiglas). Dies ist zwar das teuerste der untersuchten Materialen; jedoch erklärten die Architekten und Konsulenten der Olympia-Baugesellschaft, daß man für eine Eindeckung des Seilnetzes mit den anderen Materialien die Verantwortung noch nicht übernehmen könnte. Zur Ausführung gelangen nun 3×3 m große, vorgereckte, leicht grau getönte Plexiglasplatten, die auf den Seilnetzknoten elastisch befestigt und untereinander mit elastischen Dichtungsprofilen verbunden werden. Der Ausführungsauftrag wurde im Sommer 1970 vergeben. Zur Zeit läuft die Werkstattplanung und parallel dazu die Fertigung der Grundmaterialien.

2.2.3 Zentrale Hochschulsportanlage

Während der Olympischen Spiele 1972 werden die Bauten der Zentralen Hochschulsportanlage die Rundfunk- und Fernseheinrichtungen des Deutschen Olympia-Zentrums Radio und Television aufnehmen; außerdem befinden sich hier die Wettkampfstätten für die Sportarten Volleyball und Hockey.

Die Rohbauarbeiten an der Zentralen Hochschulsportanlage sind im wesentlichen abgeschlossen. Die Vorhangfassade ist zu etwa 60 % fertiggestellt. Wegen der umfangreichen und komplizierten technischen Installationen wurden die Bereiche des Bauvorhabens vorgezogen, in denen Rundfunk und Fernsehen untergebracht werden sollen.

Der Innenausbau hat begonnen. Die Dachdecker- und Klempnerarbeiten werden bis zum Ende des Jahres abgeschlossen sein.

Der Bau der Hockeyplätze ist im Gang. Die Planung für den Tribünenbau der Hockeyanlage ist abgeschlossen.

### 2.2.4 Radrennbahn

Die Planung für das Olympia-Radstadion ist abgeschlossen. Die Abbrucharbeiten für die Freimachung des Geländes nähern sich dem Ende. Die im September begonnenen Rohbauarbeiten schreiten zügig voran. Die Dacheindeckung wird — wie beim Stadion — leichtdurchlässig ausgeführt; Tribüne, Dachbinder und Rennbahn werden aus Holz gefertigt.

## *2.3 Olympisches Dorf*

Im Olympischen Dorf wurde bereits im letzten Jahr mit dem Bau aller wichtigen Teile begonnen. Die Rohbauarbeiten gingen so zügig voran, daß für einige Bauteile bereits die Richtfeste gefeiert wurden.

Das Olympische Dorf nimmt während der Olympischen Spiele 1972 insgesamt rund 12 000 Sportler und Sportlerinnen, Betreuer und Funktionäre auf. Nach den Spielen werden im Frauendorf rund 2000 Studenten, im Männerdorf in rund 3000 Wohnungen etwa 8000 Menschen eine Wohnstätte finden.

Die Architekten, die Olympia-Baugesellschaft und eine Expertengruppe des Organisationskomitees haben sich von Anfang an in enger Zusammenarbeit bemüht, die Gesamtplanung des Olympischen Dorfes so zu gestalten, daß die Anforderungen der olympischen und der nacholympischen Nutzung miteinander in Einklang stehen. Wegen der unterschiedlichen Wohndichte während der Spiele und danach und wegen der zusätzlichen Anforderungen, die der Betrieb eines Olympischen Dorfes zwangsläufig stellt, ließ sich dies jedoch nicht überall erreichen. Damit ergab sich die Notwendigkeit, zeitweilige Bauanpassungsmaßnahmen vorzusehen, die nach den Spielen wieder entfernt werden. Die Kosten hierfür trägt das Organisationskomitee.

### 2.3.1 Olympisches Dorf der Männer

Die Erschließungsarbeiten für das Olympische Dorf der Männer sind abgeschlossen. Die mehrgeschossigen Terrassenbauten sind im Rohbau zu etwa drei Vierteln fertiggestellt. Mit dem Bau der flacheren, ebenfalls terrassierten Gebäude wurde begonnen. Teilweise wurden bereits Ausbauarbeiten in Angriff genommen.

Um auch für die Zeit der Spiele ein angemessenes Verhältnis zwischen Wohndichte und Sanitäranlagen zu erreichen, werden die Wohnungen des Männerdorfs provisorisch 800 zusätzliche Duschanlagen erhalten. Außerdem sind im Wege der Bauanpassung Räume mit 500 Arbeitsplätzen für Masseure vorzusehen.

Für die architektonische Konzeption des Olympischen Dorfes der Männer als einer modernen Wohnanlage ist u. a. kennzeichnend, daß über den Fahrstraßen Fußgängerterrassen angelegt werden, die es gestatten, den Fußgänger vom Fahrverkehr zu trennen. Auch dies kommt der olympischen Nutzung sehr entgegen. Die Trennung wird es erleichtern, den Verkehrsablauf im Olympischen Dorf zu regeln. Für diesen Verkehr sollen allein 180 Pkws, 270 Kleinbusse, 100 Großbusse und 2000 Fahrräder eingesetzt werden.

2.3.2 Olympisches Dorf der Frauen

Die Arbeiten am Olympischen Dorf der Frauen sind sehr weit fortgeschritten. Mit Ausnahme der an das Olympische Dorf der Männer angrenzenden Terrassenbauten sind alle Gebäude im Rohbau fertiggestellt. In Teilbereichen wurde bereits mit der Möblierung begonnen.

Das Verpflegungszentrum — später Mensa für die Studentenstadt und für die Zentrale Hochschulsportanlage — wird Ende dieses Jahres im Rohbau fertiggestellt sein. Für die nacholympische Dauernutzung ist die Mensa auf eine Versorgungskapazität für rd. 500 Personen ausgelegt. Um die 12 000 Bewohner des Olympischen Dorfes versorgen zu können, bedarf es auch hier umfangreicher, nur auf Zeit benötigter Bauanpassungsmaßnahmen. Erforderlich ist insbesondere der Bau und die Ausstattung von drei Großküchen mit fünf Speiseausgaben, von drei Speisesälen mit rd. 2600 Sitzplätzen sowie von einer Küche, die den von den Mannschaften mitgebrachten Köchen zur Verfügung steht.

2.3.3 Zentrum des Olympischen Dorfes

Das Zentrum des Olympischen Dorfes wird vor allem aufweisen: ein ärztliches Zentrum, eine Besucherzone mit Interviewräumen und einem Treffcafé, ein Informationszentrum, eine Ladenstraße, die quer durch das Olympische Dorf verläuft, sowie ein Zentrum für Unterhaltung und Freizeitgestaltung. Die Gebäude, in denen diese Funktionsbereiche untergebracht werden sollen und die nach den Spielen ein örtliches „Stadtzentrum" bilden werden, sind im Bau.

Im Bau sind gleichfalls die beiden Kirchen des Olympischen Dorfs. Die Kirchen werden zu einem Baukörper zusammengefaßt. Kardinal Döpfner und Landesbischof Dietzfelbinger nehmen die Grundsteinlegung gemeinsam vor.

*2.4 Verkehrsanlagen*

Die Rohbauarbeiten an der U-Bahn-Olympialinie sind soweit abgeschlossen, daß die Innenausbauarbeiten zügig vorangetrieben werden können. Der Bau des U-Bahnhofes Oberwiesenfeld/Olympia-Zentrum ist bis auf die Einrichtung der Signalanlagen beendet. Die Voraussetzungen für die termingerechte Fertigstellung der Linie sind damit gegeben.

Der Rohbau für den S-Bahnhof Oberwiesenfeld-West/Olympiastadion ist nahezu beendet.

Für die Straßenbahnwendeschleife Oberwiesenfeld-Süd/Olympiastadion ist der Unterbau fertiggestellt. Auch die äußere Erschließung des Oberwiesenfeldes durch Straßen und Brücken ist weitgehend abgeschlossen. Das Teilstück des „Mittleren Ringes", welches das Oberwiesenfeld durchschneidet und auf der Ost- und Westseite über Kreuzungsbauwerke Anschluß an das Straßennetz besitzt, wird in Kürze dem Verkehr übergeben.

**3. Sportanlagen außerhalb des Oberwiesenfeldes**

Neben der Ausführung des Olympia-Zeltdaches waren es die Sportanlagen außerhalb des Oberwiesenfeldes, die 1970 im Mittelpunkt der Planungen standen. Zahlreiche Fragen des Standorts, der Raum- und Funktionsprogramme und der Projektentwürfe bedurften hier noch der Klärung und Entscheidung.

*3.1 Wettkampf- und Trainingszentrum „Messegelände"*

Die Gesamtkonzeption für die Ausrichtung der Olympischen Spiele 1972 geht im Einklang mit ihrem Leitsatz vom „Olympia der kurzen Wege" davon aus, daß neben dem Oberwiesenfeld nur noch ein weiteres Wettkampf- und Trainingszentrum, und zwar auf dem Gelände der Münchner Messegesellschaft mbH (Messegelände), entsteht. Im Messegelände oder in dessen unmittelbarer Nähe sind daher die Wettkampf- und der Hauptteil der Trainingsstätten für folgende Sportarten zusammengefaßt:

— Fechten
— Gewichtheben
— Ringen
— Judo
— Basketball

Für Fechten und Gewichtheben stehen Hallen der Messegesellschaft zur Verfügung; ebenso können die gemeinsamen Einrichtungen — z. B. für Presse, Betreuungs- und Ordnungsdienst, Technik — in einer vorhandenen Halle zentral zusammengefaßt werden.

Demgegenüber hat sich trotz einjähriger Bemühungen ergeben, daß das Programm für das Olympische Ringerturnier und für die Wettkämpfe im Judo in keiner der Hallen unterzubringen sind. Nach langen und schwierigen Verhandlungen entschied man sich für den Bau einer neuen Halle, die nach den Spielen als Messehalle dienen wird. Die Beschlußgremien der Olympia-Baugesellschaft haben dem Raum- und Funktionsprogramm zugestimmt und das Projekt genehmigt. Die Konsorten haben die Halle in die Objektliste zum Konsortialvertrag aufgenommen.

Die MMG beteiligt sich in einem angemessenen Rahmen an den Gesamtkosten. Mit dem Bau der Ringer- und Judohalle wurde vor kurzem begonnen.

Die Basketballhalle, die in unmittelbarer Nähe des Messegeländes und in funktionellem Zusammenhang mit diesem Zentrum entsteht, ist im Rohbau zum Teil schon fertiggestellt. Nach der Projektgenehmigung des Aufsichtsrats der Olympia-Baugesellschaft vom 17. Dezember 1969 hatten die Bauarbeiten noch im Sommer dieses Jahres begonnen.

### *3.2 Ruder- und Kanu-Regattastrecke*

Im Anschluß an die Ausführungen im Vorbericht ist zu berichten:

Der Trog der Regattastrecke ist zu 80 % ausgehoben. Der Gesamtaushub wird bis Ende 1970 beendet sein. Mit den Rohbauarbeiten für die Hochbauten der Anlage wurde Anfang September begonnen. Bei günstiger Witterung können sie noch in diesem Jahr beendet werden.

### *3.3 Kanu-Slalom-Strecke Augsburg*

Auf Antrag des Organisationskomitees und nach langwierigen Voruntersuchungen hat das Internationale Olympische Comitee am 13. Mai 1970 entschieden, daß die Wettbewerbe im Kanu-Slalom in Augsburg ausgetragen werden. Der erste Spatenstich für diese Wettkampfstätte wurde am 20. Juli 1970 getan.

Die Wettkampfstrecke am Eiskanal in Augsburg wird mit neuen Ufer- und Sohleeinbauten ausgestattet. Ein Teil der Strecke wird völlig neu errichtet. Die Tiefbauarbeiten hierfür sind fast zu Ende geführt. Mit dem Abschluß der Planung für die Hochbauten ist bis Ende dieses Jahres zu rechnen. Als Baubeginn ist März 1971 vorgesehen.

Das Raum- und Funktionsprogramm für die Kanu-Slalom-Strecke sowie das Gesamtprojekt sind vom Bauausschuß der Olympia-Baugesellschaft genehmigt worden. Die Konsorten haben der Aufnahme der Kanu-Slalom-Strecke in die Objektliste zum Konsortialvertrag zugestimmt.

### *3.4 Schießanlage*

Dem Organisationskomitee und der Olympia-Baugesellschaft hat es lange Zeit erhebliche Schwierigkeiten bereitet, für die Olympische Schießanlage einen geeigneten Standort zu finden. Inzwischen wurde ein Gelände bei Garching, nördlich von München, hierfür bestimmt. Die erforderlichen Grundstücke hat der Bund zur Verfügung gestellt. Der Bauausschuß der Olympia-Baugesellschaft genehmigte das Projekt und stimmte dem Raum- und Funktionsprogramm zu. Es sieht eine moderne Schießanlage mit 300-m-Gewehrständen, 50-m-Kleinkaliber- und 25-m-Pistolenständen, 50 m laufenden Scheiben sowie Skeet- und Trapanlagen vor. Die Anlage wird vervollständigt durch ein Verwaltungs- und Versorgungsgebäude.

Die Rohbauten werden derzeit nach den Entwürfen der ersten Preisträger eines beschränkten Skizzenwettbewerbs erstellt.

*3.5 Reitanlagen*

Nach dem derzeitigen Stand der Planung sind für die Reitwettbewerbe der Olympischen Spiele 1972 die folgenden Wettkampfstätten vorgesehen:

- Springreiten
  - Einzeljagdspringen:
    Reiterstadion Oberwiesenfeld
  - Preis der Nationen: Olympiastadion
- Dressur: Nymphenburger Schloßpark
- Military
  - Dressur: Nymphenburger Schloßpark
  - Geländeritt: Reitanlage München-Riem
  - Springen: Reiterstadion Oberwiesenfeld

Für die Wettkampfstätten „Reiterstadion Oberwiesenfeld" und „Schloßpark Nymphenburg" sind die Planungen noch nicht abgeschlossen.

Für die Unterbringung der Pferde aller olympischen Reitdisziplinen, für Trainingszwecke und für den Militarygeländeritt wird die Reitanlage München-Riem ausgebaut. Die Beschlußgremien der Olympia-Baugesellschaft billigten die Errichtung bzw. den Ausbau der Stallungen, des Krankenstalles, der Reithalle sowie der Trainingsflächen. Mit dem Rohbau für alle Anlagen wurde begonnen.

## III. Olympiabedingte Sportanlagen und Einrichtungen in Kiel

### 1. Olympiazentrum Kiel-Schilksee

*1.1 Sportanlagen*

Der Bau des Olympiazentrums begann nach Abschluß der Entwurfsplanung in der zweiten Hälfte des Jahres 1969. Am 13. Oktober 1969 wurde der Grundstein gelegt. Der Winter 1969/70, der in Kiel früh einsetzte, gefährdete die Bautermine. Die Gründungsarbeiten konnten bis zum 2. März 1970 nur dadurch termingerecht abgeschlossen werden, daß Winterbau-Vollschutzmaßnahmen angewendet wurden.

Am 29. Oktober 1970 wurde Richtfest gefeiert. Nach dem Terminplan werden die Anlagen noch vor Einbruch des Winters 1970/71 überdacht, um bereits im Winter mit dem Ausbau beginnen zu können. Die Sportanlagen sollen im Frühjahr 1972 fertiggestellt sein.

*1.2 Olympisches Dorf*

Außer den Sportanlagen werden im Olympiazentrum zwei Hochhäuser, 32 Einfamilienhäuser und zwei Appartementhäuser errichtet. Während der Spiele werden sie etwa 700 Sportler und Betreuer sowie etwa 200 Journalisten aufnehmen. Die Bauten werden — wie in München — von Wohnungsbaugesellschaften erstellt und nach den Spielen eine moderne Stadtsiedlung bilden.

Die Entwicklung der Baupreise zwang dazu, die architektonische Konzeption und die Bauweise der Hochhäuser zu ändern. Statt einer terrassenförmig gegliederten Architektur werden nunmehr vertikale Hochbauten entstehen.

*1.3 Hotel*

Im Norden des Olympiazentrums wird — ebenfalls von einem privaten Bauträger — ein Hotel errichtet, das während der Spiele die Mitglieder der Jury und andere Gäste aufnehmen soll. Mit dem Bau wurde Anfang November 1970 begonnen.

**2. Segelhäfen**

Der Umbau und die Erweiterung des (alten) Olympiahafens Düsternbrook wurde fortgesetzt. Außerdem wurde mit dem Ausbau von drei weiteren Segelhäfen (Strande, Laboe und Möltenort) begonnen. Die Arbeiten sollen bis 1971 beendet sein. Es werden dann zusätzlich 600 Bootsliegeplätze zur Verfügung stehen; während der Spiele sollen sie die Boote der Besucher aufnehmen. Vor allem aus den skandinavischen Ländern wird mit einem großen Zustrom „ansegelnder“ Besucher gerechnet.

**3. Verkehrsanlagen**

Der Ausbau des Hindenburgufers ist im wesentlichen abgeschlossen und damit der Anschluß der Kieler Seepromenade zum Kulturzentrum und zur Stadtmitte hergestellt.

Für die Olympischen Segelwettbewerbe ist zu erwarten, daß dem Fernverkehr Hamburg—Kiel der Neubau der Bundesautobahn zur Verfügung steht. Das Olympiazentrum Kiel-Schilksee wird durch die im Ausbau befindliche B 503 und eine kreuzungsfreie Zubringerstraße an das Fernstraßennetz angeschlossen.

## IV. Gestaltung, Organisation und Durchführung der Spiele

### 1. Organisationskomitee für die Spiele der XX. Olympiade München 1972

Der Stand der Bauarbeiten in München und in Kiel erlaubt die Feststellung, daß die Teilnehmer der Olympischen Spiele 1972 moderne Wettkampfstätten, Unterkünfte und Versorgungseinrichtungen vorfinden werden. In dem Maße, in dem die baulichen Voraussetzungen für die Ausrichtung der Spiele gesichert sind, rücken die Aufgaben des Organisationskomitees in den Vordergrund. Dem entspricht der weitere Ausbau des Generalsekretariats.

Dem Generalsekretariat werden im Jahre 1971 404 Planstellen gegenüber 166 im laufenden Jahr zur Verfügung stehen. Der Organisations- und Stellenplan ist wie folgt gegliedert:

| | | | |
|---|---|---|---|
| Bereich des Präsidenten und der Generalsekretäre | | | 16 Mitarbeiter |
| Protokoll | | | 11 Mitarbeiter |
| Abteilung | I: | Finanzen, Recht, Verwaltung | 71 Mitarbeiter |
| Abteilung | II: | Sport | 58 Mitarbeiter |
| Abteilung | III: | Olympisches Dorf | 17 Mitarbeiter |
| Abteilung | IV: | Jugendlager und Fackellauf | 11 Mitarbeiter |
| Abteilung | V: | Kultur | 20 Mitarbeiter |
| Abteilung | VI: | Presse | 33 Mitarbeiter |
| Abteilung | VII: | Werbung | 12 Mitarbeiter |
| Abteilung | VIII: | Verkehr | 18 Mitarbeiter |

| | | | |
|---|---|---|---|
| Abteilung | IX: | Betreuungs- u. Ordnungsdienst | 32 Mitarbeiter |
| Abteilung | X: | Technik | 45 Mitarbeiter |
| Abteilung | XI: | Visuelle Gestaltung | 28 Mitarbeiter |
| Abteilung | XII: | Außenstelle Kiel | 26 Mitarbeiter |
| Abteilung | XIII: | Ordnungs-beauftragter | 6 Mitarbeiter |

Die Tätigkeit der Abteilungen ist über einen Netzplan miteinander verknüpft, der alle Einzelvorhaben ausweist und in periodischen Terminkontrollen fortgeschrieben wird. Die Termine dieses Plans sind im wesentlichen eingehalten worden.

### 2. Stand der Planung und Ausführung

Die Vielfalt der Aufgaben des Organisationskomitees gestattet es nicht, über alle Aktivitäten im einzelnen zu berichten. Die folgende Übersicht ist daher auf Grundzüge und Schwerpunkte beschränkt:

#### *2.1 Sport*

#### 2.1.1 Wettkampfstätten und Zeitplan

Das Organisationskomitee hat im Einvernehmen mit den Internationalen und Nationalen Fachverbänden die Raum- und Funktionsprogramme für alle Wettkampfstätten erarbeitet und deren Standorte festgelegt.

#### 2.1.2 Trainingsstätten

Am 14. November 1970 hat der Sportausschuß des Organisationskomitees das Gesamtprogramm der Trainingsstätten verabschiedet. Als Trainingsstätten werden vor allem kommunale Sportanlagen und Vereinssportanlagen verwandt. 80 % von ihnen liegen nicht weiter als 5 km vom Oberwiesenfeld entfernt.

In mehr oder weniger großem Umfang müssen auch die Trainingsstätten den Anforderungen Olympischer Spiele angepaßt werden. Bei zwei großen Objekten — dem Poststadion und dem Dantestadion — sind die Bauanpassungsmaßnahmen bereits abgeschlossen. Beim Dantebad — einem weiteren großen Objekt — sind die Umbau- und Neubaumaßnahmen in vollem Gang.

### 2.1.3 Dopingkontrolle

Das Internationale Olympische Comitee hat am 12. Juni 1970 den Begriff des Dopings für die Olympischen Spiele und die Methoden festgelegt, nach denen die Kontrolluntersuchungen durchgeführt werden sollen. Gleichzeitig wurde das Organisationskomitee beauftragt, die Voraussetzungen für eine einwandfreie Dopingkontrolle zu schaffen. Die Internationalen Fachverbände haben ihre Vorstellungen über das Untersuchungsverfahren sowie über Zahl und Auswahl der zu untersuchenden Athleten mitgeteilt. Die Planungen werden noch einige Monate in Anspruch nehmen.

## 2.2 *Olympisches Dorf*

Über den Stand der Planung und Ausführung des Olympischen Dorfes wurde bereits unter II.2.3 berichtet.

## 2.3 *Olympisches Jugendlager und Fackellauf*

### 2.3.1 Jugendlager

Zu den Aufgaben des Organisationskomitees gehört es auch, ein Olympisches Jugendlager zu veranstalten. Etwa 4 km vom Oberwiesenfeld entfernt werden 2200 Jugendliche zwischen 16 und 20 Jahren in demontierbaren Fertighäusern wohnen. Dazu werden 500 Studenten zwischen 20 und 25 Jahren in unmittelbarer Nähe des Oberwiesenfeldes untergebracht.

Die Teilnehmer am Olympischen Jugendlager erhalten nicht nur die Gelegenheit, die Olympischen Wettkämpfe zu besuchen, sie sollen auch München, seine Umgebung und die Bundesrepublik Deutschland kennenlernen. Ein umfangreiches Begegnungsprogramm wird vorbereitet. Die Nationalen Olympischen Komitees in aller Welt wurden aufgefordert, Jugendliche und Studenten in das Olympische Jugendlager zu entsenden.

### 2.3.2 Fackellauf

Das Organisationskomitee hat ferner die Aufgabe, den Olympischen Fackellauf von Olympia nach München und Kiel zu organisieren. Nach eingehenden Beratungen schlug der Ausschuß für den Olympischen Fackellauf vor, das Olympische Feuer von Griechenland über die Türkei, Bulgarien, Rumänien, Jugoslawien, Ungarn und Österreich nach München und Kiel zu bringen. Alle Nationalen Olympischen Komitees der genannten Länder haben ihre Mitarbeit zugesagt.

Auf einer Strecke von rd. 5000 km werden rd. 5000 Läufer das Olympische Feuer in Tag- und Nachtläufen vom Peloponnes nach München und Kiel tragen.

Zur Zeit wird mit den Nationalen Olympischen Komitees der beteiligten Länder die Streckenführung festgelegt.

### *2.4 Presse, Funk und Fernsehen*

Hunderttausende nur werden Gelegenheit haben, die Olympischen Spiele 1972 persönlich zu erleben. Aber etwa eine Milliarde Menschen wird das Ereignis über Presse, Funk und Fernsehen verfolgen. Der Berichterstattung über die Olympischen Spiele 1972 kommt daher zentrale Bedeutung zu.

Das Organisationskomitee steht in ständigem Kontakt mit dem „Deutschen Olympia Zentrum Radio und Television", um eine bestmögliche Ausstattung der Sportstätten mit Kamerastand- und Kommentatorplätzen zu gewährleisten. Insoweit ist die Planung für den Bereich des Oberwiesenfeldes abgeschlossen.

Auf den Tribünen aller Sportstätten werden Plätze für die Berichterstatter — größtenteils mit Schreibtischplatte, Telefon- und Fernsehgerät — reserviert. Darüber hinaus sind für die wichtigsten Sportstätten Pressesubzentren vorgesehen.

Rund 17 000 qm wird das Gelände umfassen, in dem das Pressezentrum eingerichtet wird. Um die einwandfreie Übertragung der aktuellen Berichte an etwa 70 ausländische Fernsehanstalten und 120 Rundfunkstationen zu ermöglichen, wird das Pressezentrum mit neuesten technischen Einrichtungen ausgestattet. Es werden u. a. zur Verfügung stehen:

Räume für internationale Nachrichtenagenturen
Schreibräume
Postdienste mit Telefon
Fernschreiber
Paket- und Briefschalter
Zentrales Fotolabor

Ergebnisdruckerei
Leitstelle für Pressetransportwesen
Schließfächer für alle Journalisten.

Die erwarteten rd. 4000 Journalisten werden in der von einem privaten Bauträger errichteten „Pressestadt" — die im Rohbau nahezu fertig ist — in Einzel- und Zweibettzimmern wohnen. Nach den Spielen wird diese „Pressestadt" als Wohnsiedlung dienen.

### 2.5 *Technik*

#### 2.5.1 Zeitmessung

Für die meisten Sportarten ist die Zeitmessung von entscheidender Bedeutung. Bei den Olympischen Spielen 1972 werden Neuentwicklungen und erprobte Meßgeräte eingesetzt, so daß sich ein zeitgerechter Standard mit größtmöglicher Sicherheit verbindet. Der Auftrag für die Zeitmessung wird an zwei Firmen von Weltgeltung vergeben. Die Verträge stehen kurz vor ihrer Unterzeichnung.

#### 2.5.2 Drucktechnik

Für die schnelle und umfassende Information von Presse, Ehrengästen und Offiziellen wurde ein Konzept entwickelt, das laufende Ausdrucke, laufende Zusammenfassungen, Tageszusammenfassungen und Gesamtzusammenfassungen vorsieht. Zur Herstellung dieser Drucksachen wird allen Pressezentren und dem Zentrum des Olympischen Dorfes eine Druckerei angegliedert. Diese Druckereien sind durch Datenfernschreiber, Reproduktionsgeräte und automatische Zusammentragmaschinen in der Lage, alle einlaufenden Ergebnisse innerhalb weniger Minuten zu drucken, zu sortieren und zu verteilen. Um die etwa 30 Mio Blatt Papier zu verarbeiten, sind insgesamt 140 Druckmaschinen und 50 Zusammentragautomaten erforderlich. Zur Zeit werden Verhandlungen mit Herstellerfirmen geführt, die die kostenlose Überlassung von Offset-Druckmaschinen für die Zeit der Spiele angeboten haben.

#### 2.5.3 Anzeigeeinrichtungen

In allen Sportstätten werden Anzeigeeinrichtungen installiert, deren Grundkonzeption im Benehmen mit den Nationalen und Internationalen Sportfachverbänden erarbeitet wurde. Überwiegend sind Lichtschrifttafeln vorgesehen, von denen die wichtigsten vom Computer gesteuert werden können.

So werden z. B. im Olympiastadion zwei Großanzeigetafeln aufgestellt, von denen die eine für technische Wettbewerbe, die andere für Laufwettbewerbe verwendet wird. In der Schwimmhalle sind die Anschlagmatten der automatischen Zeitnahme direkt mit der Anzeigetafel verbunden. Bei einigen Sportarten wie Military-Geländeritt, Rudern und Kanuslalom wird der Rennverlauf durch Anzeigen von Zeitdifferenzen und Fehlerpunkten dem Zuschauer anschaulich gemacht.

2.5.4 Datenverarbeitung

Das Konzept der Datenverarbeitung ist entwickelt. Seine wichtigsten Bestandteile sind:

(1) Informationssystem

Ein Informationssystem, das vornehmlich Journalisten über alles Wissenswerte im Zusammenhang mit Olympischen Spielen — speziell mit denen in München — schnell informieren soll, wird aufgebaut. Mit Hilfe von 72 Datensichtstationen, die in den Pressesubzentren aller Sportstätten installiert werden, lassen sich Fragen aus den in großen Datenbänken gespeicherten Informationen beantworten.

(2) Ergebniserfassung

Die Ergebnisse der einzelnen Wettkämpfe werden unmittelbar an der Wettkampfstätte erfaßt und über ca. 50 Datenendgeräte an die zentrale Datenverarbeitungsanlage weitergeleitet.

(3) Ergebnisverarbeitung

Alle eingehenden Ergebnisse werden unter Verwendung von Archivdaten und gemäß den Wettkampfregeln der einzelnen Sportarten zu Startlisten, Startfolgen, Placierungstabellen und Ergebnislisten verarbeitet.

(4) Ergebnisverteilung

Die aufbereiteten Informationen werden in Form von Ergebnistabellen weitergegeben über

— Anzeigetafeln an das Publikum,

— Datensichtstationen und ein Informationsfernsehnetz an die Journalisten,
— Datenfernschreiber an alle Druckereien zur Vervielfältigung der gedruckten Ergebnisinformationen sowie an alles Presseagenturen.

(5) Gerätespektrum

Im Olympiastadion werden drei Computer installiert, die notfalls auch einzeln die wichtigsten Aufgaben durchführen können. In einem Rechenzentrum im Stadtgebiet werden zwei weitere Computer und Speichergeräte bereitgestellt. Um das Funktionieren des Systems unter allen Umständen zu sichern, wird eine Notorganisation aufgebaut.

Der Vertrag mit einer kompetenten Computer-Herstellerfirma steht kurz vor dem Abschluß.

## 5. Bericht des Bundesministers des Inneren zur Gesamtfinanzierung der Olympischen Spiele 1972 vom 13. März 1971*

(Auszug)

### I. Gesamtbereich

1. Gesamtkosten der Olympischen Spiele 1972

Meinem Vorbericht vom 12. Februar 1970 (I,1) habe ich eine Gesamtrechnung vorangestellt, die — mit Ausnahme des Sonderbereichs der Folgekosten — alle olympiabedingten Kosten und alle olympiabedingten Einnahmen zusammenfaßte. Zweck einer solchen Gesamtrechnung ist es, eine vollständige Übersicht über die finanziellen Auswirkungen der Olympischen Spiele 1972 auf der Kosten- und auf der Einnahmeseite zu erhalten und eine Gesamtbilanz zu erstellen. Diese Gesamtbilanz weist insbesondere aus, inwieweit es gelungen ist, die Gesamtkosten der Olympischen Spiele 1972 aus olympiabedingten Einnahmen zu decken.

* Abdruck nach „Deutscher Bundestag", 6. Wahlperiode. Drucksache VI/1968.

Aufgrund der Endzahlen, die für die olympiabedingten Investitionskosten in München und in Kiel sowie für die olympiabedingten Veranstaltungskosten einerseits, für die Sonderfinanzierungsmittel und die eigenen Einnahmen des Organisationskomitees andererseits ermittelt worden sind und deren Berechnung aus den folgenden Abschnitten dieses Berichts zu ersehen ist, wurde die Gesamtrechnung auf den heutigen Stand fortgeschrieben. Die Fortschreibung ist in der nebenstehenden Tabelle dargestellt. Ihr Ergebnis zeigt:

(1) Die olympiabedingte Belastung der öffentlichen Haushalte ist nahezu unverändert. Im Februar 1970 betrug sie 831 Millionen DM; heute sind es 847 Millionen DM. Dies ist der Fall, obwohl rund 80 % der Gesamtkosten der Olympischen Spiele auf Baumaßnahmen entfallen, die als absolut termingebundene Bauvorhaben der allgemeinen Preisentwicklung auf dem Baumarkt in besonderem Maße ausgesetzt waren.

Von der olympiabedingten Belastung der öffentlichen Haushalte entfielen auf den Bund im Februar 1970 408 Millionen DM; heute sind es 414 Millionen DM.

(2) Das Verhältnis, in dem die Gesamtkosten der Olympischen Spiele 1972 aus olympischen Einnahmen und aus olympiabedingten Zuwendungen der öffentlichen Hand gedeckt werden, hat sich umgekehrt. Im Februar 1970 entfielen 47,5 % der Deckungsmittel auf olympiabedingte Einnahmen und 52,5 % auf olympiabedingte Zuwendungen der öffentlichen Hand; heute beträgt die Relation 55,4 % olympiabedingte Einnahmen zu 44,6 % olympiabedingte Zuwendungen der öffentlichen Hand.

Die Gesamtplanung für die Olympischen Spiele 1972 ist von Anfang an und immer wieder darauf abgestellt worden, nur für die Zeit der Spiele wirksame Ausgaben soweit wie möglich zu vermeiden und mit den Olympia-Mitteln sinnvolle Dauerwerte zu schaffen. Aus der Fortschreibung 1971 der Gesamtrechnung geht hervor, daß rund 76 % der Gesamtkosten der Olympischen Spiele 1972 dazu dienen, auf Gebieten dringenden sozialen Bedarfs Investitionen vorzunehmen, die für Jahrzehnte bleibenden Wert besitzen.

**Fortschreibung 1971 der Gesamtrechnung**

(Die Beträge sind in Millionen DM angegeben)

| | Februar 1970 | Februar 1971 | Februar 1970 | Februar 1971 | Februar 1970 | Februar 1971 |
|---|---|---|---|---|---|---|
| Ausgaben | | | | | | |
| Investitionskosten München | 1 150 | 1 350 | | | | |
| Investitionskosten Kiel | 67 | 95 | 1 217 | 1 445 | | |
| Veranstaltungskosten München und Kiel (Organisationskomitee) | | | 365 | 456 | | |
| Insgesamt | | | | | 1 582 | 1 901 |
| Einnahmen | | | | | | |
| Sonderfinanzierungsmittel | | | | | | |
| Olympia-Lotterie | 250 | 250 | | | | |
| Olympiamünze | 250 | 427 | | | | |
| Förderung der Zentralen Hochschulsportanlage | 28 | 28 | 528 | 705 | | |
| Einnahmen des Organisationskomitees | | | 223 | 349 | | |
| Insgesamt | | | | | 751 | 1 054 |
| Olympiabedingte Belastung der öffentlichen Haushalte | | | | | 831 | 847 |

2. Gesamtregelung der Finanzierung

In meinem Vorbericht vom 12. Februar 1970 (I, 2) habe ich gefordert, daß der Gesamtrechnung der Kosten eine Gesamtregelung der Finanzierung entsprechen müßte. Der Deutsche Bundestag hat am 4. Juni 1970 die Bundesregierung ersucht, „vor abschließenden Verhandlungen mit den Konsorten" gehört zu werden. Über den Stand der Konsortialverhandlungen im einzelnen geben die folgenden Abschnitte Auskunft; zusammenfassend läßt sich feststellen:

— olympiabedingte Investitionskosten in München und in Kiel —

— Abschnitt II dieses Berichts —

Über den Aufteilungsschlüssel, über notwendige Ergänzungen der Objektlisten sowie über eine große Anzahl einzelner Kosten- und Finanzierungsfragen haben die Konsorten weitgehendes Einvernehmen erzielt. Erste Entwürfe für die Neufassung der Konsortialverträge vom 10. Juli 1967 und vom 16. April 1969 liegen vor; ihre Fertigstellung setzt aber die Regelung von Trägerschaft und Folgekosten voraus.

— Trägerschaft und Folgekosten in München —

— Abschnitt III dieses Berichts —

Über die Ausführung der Grundsatzvereinbarung vom 17. Dezember 1969, insbesondere über Grundlagen und Methodik der Vergleichsrechnung, haben die Konsorten langwierige und schwierige Verhandlungen geführt. Auf der Grundlage des Verhandlungsergebnisses hat die Olympia-Baugesellschaft zur Durchführung der Vergleichsrechnung im einzelnen ein Fachgutachten in Auftrag gegeben; mit seiner Vorlage ist im Mai 1971 zu rechnen.

— olympiabedingte Veranstaltungskosten —

— Abschnitt IV dieses Berichts —

Der Entwurf eines Konsortialvertrags über die Finanzierung der olympiabedingten Veranstaltungskosten ist fertiggestellt.

Die Bundesregierung beabsichtigt, dem Deutschen Bundestag das Vertragswerk über die Gesamtfinanzierung der Olympischen Spiele 1972 als Ganzes vorzulegen, bevor sie in abschließende Verhandlungen eintritt.

## II. Investitionskosten der Sportanlagen und der Einrichtungen, die für die Ausrichtung der Olympischen Spiele 1972 in München und Kiel notwendig sind (olympiabedingte Investitionskosten)

1. Aufteilung auf Bund, Land und Stadt

*1.1 Neufassung der Konsortialverträge*

1.1.1 Stand der Konsortialverhandlungen

In meinem Vorbericht vom 12. Februar 1970 (II 1) habe ich eingehend die Gründe dargelegt, aus denen sich die Vertreter des Bundes am 17. Dezember 1969 in einem Spitzengespräch der Konsorten bereit fanden, dafür einzutreten, daß der Bund im Rahmen eines umfassenden und abschließenden Vertragswerks über die Gesamtfinanzierung der Olympischen Spiele 1972 seinen Anteil an den olympiabedingten Investitionskosten auf die Hälfte erhöht. Der Deutsche Bundestag hat am 4. Juni 1970 die Bundesregierung ersucht, „die Verhandlungen über die Aufteilung der olympiabedingten Investitionskosten in München und in Kiel mit dem Ziel fortzuführen, daß diese Kosten vom Bund zu 50 % sowie vom Freistaat Bayern und von der Landeshauptstadt München bzw. vom Land Schleswig-Holstein und von der Stadt Kiel zu je 25 % getragen werden."

Auf der Grundlage der Grundsatzvereinbarung vom 17. Dezember 1969 und des Ersuchens vom 4. Juni 1970 sind die Konsortialverhandlungen fortgeführt und in den Sachfragen abgeschlossen worden. Ein erster Entwurf für eine Neufassung des „Konsortialvertrages über den Bau und die Finanzierung der Sportanlagen und der Einrichtungen für die Olympischen Spiele 1972 in München vom 10. Juli 1967" liegt vor. Seine Fertigstellung und abschließende Fassung setzen aber voraus, daß zuvor die Frage von Trägerschaft und Folgekosten für alle olympiabedingten Anlagen geregelt wird. Hierzu darf ich auf die Ausführungen in Abschnitt III dieses Berichts verweisen.

Ein Entwurf für die Änderung und Ergänzung des „Konsortialvertrags über den Bau und die Finanzierung der Sportanlagen und der Einrichtungen für die Olympischen Segelwettbewerbe 1972 in Kiel" ist gleichfalls vorbereitet. Beide Entwürfe sind Teil des Vertragswerks über die Gesamtfinanzierung der Olympischen Spiele 1972, das die Bundesregierung dem Deutschen Bundestag als Ganzes vorlegen wird (vgl. oben I, 1.2).

1.1.2 Finanzielle Auswirkungen

Nach den Endzahlen, die für die olympiabedingten Investitionskosten in München (vgl. unten II,2) und in Kiel (vgl. unten II,3) sowie für die Sonderfinanzierungsmittel (vgl. unten II, 4) ermittelt worden sind, stellen sich die finanziellen Auswirkungen einer Umverteilung der olympiabedingten Investitionskosten im Sinne der Grundsatzvereinbarung vom 17. Dezember 1969 wie folgt dar:

*München*

| | |
|---|---|
| Gesamtkosten . . . . . . . . . . . . . | 1 350 Millionen DM |
| Sonderfinanzierungsmittel (Anteil München) . . . . . . . . . | 570 Millionen DM |
| Olympiabedingte Belastung der Konsorten . . . . . . . . . . . | 780 Millionen DM |

Für die Aufteilung ist zu unterscheiden zwischen den Kosten der U-Bahn-Olympialinie (vgl. hierzu meinen Vorbericht vom 12. Februar 1970 (II, 2.2 [2]) = 170 Millionen DM und der olympiabedingten Belastung der Konsorten im übrigen = 610 Millionen DM. Es entfallen auf:

| | Millionen DM | | |
|---|---|---|---|
| | U-Bahn-Olympia-linie | Belastung im übrigen | insgesamt |
| Bund . . . . . . . . . . . . . . . | 77,5 | 305,0 | 382,5 |
| Freistaat Bayern . . . . . . | 45,3 | 152,5 | 197,8 |
| Landeshauptstadt München . . . . . . . . . . | 47,3 | 152,5 | 199,8 |
| Konsorten zusammen | 170,1 | 610,0 | 780,1 |

*Kiel*

| | |
|---|---|
| Gesamtkosten . . . . . . . . . . . . . . | 95 Millionen DM |
| Sonderfinanzierungsmittel (Anteil Kiel) . . . . . . . . . . . . | 55 Millionen DM |
| Olympiabedingte Belastung der Konsorten . . . . . . . . . . . . | 40 Millionen DM |

Für die Aufteilung ist zu unterscheiden zwischen den Kosten für den olympiabedingten Ausbau des Stadttheaters (vgl. hierzu meinen Vorbericht vom 12. Februar 1970 (II, 3.2) = 12,8 Millionen DM und der olympiabedingten Belastung der Konsorten im übrigen = 27,2 Millionen DM.

Es entfallen auf

| | Millionen DM | | |
|---|---|---|---|
| | Stadttheater | Belastung im übrigen | Insgesamt |
| Bund . . . . . . . . . . . . . . . . | 4,30 | 13,60 | 17,90 |
| Land Schleswig-Holstein . . . . . . . . . . | 4,25 | 6,80 | 11,05 |
| Stadt Kiel . . . . . . . . . . | 4,25 | 6,80 | 11,05 |
| Konsorten zusammen | 12,80 | 27,20 | 40,00 |

Der Anteil des Bundes an den olympiabedingten Investitionskosten in München und in Kiel beträgt damit insgesamt rd. 400 Millionen DM. Er ist im Rahmen des geltenden Finanzplans bereitgestellt.

### *1.2 Vorläufige Umstellung des Zahlungsverfahrens*

Bereits in meinem Vorbericht vom 12. Februar 1970 (I, 2) habe ich darauf hingewiesen, daß die Grundsatzvereinbarung der Konsorten vom 17. Dezember 1969 unter dem Vorbehalt getroffen wurde, daß auch die parlamentarischen Körperschaften ihr zustimmen würden. Der Haushaltsausschuß des Deutschen Bundestages hat jedoch wiederholt zum Ausdruck gebracht, daß der bisherige Anteil des Bundes an den olympiabedingten Investitionskosten solange unverändert bleiben sollte, bis auch die Frage von Trägerschaft und Folgekosten geklärt sei. Noch am 12. November 1970 kam der Ausschuß bei seinen Beratungen über den Haushalt 1971 überein, den Titel 893 15 (Olympia-Bauten) „zwar nicht qualifiziert zu sperren, doch grundsätzlich an einer Kostendrittelung festzuhalten". Die Gründe, aus denen eine endgültige Regelung von Trägerschaft und Folgekosten bisher nicht möglich war und die keiner der Beteiligten zu vertreten hat, sind im Abschnitt III dieses Berichts ausführlich dargetan.

Die Bundesregierung teilt die Auffassung des Haushaltsausschusses insoweit, als es um eine endgültige und abschließende Entscheidung über die Umverteilung der olympiabedingten Investitionskosten geht. Auch sie hat stets den Standpunkt vertreten, daß es nicht tunlich sei, einen der Teilbereiche der Gesamtfinanzierung der Olympischen Spiele 1972 vorab festzuschreiben. Die Bundesregierung glaubt jedoch, daß eine vorläufige Umstellung des Zahlungsverfahrens auf den in Aussicht genommenen Aufteilungsschlüssel, die unter dem Vorbehalt eines verbindlichen Vertragsabschlusses verbleibt, der Sache förderlich wäre. Die folgenden Gründe sprechen hierfür:

(1) Die Finanzplanung aller beteiligten Gebietskörperschaften wird wesentlich erleichtert, wenn der Zeitpunkt für die Umstellung des Auszahlungsverfahrens nicht länger in der Schwebe bleibt. Aufgrund der Grundsatzvereinbarung vom 17. Dezember 1969 haben Bund, Freistaat Bayern und Landeshauptstadt München angenommen, der neue Aufteilungsschlüssel werde spätestens vom 1. Januar 1971 an in Kraft getreten sein. Die Tatsache, daß die Ausarbeitung des Fachgutachtens über die Folgekosten weit mehr Zeit in Anspruch nimmt als vorgesehen, nötigt den Freistaat Bayern und die Landeshauptstadt München dazu, auch weiterhin den Betrag vorzufinanzieren, der sich aus der Differenz zwischen dem bisherigen und dem erwarteten Bundesanteil ergibt. Zumindest der Landeshauptstadt München, die sich in einer schwierigen Haushaltslage be-

findet, ist eine solche Vorfinanzierung nicht weiter zumutbar. Für das Land Schleswig-Holstein und die Stadt Kiel gilt im Grundsatz das gleiche.

Auch für den Bund ist der derzeitige Zustand nicht nur von Vorteil. Er hat zur Folge, daß die Verpflichtung des Bundes zur Nachzahlung ständig wächst und daß damit ein Rückstau an Haushaltsmitteln entsteht, der später kurzfristig abgebaut werden muß. Dieser Schwebezustand erschwert die Finanzplanung und eine haushaltsgerechte Verteilung der Mittel erheblich.

(2) Der Stand der Konsortialverhandlungen insgesamt läßt es nunmehr zu, daß der Bund im Wege eines Vorbehaltsverfahrens bei der Auszahlung der Mittel für die olympiabedingten Investitionen künftig nach dem seit dem 17. Dezember 1969 in Aussicht genommenen Aufteilungsschlüssel verfährt. Mit dem Einvernehmen der Konsorten über den Entwurf eines Konsortialvertrages über die Finanzierung der olympiabedingten Veranstaltungskosten (vgl. unten IV, 1.1) liegen jetzt für alle Teilbereiche — Investitionskosten, Folgekosten, Veranstaltungskosten — Grundsatzvereinbarungen vor. Ohne Zugeständnisse des Freistaates Bayern und der Landeshauptstadt München im Bereich der Veranstaltungskosten wäre dies nicht möglich gewesen. Die konsortiale Zusammenarbeit legt es nahe, daß dafür auch der Bund Entgegenkommen zeigt und daß er deshalb die Verklammerung von Investitionskosten und Folgekosten in einem begrenzten Umfang lockert.

Aus den genannten Gründen würde es nach Auffassung der Bundesregierung der Sache dienen, wenn der Bund mit Wirkung vom 1. Januar 1971 vorläufig und unter Vorbehalt 50 % der Mittel auszahlen würde, die für die Finanzierung der olympiabedingten Investitionskosten angefordert werden. Der Vorbehalt wäre darauf abzustellen, daß im Rahmen des Vertragswerks über die Gesamtfinanzierung der Olympischen Spiele 1972 auch eine Vereinbarung über Trägerschaft und Folgekosten zustande kommt. Sollte dies nicht der Fall sein, so hätte der Bund die Möglichkeit, die geleisteten Zahlungen zu verrechnen.

## 2. Olympiabedingte Investitionskosten in München

### *2.1 Fortschreibung 1971 des Gesamtkosten- und Finanzierungsplans der Olympia-Baugesellschaft*

§ 7 Abs. 7 der Satzung der Olympia-Baugesellschaft bestimmt, daß die Geschäftsführung einen detaillierten Gesamtkosten- und Finanzierungsplan führt und daß sie ihn regelmäßig fortschreibt. In meinem Vorbericht vom 12. Februar 1970 (II, 2.1) habe ich mitgeteilt, daß der Aufsichtsrat der Gesellschaft die Grundfassung dieses Gesamtkosten- und Finanzierungsplans am 17. Dezember 1969 verabschiedet hat. Die Aufstellung der olympiabedingten Investitionskosten (Kostenaufstellung), die hierin enthalten war, entsprach dem Stand vom 17. November 1969 und schloß mit 1150 Millionen DM ab. Bis zum Dezember 1970 blieb diese Schlußsumme unverändert.

Angesichts der Kostenentwicklung, die sich Ende 1970 abzeichnete und die vor allem als Folge der allgemeinen Preisentwicklung auf dem Baumarkt Mehrkosten von etwa 200 Millionen DM erwarten ließ, haben der Bund, der Freistaat Bayern und die Landeshauptstadt München die Geschäftsführung gebeten, eine weitere (dritte), umfassende und zumindest in den Endzahlen abschließende Fortschreibung des Gesamtkosten- und Finanzierungsplans baldmöglichst vorzulegen. Die Geschäftsführung hat dies in der Sitzung des Aufsichtsrats am 10. März 1970 getan. Ihre Vorlage bestätigte, daß der Endbetrag der olympiabedingten Investitionskosten in München in der Größenordnung von 1350 Millionen DM liegen wird. Der Aufsichtsrat stimmte der (dritten) Fortschreibung des Gesamtkosten- und Finanzierungsplans — Stand: 10. Februar 1971 — (Fortschreibung 1971) zu und nahm die Kostenaufstellung zur Kenntnis.

### *2.2 Kostenaufstellung vom 10. Februar 1971*

Die Kostenaufstellung der Olympia-Baugesellschaft vom 10. Februar 1971 schließt — wie bereits erwähnt — mit 1350 Millionen DM ab. Hierbei handelt es sich um die Gesamtkosten der Sportanlagen und Einrichtungen, die heute Gegenstand des Konsortialvertrags vom 10. Juli 1967 sind. In Fortführung und Fortschreibung der Kostenaufstellung vom 17. November 1969, die in meinem Vorbericht vom 12. Februar 1970 (II, 2.2) enthalten war und deren Ansätze zum Vergleich nachstehend in () vermerkt sind, ergibt die Kostenaufstellung vom 10. Februar 1971 folgendes Bild:

| | Millionen DM |
|---|---|
| — Sportanlagen auf dem Oberwiesenfeld und innere Erschließung . . . . . . . . . . . | 640,1 (559,4) |

| Davon entfallen | Millionen DM | |
|---|---|---|
| Stadion . . . . . . . . . . . . | 128,4 | (114,1) |
| Sporthalle . . . . . . . . . . | 103,1 | (94,9) |
| Schwimmhalle . . . . . . . . . | 86,7 | (81,8) |
| „Zeltdach“ . . . . . . . . . . | 121,4 | (93,9) |
| „Stadion-Ostdach“ . . . . . . | 16,4 | (14,1) |
| Radrennbahn . . . . . . . . . | 26,8 | (17,4) |
| Zentrale Hochschulsportanlage . | 97,7 | (77,3) |

Die vorgenannten Kosten von 580,5 Millionen DM schließen Kosten für Außenanlagen mit rd. 91 Millionen DM ein.

| | | |
|---|---|---|
| Innere Erschließung . . . . . | 59,6 | (65,9) |

| | |
|---|---|
| — Sportanlagen außerhalb des Oberwiesenfeldes | 215,4 (149,4) |

| Davon entfallen auf | | |
|---|---|---|
| Ruder- und Kanustrecke . . . | 69,1 | (58,2) |
| Schießanlage . . . . . . . . . | 24,0 | (20,4) |
| Reitanlage . . . . . . . . . . | 38,2 | (25,6) |
| Basketballhalle . . . . . . . . | 22,6 | (17,9) |
| Ringerhalle . . . . . . . . . . | 19,1 | (—) |
| Kanuslalomstrecke Augsburg . . | 15,6 | (—) |

| | Millionen DM | | Millionen DM |
|---|---|---|---|
| Sonstige Wettkampf- und Trainingsstätten | 26,8 | (27,3) | |
| — Olympisches Dorf (Anteil der öffentlichen Mittel | | | 60,2 (43,5) |
| — Äußere Erschließung des Oberwiesenfeldes | | | 284,0 (281,10) |
| Davon entfallen auf | | | |
| U-Bahn-Olympialinie | 171,8 | (159,9) | |
| S-Bahn-Olympiaanschluß | 16,4 | ( 16,4) | |
| Straßenbahn | 3,9 | ( 3,4) | |
| Straßen | 91,9 | (101,4) | |
| — Freimachung des Oberwiesenfeldes | | | 21,6 (21,2) |
| — Sonstiges | | | 46,7 (2,6) |
| Davon entfallen auf | | | |
| Pressezentrum | 25,4 | (—,—) | |
| Verschiedenes | 10,8 | ( 2,6 ) | |
| Bautechnische Leistungen für das Organisationskomitee | 10,5 | (—,—) | |
| — Unvorhergesehenes | | | 82,0 (92,8) |
| | | | 1 350,0 (1 150,0) |

Zur Erläuterung der Positionen „Zeltdach", Ringerhalle, Kanuslalomstrecke Augsburg und Pressezentrum ist zu bemerken:

(1) Gesamtüberdeckung von Stadion, Sporthalle und Schwimmhalle („Zeltdach“)

In der Kostenaufstellung des Vorberichts waren die Kosten des „Zeltdachs“ aufgeteilt und in die Ansätze für Stadion, Sporthalle, Schwimmhalle und innere Erschließung einbezogen. Als Wahrzeichen und maßgebendes Gestaltungselement der architektonischen Gesamtkonzeption des Olympiaparks stellt das „Zeltdach“ nach Funktion und Architektur aber ein Ganzes dar. Daher liegt es nahe, auch bei einer Darstellung der Kosten das Gesamtdach als ein eigenes Bauwerk zu behandeln. In der vorstehenden Kostenaufstellung ist dies geschehen; die Vergleichszahlen des Vorberichts wurden entsprechend umgerechnet.

Behält man dagegen die Darstellung des Vorberichts bei und teilt man die Kosten des „Zeltdachs“ auf die überdeckten Sportanlagen und Verbindungsflächen auf, so ergibt sich folgendes Bild:

| | Millionen DM | |
|---|---|---|
| | Kosten-aufstellung vom 17. November 1969 | Kosten-aufstellung vom 10. Februar 1971 |
| Stadion | 170,0 | 200,9 |
| Sporthalle | 119,9 | 138,4 |
| Schwimmhalle | 96,2 | 106,0 |
| Verbindungsflächen | 12,7 | 10,7 |

(2) Ringerhalle, Kanuslalomstrecke Augsburg und Pressezentrum

In der Kostenaufstellung vom 17. November 1969 waren diese Objekte nicht enthalten. Ihre Aufnahme in die Objektliste zum Konsortialvertrag bedeutet jedoch nicht, daß es sich um Bauten handeln würde, die auch ihrer Funktion und der Gesamtplanung nach neu hinzugekommen wären; sie waren vielmehr im Bereich der Provision eingeplant. Ihre Übernahme ist ein Ergebnis der ständigen Bemühungen, anstelle provisorischer Zeitbauten sinnvolle Daueranlagen von bleibendem Wert zu erstellen. Im einzelnen:

Ringerhalle

Aufgrund wiederholter Erklärungen der Münchner Messegesellschaft ging das Organisationskomitee lange Zeit davon aus, daß die Wettkampfstätte für Ringen und Judo in einer Halle untergebracht würde, die die Münchner Messegesellschaft im Rahmen eigener Umbau- und Ausbaupläne zu errichten gedachte. Im Frühjahr 1970 gab die Gesellschaft diese Baupläne jedoch auf und stellte das Organisationskomitee damit vor eine neue Situation. Die Konsorten sahen sich in die Lage versetzt, kurzfristig eine andere Lösung finden zu müssen. Um nicht für rd. 15 Millionen DM eine provisorische Halle bauen und nach den Spielen wieder abreißen zu müssen, einigten sich die Beteiligten schließlich dahin, auf dem Gelände der Münchner Messegesellschaft eine neue Halle zu errichten, die nach den Spielen ihren vollen Wert behält und als Messehalle dient. Die Gesamtkosten einer solchen Halle — einschließlich notwendiger Zwischenbauten und späterer Ausbauten — wurden mit 43,1 Millionen DM veranschlagt; hiervon übernimmt die Olympia-Baugesellschaft 19,1 Millionen DM.

Kanuslalomstrecke Augsburg

Der Standort der Wettkampfstätte für Kanuslalom war lange Zeit umstritten. Erst am 13. Mai 1970 stimmte das Internationale Olympische Komitee dem Vorschlag des Organisationskomitees zu, die Wettbewerbe im Kanuslalom auf dem Eiskanal in Augsburg auszutragen. Damit ergab sich die Möglichkeit, statt eines Provisoriums eine Sportanlage von bleibendem Wert zu errichten, die nach den Olympischen Spielen 1972 auch als Leistungszentrum genutzt werden kann (vgl. unten III, 2). Die Gesamtkosten dieser Anlage betragen 15,6 Millionen DM; für ein Provisorium hatte die Olympia-Baugesellschaft Kosten von rd. 14 Millionen DM geschätzt.

Pressezentrum

Aufgrund entsprechender Angebote ging die Planung des Organisationskomitees zunächst davon aus, das Arbeitszentrum der Presse (Pressezentrum) in dem Neubau eines Kaufhauses unterzubringen, das in der Pressestadt von privater Seite errichtet wird. Im Herbst 1970 stellte sich jedoch heraus, daß die Kosten dieses Provisoriums (Bauanpassungsmaßnahmen, Miete) wie auch anderer provisorischer Lösungen (Auf- und Abbau von Zeitbauten) mehr als 20 Millionen DM betragen würden. Das Organisationskomitee und die Gebietskörperschaften hielten einen solchen Aufwand ohne bleibenden Gegenwert nicht für vertretbar. Die Landeshauptstadt München schlug deshalb vor, am Südrand der Pressestadt ein Gebäude zu errichten, das während der Olympischen Spiele 1972 das Pressezentrum aufnehmen und nach den Spielen als Fachoberschule dienen soll. Diesem Vorschlag stimmten der Vorstand des Organisationskomitees am 7. Dezember 1970 und der Aufsichtsrat der Olympia-Baugesellschaft am 18. Dezember 1970 zu. Die Baukosten — ohne Einrichtung — sind mit 32,3 Millionen DM veranschlagt. Hiervon übernimmt die Olympia-Baugesellschaft 25,3 Millionen DM; die verbleibenden 7 Millionen DM werden nach den Grundsätzen des Schulbaus finanziert. Der Belastung der Olympia-Baugesellschaft von rd. 25 Millionen DM steht eine Entlastung des Organisationskomitees um rd. 20 Millionen DM gegenüber.

## 3. Olympiabedingte Investitionskosten in Kiel

### *3.1 Kosten gemäß Konsortialvertrag*

#### 3.1.1 Kostenaufstellung vom 16. Januar 1971

In meinem Vorbericht vom 12. Februar 1970 (II, 3.1) habe ich eine Kostenaufstellung der Sportanlagen und Einrichtungen gegeben, die Gegenstand des Konsortialvertrages über den Bau und die Finanzierung der olympiabedingten Anlagen in Kiel vom 16. April 1969 sind. Am 16. Januar 1971 hat der „Konsortialausschuß Kiel 1972“ diese Aufstellung auf den heutigen Stand fortgeschrieben. Hiernach betragen die Gesamtkosten der Sportanlagen und Einrichtungen, die Gegenstand des Konsortialvertrages sind, nunmehr 82,2 Millionen DM. Sie setzen sich wie folgt zusammen (die Vergleichszahlen des Vorberichts sind jeweils in ( ) angegeben):

| | | Millionen DM |
|---|---|---|
| — Sportanlagen im Olympiazentrum Kiel-Schilksee | | 64,6 (42,2) |

Davon entfallen auf

| | Millionen DM | |
|---|---|---|
| Seglerzentrum | 29,9 | (15,4) |
| Einrichtungen für Organisation, Presse und Zuschauer | 6,2 | ( 4,1) |
| Hafenanlagen | 8,4 | ( 6,4) |
| Außenanlagen und innere Erschließung | 9,2 | ( 7,4) |
| Grunderwerb | 4,0 | ( 4,0) |
| Sonstige Maßnahmen | 6,9 | ( 4,9) |

| | |
|---|---|
| — Sportanlagen außerhalb des Olympiazentrums Kiel-Schilksee | 7,6 (6,1) |

Davon entfallen auf

| | | |
|---|---|---|
| Erweiterung Hafen Strande | 1,6 | (1,5) |
| Erweiterung Hafen Laboe | 1,0 | (1,0) |
| Umbau und Erweiterung Olympiahafen Düsternbrook | 2,6 | (2,6) |
| Erweiterung Hafen Möltenort | 1,0 | (1,0) |
| Erweiterung Jugend-Lager Falckenstein | 1,4 | (-,-) |

| | |
|---|---|
| — Äußere Erschließung | 3,4 (3,4) |
| — Allgemeinkosten | 0,7 (0,6) |
| — Unvorhergesehenes | 5,9 (2,5) |
| | 82,2 (54,8) |

## 4. Sonderfinanzierungsmittel

### *4.1 Olympia-Lotterie*

Der Ansatz für den Zweckertrag der Olympia-Lotterie ist mit 250 Millionen DM unverändert. Wie in meinem Vorbericht vom 12. Februar 1970 (B II, 4.1) bereits ausgeführt, wird die Olympia-Lotterie so lange fortgespielt, bis dieser Zweckertrag aufgekommen ist. Der Zweckertrag wird auf die olympiabedingten Sportanlagen in München und in Kiel im Verhältnis 10 : 1 aufgeteilt. Demgemäß entfallen — wie bisher — auf München 227 Millionen DM und auf Kiel 23 Millionen DM.

Der seit Beginn der Olympia-Lotterie eingespielte Zweckertrag betrug am 31. Dezember 1970 122 520 078,54 DM. Hiervon hat die Olympia-Baugesellschaft rd. 111,4 Millionen DM erhalten; für den Bau der Sportstätten in Kiel standen 11,1 Millionen DM zur Verfügung.

### *4.2 Olympiamünzen*

#### 4.2.1 10 DM-Olympiamünze

(1) In meinem Vorbericht vom 12. Februar 1970 (II, 4.2) habe ich mitgeteilt, daß der Ansatz für den Münzgewinn der Olympiamünze des Bundes von 150 Millionen DM auf 250 Millionen DM erhöht werden konnte. Heute steht fest, daß der Münzgewinn mindestens 427 Millionen DM betragen wird. Veranschlagt ist hierbei allein der Münzgewinn der 10 DM-Olympiamünze. Seine Erhöhung um weitere 177 Millionen DM war möglich, weil

— angesichts der großen Nachfrage die Gesamtauflage dieser Münze von 40 Millionen Stück auf 60 Millionen Stück erhöht worden ist. Gemäß § 1 Abs. 2 des Gesetzes über die Ausprägung einer Olympiamünze vom 18. April 1969 hat die Deutsche Bundesbank einem entsprechenden Vorschlag des Bundesministers der Finanzen zugestimmt. Ihre Zustimmung steht allerdings unter dem Vorbehalt, daß keine Olympiamünze in Gold zu 100 DM und keine Olympiamünze in Silber zu 20 DM ausgeprägt wird (vgl. unten 4.2.2);

— als Folge sehr wirtschaftlicher Silberkäufe der Münzgewinn pro Münze von 6,25 DM auf 7,10 DM erhöht werden konnte.

Schon die vorgenannte Entwicklung zeigt, daß unter allen olympiabedingten Einnahmen dem Münzgewinn der Olympiamünzen des Bundes die größte Bedeutung zukommt.

(2) Der Entwurf eines Konsortialvertrages über die Finanzierung der olympiabedingten Veranstaltungskosten in München (vgl. unter IV, 1.1.1) sieht vor, daß aus dem zusätzlichen Münzgewinn ein Teilbetrag von 80 Millionen DM dem Organisationskomitee zugewiesen wird. Zur Finanzierung der olympiabedingten Investitionskosten verbleiben damit 347 Millionen DM. Ihre Aufteilung auf München und auf Kiel richtet sich nach dem gleichen Aufteilungsschlüssel, der für den Zweckertrag der Olympia-Lotterie gilt (vgl. Vorbericht vom 12. Februar 1970, II 4.2.1). Damit entfallen auf

| | |
|---|---|
| die Finanzierung der olympiabedingten Veranstaltungskosten . . . . . . . . | 80,0 Millionen DM |
| die Finanzierung der olympiabedingten Investitionskosten in München . . . . | 315,5 Millionen DM |
| die Finanzierung der olympiabedingten Investitionskosten in Kiel . . . . . . | 31,5 Millionen DM |
| Gesamtbetrag . . . . . . . . . . . | 427,0 Millionen DM |

(3) Für die weitere Ausgabe der Münzen sind folgende Termine vorgesehen:

| | |
|---|---|
| Motiv 1970 | im Mai 1971, |
| Motiv 1971 | im November/Dezember 1971, |
| Motiv 1972 | im Juni 1972. |

## 5. Zeitplan der XX. Olympischen Sommerspiele in München, Augsburg und Kiel
## (26. August bis 10. September 1972)*

*Samstag — 26. August 1972*

| | | | |
|---|---|---|---|
| **fnungsfeier** | | | |
| npiastadion | 15.00 | | |

*Sonntag — 27. August 1972*

| | | | |
|---|---|---|---|
| **etball** | | | |
| etballhalle | 9.00—13.30 | Vorrunde | 3 Spiele |
| nburger Str. | 14.30—17.30 | | 2 Spiele |
| | 18.30—23.00 | | 3 Spiele |
| **n** | | | |
| alle | 13.00—17.00 | 1. Runde | |
| npiapark | 19.00—23.00 | | |
| **all** | | | |
| npiastadion | 15.00—16.30 | 1. Finalrunde | |
| **chtheben** | | | |
| chtheberhalle | 13.00 | Klasse bis 52 kg | Gruppe A |
| egelände | 19.00 | | Gruppe B |
| **ey** | | | |
| eyanlage | 10.30 | Gruppe A | 1 Spiel |
| npiapark | 13.30 | | 3 Spiele |
| | 15.00 | Gruppe B | 2 Spiele |
| | 16.30 | | 2 Spiele |
| **rner Fünfkampf** | | | |
| tadion Riem | 9.00—12.00 | Reiten | |
| | 14.30—17.00 | | |
| **en** | | | |
| er-Judo-Halle | 10.00—14.00 | 1. Runde | Freistil |
| egelände | 19.00—22.00 | | |

bdruck nach John W. Grombach „Olympia-Führer 1972“, elm Heyne Verlag, München

| | | | |
|---|---|---|---|
| **Rudern** | | | |
| Regattastrecke | 9.00—12.00 | Vorläufe | |
| Feldmoching | 14.00—17.00 | | |
| **Schießen** | | | |
| Schießanlage | 9.00—16.00 | Freie Pistole, Trap I | |
| Hochbrück | | | |
| **Schwimmen** | | | |
| Schwimmhalle | 13.00 | Kunstspring. Damen | 3 Sprünge |
| Olympiapark | 20.00 | | 4 Sprünge |
| | 10.00 | Wasserball | 3 Spiele |
| | 16.00 | | 4 Spiele |
| **Turnen** | | | |
| Sporthalle | 8.30—10.45 | Pflicht Frauen | Mannschaftskamp |
| Olympiapark | 15.00—18.30 | | |
| | 11.15—13.00 | Pflicht Männer | Mannschaftskamp |
| | 19.00—22.30 | | |
| **Volleyball** | | | |
| Volleyballhalle | 10.00—12.00 | Männer | 1 Spiel |
| Olympiapark | 14.00—18.00 | Frauen — Männer | 2 Spiele |
| | 19.30—23.00 | Frauen — Männer | 2 Spiele |

*Montag — 28. August 1972*

| | | | |
|---|---|---|---|
| **Basketball** | | | |
| Basketballhalle | 9.00—13.30 | Vorrunde | 3 Spiele |
| Siegenburger Str. | 14.30—17.30 | | 2 Spiele |
| | 18.30—23.00 | | 3 Spiele |
| **Boxen** | | | |
| Boxhalle | 13.00—17.00 | 1. Runde | |
| Olympiapark | 19.00—23.00 | | |
| **Fußball** | | | |
| Olympiastadion | 17.30—19.00 | 1. Finalrunde | |
| auswärt. Spielorte | 16.30—18.00 | | |
| **Gewichtheben** | | | |
| Gewichtheberhalle | 13.00 | Klasse bis 56 kg | Gruppe A |
| Messegelände | 19.00 | | Gruppe B |

| | | | |
|---|---|---|---|
| **ey** | | | |
| eyanlage | 10.00 | Gruppe B | 2 Spiele |
| piapark | 11.30 | | 2 Spiele |
| | 15.00 | Gruppe A | 2 Spiele |
| | 16.30 | | 2 Spiele |
| **(Slalom)** | | | |
| slalomanlage | 13.00 | Kajak-Einer Männer | 1. Lauf |
| ourg | 15.00 | Kanad.-Einer Männer | 1. Lauf |
| | 16.00 | Kajak-Einer Männer | 2. Lauf |
| | 18.00 | Kanad.-Einer Männer | 2. Lauf |
| | 19.00 | | Siegerehrung |
| **rner Fünfkampf** | | | |
| halle II | 9.00—18.00 | Fechten | |
| geländе | | | |
| **en** | | | |
| er-Judo-Halle | 10.00—14.00 | 2. Runde | Freistil |
| gelände | 19.00—22.00 | | |
| **ßen** | | | |
| ßanlage | 9.00—16.00 | Kleinkaliber liegend, Trap II | |
| brück | | | |
| **mmen** | | | |
| mmhalle | 10.00 | 200 m Delphin | Herren Vorläufe |
| piapark | | 200 m Lagen | Damen Vorläufe |
| | | 100 m Rücken | Herren Vorläufe |
| | | 100 m Freistil | Damen Vorläufe |
| | | 4×100 m Freistil | Herren Vorläufe |
| | 17.30 | 100 m Rücken | Herren Zwischenläufe |
| | | 100 m Freistil | Damen Zwischenläufe |
| | | 200 m Delphin | Herren Endlauf |
| | | 200 m Lagen | Damen Endlauf |
| | | 4×100 m Freistil | Herren Endlauf |
| | 19.00 | Wasserball | 1 Spiel Vorrunde |
| | 20.00 | Kunstspring. Damen | 3 Sprünge (Entsch.) |
| ebad | 10.00 | Wasserball | 3 Spiele Vorrunde |
| | 14.00 | Wasserball | 3 Spiele Vorrunde |

| | | | |
|---|---|---|---|
| **Turnen** | | | |
| Sporthalle | 10.00—12.30 | Kür Frauen | Mannschaftskamp |
| Olympiapark | 18.00—22.00 | | |
| **Volleyball** | | | |
| Volleyballhalle | 10.00—12.00 | Männer | 1 Spiel |
| Olympiapark | 14.00—18.00 | Frauen — Männer | 2 Spiele |
| | 19.30—23.00 | Frauen — Männer | 2 Spiele |
| | *Dienstag — 29. August 1972* | | |
| **Basketball** | | | |
| Basketballhalle | 9.00—13.30 | Vorrunde | 3 Spiele |
| Siegenburger Str. | 14.30—17.30 | | 2 Spiele |
| | 18.30—23.00 | | 3 Spiele |
| **Boxen** | | | |
| Boxhalle | 13.00—17.00 | 1. Runde | |
| Olympiapark | 19.00—23.00 | | |
| **Fechten** | | | |
| Fechthalle II | 8.00 | Herrenflorett-Einzel | Qualifikation |
| Messegelände | 14.00 | | |
| **Fußball** | | | |
| Olympiastadion | 17.30—19.00 | 1. Finalrunde | |
| auswärt. Spielorte | 16.30—18.00 | | |
| **Gewichtheben** | | | |
| Gewichtheberhalle | 13.00 | Klasse bis 60 kg | Gruppe A |
| Messegelände | 19.00 | | Gruppe B |
| **Hockey** | | | |
| Hockeyanlage | 13.30 | Gruppe A | 1 Spiel |
| Olympiapark | 15.00 | | 2 Spiele |
| | 16.30 | | 1 Spiel |
| **Moderner Fünfkampf** | | | |
| Schießanlage | 9.00—15.00 | Schießen | |
| Hochbrück | | | |
| **Radfahren** | | | |
| Autobahnstrecke | 10.00—15.30 | 100 km | |
| München—Lindau | | Mannschaftsfahren | |

| | | | |
|---|---|---|---|
| **n** | | | |
| :adion Riem | 8.00—13.00 | Military-Dressur | |
| | 14.00—18.00 | | |
| **n** | | | |
| r-Judo-Halle | 10.00—13.30 | 3. Runde | Freistil |
| gelände | 19.00—21.30 | | |
| **rn** | | | |
| tastrecke | 9.00—12.00 | Hoffnungsläufe | |
| ioching | 14.00—17.00 | | |
| **ßen** | | | |
| ßanlage | 9.00—16.00 | Trap III, | |
| brück | | (Modern. Fünfkampf) | |
| **mmen** | | | |
| mmhalle | 10.00 | 200 m Freistil | Herren Vorläufe |
| piapark | | 200 m Brust | Damen Vorläufe |
| | | 100 m Brust | Herren Vorläufe |
| | 13.00 | Kunstspring. Herren | 4 Sprünge |
| | 17.30 | 100 m Brust | Herren Zwischenläufe |
| | | 100 m Freistil | Damen Endlauf |
| | | 100 m Rücken | Herren Endlauf |
| | | 200 m Brust | Damen Endlauf |
| | | 200 m Freistil | Herren Endlauf |
| | 19.00 | Wasserball | 1 Spiel Vorrunde |
| | 20.00 | Kunstspring. Herren | 4 Sprünge |
| bad | 10.00 | Wasserball | 3 Spiele Vorrunde |
| | 14.00 | Wasserball | 3 Spiele Vorrunde |
| **n** | | | |
| halle | 10.00—12.00 | Kür Männer | Mannschaftskampf |
| piapark | 18.00—22.00 | | |
| **yball** | | | |
| yballhalle | 10.00—12.00 | Männer | 1 Spiel |
| piapark | 14.00—18.00 | Frauen — Männer | 2 Spiele |
| | 19.30—23.00 | Frauen — Männer | 2 Spiele |
| **n** | | | |
| pische | 11.00—17.00 | | |
| egattakurse | | | |

*Mittwoch — 30. August 1972*

| | | | |
|---|---|---|---|
| **Basketball** | | | |
| Basketballhalle | 9.00—13.30 | Vorrunde | 3 Spiele |
| Siegenburger Str. | 14.30—17.30 | | 2 Spiele |
| | 18.30—23.00 | | 3 Spiele |
| **Boxen** | | | |
| Boxhalle | 13.00—17.00 | 1. Runde | |
| Olympiapark | 19.00—23.00 | | |
| **Fechten** | | | |
| Fechthalle II | 8.00 | Säbel-Einzel | Qualifikation |
| Messegelände | 14.00 | | |
| Fechthalle I | 15.30 | Herrenflorett-Einzel | Halbfinale |
| Messegelände | 19.30 | | Finale |
| **Fußball** | | | |
| Olympiastadion | 17.30—19.00 | 1. Finalrunde | |
| auswärt. Spielorte | 16.30—18.00 | | |
| **Gewichtheben** | | | |
| Gewichtheberhalle | 13.00 | Klasse bis 67,5 kg | Gruppe A |
| Messegelände | 19.00 | | Gruppe B |
| **Handball** | | | |
| Augsburg/Böblingen | 19.00 | Vorrunde | |
| Göppingen/Ulm | 20.15 | | |
| **Hockey** | | | |
| Hockeyanlage | 13.30 | Gruppe B | 1 Spiel |
| Olympiapark | 15.00 | | 2 Spiele |
| | 16.30 | | 1 Spiel |
| **Kanu (Slalom)** | | | |
| Kanuslalomanlage | 13.00 | Kajak-Einer Frauen | 1. Lauf |
| Augsburg | 14.00 | Kan.-Zweier Männer | 1. Lauf |
| | 15.00 | Kajak-Einer Frauen | 2. Lauf |
| | 16.00 | Kan.-Zweier Männer | 2. Lauf |
| | 17.00 | | Siegerehrung |
| **Moderner Fünfkampf** | | | |
| Schwimmhalle | 14.00—16.00 | Schwimmen | |
| Olympiapark | | | |

| | | | |
|---|---|---|---|
| **:n** | | | |
| :tadion Riem | 8.00—13.00<br>14.00—18.00 | Military Dressur | |
| **:en** | | | |
| :er-Judo-Halle<br>:egelände | 10.00—13.30<br>19.00—21.30 | 4./5. Runde | Freistil |
| **ßen** | | | |
| ßanlage<br>.brück | 9.00—16.00 | Dreistellungskampf, KK | |
| **immen** | | | |
| immhalle | 10.00 | 4×100 m Freistil | Damen Vorläufe |
| ıpiapark | | 400 m Lagen | Herren Vorläufe |
| | | 100 m Delphin | Herren Vorläufe |
| | | 400 m Freistil | Damen Vorläufe |
| | 14.00 | Modern. Fünfkampf | Schwimmen |
| | 17.30 | 100 m Delphin | Herren Zwischenläufe |
| | | 4×100 m Freistil | Damen Endlauf |
| | | 400 m Lagen | Herren Endlauf |
| | | 100 m Brust | Herren Endlauf |
| | | 400 m Freistil | Damen Endlauf |
| | 19.00 | Wasserball | 1 Spiel Vorrunde |
| | 20.00 | Kuntspring. Herren | 3 Sprünge (Entschdg.) |
| ebad | 10.00 | Wasserball | 3 Spiele Vorrunde |
| | 14.00 | Wasserball | 3 Spiele Vorrunde |
| **:en** | | | |
| halle | 16.00—18.00 | Kür Frauen | Einzelkampf |
| piapark | 20.00—22.00 | Kür Herren | |
| **yball** | | | |
| yballhalle | 10.00—12.00 | Männer | 1 Spiel |
| .piapark | 14.00—18.00 | Frauen — Männer | 2 Spiele |
| | 19.30—23.00 | Frauen — Männer | 2 Spiele |
| **ı** | | | |
| pische<br>:egattakurse | 11.00—17.00 | | |

*Donnerstag — 31. August 1972*

| | | | |
|---|---|---|---|
| **Boxen** | | | |
| Boxhalle | 13.00—17.00 | 1. Runde | |
| Olympiapark | 19.00—23.00 | | |
| **Fechten** | | | |
| Fechthalle I | 15.30 | Säbel-Einzel | Halbfinale |
| Messegelände | 19.30 | | Finale |
| **Fußball** | | | |
| Olympiastadion | 20.00—21.30 | 1. Finalrunde | |
| auswärt. Spielorte | 16.30—18.00 | | |
| **Gewichtheben** | | | |
| Gewichtheberhalle | 13.00 | Klasse bis 75 kg | Gruppe A |
| Messegelände | 19.00 | | Gruppe B |
| **Hockey** | | | |
| Hockeyanlage | 10.00 | Gruppe B | 2 Spiele |
| Olympiapark | 11.30 | | 2 Spiele |
| | 14.00 | Gruppe A | 2 Spiele |
| | 15.30 | | 2 Spiele |
| **Judo** | | | |
| Basketballhalle | 14.00—18.30 | Schwergewicht | Vorrunde |
| Siegenburger Str. | 14.30—17.30 | (über 93 kg) | Repechage (Trost… |
| | | | Semifinale — Fin… |
| **Leichtathletik** | | | |
| Olympiastadion | 10.00 | Weitsprung Frauen | Qualifikation |
| | | 400 m Hürden | Vorlauf |
| | 10.30 | Speer Frauen | Qualifikation |
| | 11.00 | 100 m Männer | Vorlauf |
| | 15.00 | 800 m Männer | Vorlauf |
| | 15.30 | Weitsprung Frauen | Entscheidung |
| | 15.45 | 20 km Gehen | Entscheidung |
| | 16.15 | 100 m Männer | Zwischenlauf |
| | 16.45 | 800 m Frauen | Vorlauf |
| | 17.30 | 10 000 m | Vorlauf |
| **Moderner Fünfkampf** | | | |
| Olympiapark | | Laufen | |
| Geländelaufstrecke | 12.15—13.45 | | |

| | | | |
|---|---|---|---|
| **ahren** | | | |
| tadion | 15.00 | Einer-Verfolgung | Qualifikation |
| npiapark | 20.00 | 1000 m Zeitfahren | Finale |
| | | Einer-Verfolgung | Viertelfinale |
| **n** | | | |
| ary-Gelände-<br>ke Riem-Poing | 8.00—17.00 | Military-Geländeritt | |
| **en** | | | |
| er-Judo-Halle | 10.00—13.00 | 6.-8. Runde/Finale | Freistil |
| egelände | 19.00—22.00 | | |
| **rn** | | | |
| ttastrecke<br>noching | 10.00—13.30 | Halbfinale | |
| **ßen** | | | |
| ßanlage | 9.00—16.00 | Laufende Scheibe I, Skeet I | |
| brück | | Schnellfeuerpistole I | |
| **immen** | | | |
| immhalle | 10.00 | 4×200 m Freistil | Herren Vorläufe |
| | | 100 m Delphin | Damen Vorläufe |
| | | 400 m Lagen | Damen Vorläufe |
| | 12.30 | Wasserball | 1 Spiel Vorrunde |
| | 17.30 | 100 m Delphin | Damen Zwischenläufe |
| | | 100 m Delphin | Herren Endlauf |
| | | 400 m Lagen | Damen Endlauf |
| | | 4×200 m Freistil | Herren Endlauf |
| | 19.00 | Wasserball | 2 Spiele Vorrunde |
| ebad | 10.00 | Wasserball | 2 Spiele Vorrunde |
| | 14.00 | Wasserball | 2 Spiele Vorrunde |
| **en** | | | |
| halle<br>piapark | 20.00—22.00 | Kür Frauen | Finale |
| **yball** | | | |
| yballhalle | 10.00—12.00 | Männer | 1 Spiel |
| piapark | 14.00—18.00 | Frauen — Männer | 2 Spiele |
| | 19.30—23.00 | Frauen — Männer | 2 Spiele |

| | | | |
|---|---|---|---|
| **Segeln** | | | |
| Olympische Segelregattakurse | 11.00—17.00 | | |

*Freitag — 1. September 1972*

| | | | |
|---|---|---|---|
| **Basketball** | | | |
| Basketballhalle | 9.00—13.30 | Vorrunde | 3 Spiele |
| Siegenburger Str. | 14.30—17.30 | | 2 Spiele |
| | 18.30—23.00 | | 3 Spiele |
| **Boxen** | | | |
| Boxhalle | 13.00—17.00 | 2. Runde | |
| Olympiapark | 19.00—23.00 | | |
| **Fechten** | | | |
| Fechthalle II Messegelände | 8.00 | Herrenflorett-Mannsch. (5 Durchg.) | Qualifikation |
| **Fußball** | | | |
| Olympiastadion | 20.00—21.30 | Vorrunde | |
| auswärt. Spielorte | 16.30—18.00 | | |
| **Handball** | | | |
| Augsburg/Böblingen Göppingen/Ulm | 19.00 | 1. Finalrunde | |
| | 20.15 | | |
| **Hockey** | | | |
| Hockeyanlage | 10.00 | Gruppe A | 2 Spiele |
| Olympiapark | 11.30 | | 2 Spiele |
| **Judo** | | | |
| Ringer-Judo-Halle | 14.00—18.30 | Halbschwergewicht | Vorrunde |
| Messegelände | 20.00—23.00 | (bis 93 kg) | Repechage (Trost |
| | | | Semifinale — Fi |
| **Leichtathletik** | | | |
| Olympiastadion | 10.00 | Stabhochsprung | Qualifikation |
| | | Diskus Männer | Qualifikation |
| | 11.00 | 100 m Frauen | Vorlauf |
| | 14.30 | 400 m Hürden | Zwischenlauf |

| | | | |
|---|---|---|---|
| | 15.00 | 100 m Frauen | Zwischenlauf |
| | 15.30 | 100 m Männer | Vorentscheidung |
| | | Speer Frauen | Entscheidung |
| | 16.00 | 800 m Männer | Zwischenlauf |
| | 16.30 | 3000 m Hindernis | Vorlauf |
| | 17.30 | 100 m Männer | Entscheidung |
| | 17.40 | 800 m Frauen | Zwischenlauf |
| **ahren** | | | |
| adion | 10.00—13.00 | Sprint | Vorläufe |
| piapark | 15.00—18.00 | Einer-Verfolgung | Semifinale |
| | | Sprint | Zwischenläufe |
| | | Einer-Verfolgung | Finale (3. Platz) |
| | 20.00—23.00 | Sprint | Achtelfinale |
| | | Einer-Verfolgung | Finale |
| **n** | | | |
| tadion Riem | 14.00—18.00 | Military — Springen | |
| **rn** | | | |
| tastrecke | 10.00—12.00 | Kleines Finale | Plätze 7—12 |
| ioching | | | |
| **ßen** | | | |
| ßanlage | 9.00—16.00 | Laufende Scheibe II, Skeet II, | |
| brück | | Schnellfeuerpistole II | |
| **mmen** | | | |
| mmhalle | 10.00 | 100 m Rücken | Damen Vorläufe |
| piapark | | 100 m Brust | Damen Vorläufe |
| | | 400 m Freistil | Herren Vorläufe |
| | | 200 m Freistil | Damen Vorläufe |
| | 13.00 | Turmspringen Damen | 3 Sprünge |
| | 17.30 | 100 m Rücken | Damen Zwischenläufe |
| | | 100 m Brust | Damen Zwischenläufe |
| | | 400 m Freistil | Herren Endlauf |
| | | 100 m Delphin | Damen Endlauf |
| | | 200 m Freistil | Damen Endlauf |
| | 19.00 | Wasserball | 1 Spiel Endrunde |
| | 20.00 | Turmspringen Damen | 2 Sprünge |
| bad | 10.00 | Wasserball | 3 Spiele Endrunde |
| | 14.00 | Wasserball | 4 Spiele Endrunde |

| | | | |
|---|---|---|---|
| **Turnen** | | | |
| Sporthalle Olympiapark | 19.30—22.15 | Kür Männer | Finale |
| **Volleyball** | | | |
| Volleyballhalle | 10.00—12.00 | Männer | 1 Spiel |
| Olympiapark | 14.00—18.00 | Frauen — Männer | 2 Spiele |
| | 19.30—23.00 | Frauen — Männer | 2 Spiele |
| **Segeln** | | | |
| Olympische Segelregattakurse | 11.00—17.00 | | |

*Samstag — 2. September 1972*

| | | | |
|---|---|---|---|
| **Basketball** | | | |
| Basketballhalle | 9.00—13.30 | Vorrunde | 3 Spiele |
| Siegenburger Str. | 14.30—17.30 | | 2 Spiele |
| | 18.30—23.00 | | 3 Spiele |
| **Boxen** | | | |
| Boxhalle | 13.00—17.00 | 2. Runde | |
| Olympiapark | 19.00—23.00 | | |
| **Fechten** | | | |
| Fechthalle II | 8.00 | Herren- | Qualifikation |
| Messegelände | 10.00 | Florett-Mannschaft | Halbfinale |
| | 10.00 | Damenflorett-Einzel | Qualifikation |
| | 10.30 | H'Florett-Mannschaft | 5. Platz |
| | 14.00 | Damenflorett-Einzel | Qualifikation |
| Fechthalle I | 15.30 | Herren- | Finale 3. Platz |
| Messegelände | 19.30 | Florett-Mannschaft | Finale |
| **Gewichtheben** | | | |
| Gewichtheberhalle | 13.00 | Klasse bis 82,5 kg | Gruppe A |
| Messegelände | 19.00 | | Gruppe B |
| **Hockey** | | | |
| Hockeyanlage | 10.00 | Gruppe B | 2 Spiele |
| Olympiapark | 11.30 | | 2 Spiele |

| | | | |
|---|---|---|---|
| er-Judo-Halle | 14.00—18.30 | Mittelgew. (bis 80 kg) | Vorrunde |
| egelände | 20.00—23.00 | | Repechage (Trostrd.) |
| | | | Semifinale — Finale |
| **tathletik** | | | |
| npiastadion | 9.30 | 100 m Hürden | Fünfkampf |
| | 10.00 | Speer Männer | Qualifikation |
| | 10.30 | Kugelstoßen | Fünfkampf |
| | 13.00 | Stabhochsprung | Entscheidung |
| | 15.00 | Diskus Männer | Entscheidung |
| | | 100 m Frauen | Vorentscheidung |
| | 15.30 | 400 m Frauen | Vorlauf |
| | 16.00 | Hochsprung | Fünfkampf |
| | 16.15 | 400 m Hürden | Entscheidung |
| | 17.00 | 800 m Männer | Entscheidung |
| | 17.30 | 100 m Frauen | Entscheidung |
| **ahren** | | | |
| tadion | 14.00 | Sprint | Viertelfinale (1. Serie) |
| npiapark | | Vierer-Mannschaft | Qualifikation |
| | | Sprint | Viertelfinale (2. Serie) |
| | 20.00 | Sprint | Semifinale (1. Serie) |
| | | Vierer-Mannschaft | Viertelfinale |
| | | Sprint | Semifinale (2. Serie) |
| | | Vierer-Mannschaft | Viertelfinale |
| | | Sprint | Finale (1. Serie, 3. Pl.) |
| | | | Finale (1. Serie, 1. Pl.) |
| | | | Finale (2. Serie, 3. Pl.) |
| | | | Finale (2. Serie, 1. Pl.) |
| **rn** | | | |
| ttastrecke | 10.00 | Vierer m. Steuerm. | Finale |
| noching | 10.30 | Zweier o. Steuerm. | |
| | 11.00 | Einer | |
| | 11.30 | Zweier m. Steuerm. | |
| | 12.00 | Vierer o. Steuerm. | |
| | 12.30 | Doppelzweier | |
| | 13.00 | Achter | |
| **ßen** | | | |
| ßanlage | 9.00—16.00 | Freigewehr, Skeet III | |
| brück | | | |

| | | | |
|---|---|---|---|
| **Schwimmen** | | | |
| Schwimmhalle | 10.00 | 100 m Freistil | Herren Vorläufe |
| Olympiapark | | 200 m Rücken | Herren Vorläufe |
| | | 200 m Brust | Herren Vorläufe |
| | | 800 m Freistil | Damen Vorläufe |
| | 17.30 | 100 m Freistil | Herren Zwischenl |
| | | 200 m Rücken | Herren Endlauf |
| | | 200 m Brust | Herren Endlauf |
| | | 100 m Rücken | Damen Endlauf |
| | | 100 m Brust | Damen Endlauf |
| | 19.00 | Wasserball | 1 Spiel Endrunde |
| | 20.00 | Turmspring. Damen | Entscheidung |
| Dantebad | 10.00 | Wasserball | 3 Spiele Endrunde |
| | 14.00 | Wasserball | 4 Spiele Endrunde |
| **Volleyball** | | | |
| Volleyballhalle | 10.00—12.00 | Männer | 1 Spiel |
| Olympiapark | 14.00—18.00 | Frauen — Männer | 2 Spiele |
| | 19.30—23.00 | Frauen — Männer | 2 Spiele |

*Sonntag — 3. September 1972*

| | | | |
|---|---|---|---|
| **Basketball** | | | |
| Basketballhalle | 9.00—13.30 | Vorrunde | 3 Spiele |
| Siegenburger Str. | 14.30—17.30 | | 2 Spiele |
| | 18.30—23.00 | | 3 Spiele |
| **Boxen** | | | |
| Boxhalle | 13.00—17.00 | 2. Runde | |
| Olympiapark | 19.00—23.00 | | |
| **Fechten** | | | |
| Fechthalle II | 8.00 | Säbel-Mannschaft | Qualifikation |
| Messegelände | 15.30 | | |
| Fechthalle I | 15.30 | Damenflorett-Einzel | Halbfinale |
| Messegelände | 19.30 | | Finale |
| **Fußball** | | | |
| Olympiastadion | 20.30—22.00 | 2. Finalrunde | |
| auswärt. Spielorte | 15.00—16.30 | | |

**ichtheben**

| | | | |
|---|---|---|---|
| ichtheberhalle | 13.00 | Klasse bis 90 kg | Gruppe A |
| egelände | 19.00 | | Gruppe B |

**lball**

| | | | |
|---|---|---|---|
| thalle | 20.00 | Vorrunde | |
| npiapark | 21.15 | | |
| burg/Böblingen/ | | Vorrunde | |
| bingen | 18.15 | | |

**ey**

| | | | |
|---|---|---|---|
| eyanlage | 10.30 | Gruppe A | 1 Spiel |
| npiapark | 13.00 | | 3 Spiele |
| | 14.30 | Gruppe B | 2 Spiele |
| | 16.00 | | 2 Spiele |

| | | | |
|---|---|---|---|
| er-Judo-Halle | 14.00—18.30 | Weltergewicht | Vorrunde |
| gelände | 20.00—23.00 | (bis 70 kg) | Repechage (Trostrd.) |
| | | | Semifinale — Finale |

**tathletik**

| | | | |
|---|---|---|---|
| piastadion | 10.00 | 110 m Hürden | Vorlauf |
| | | Dreisprung | Qualifikation |
| | | Hochsprung Frauen | Qualifikation |
| | 11.00 | 200 m Männer | Vorlauf |
| | | Weitsprung | Fünfkampf |
| | 14.00 | 50 km Gehen | Entscheidung |
| | 14.30 | 110 m Hürden | Zwischenlauf |
| | 15.00 | 400 m Frauen | Zwischenlauf |
| | 15.30 | Speer Männer | Entscheidung |
| | 15.40 | 200 m Männer | Zwischenlauf |
| | 16.00 | 400 m Männer | Vorlauf |
| | 16.45 | 200 m | Fünfkampfentschdg. |
| | 17.15 | 10 000 m | Entscheidung |
| | 18.00 | 800 m Frauen | Entscheidung |

**hren**

| | | | |
|---|---|---|---|
| adion | 20.00 | Tandem | Vorläufe |
| piapark | | Vierer-Mannschaft | Semifinale |
| | | Tandem | Viertelfinale |

| | | | |
|---|---|---|---|
| **Reiten** | | | |
| Reitstadion Riem | 10.00—18.00 | Großer Preis | Einzelspringen |
| **Schwimmen** | | | |
| Schwimmhalle | 10.00 | 200 m Lagen | Herren Vorläufe |
| Olympiapark | | 4×100 m Lagen | Damen Vorläufe |
| | | 1500 m Freistil | Herren Vorläufe |
| | 13.00 | Turmspring. Herren | 3 Sprünge |
| | 17.30 | 100 m Freistil | Herren Endlauf |
| | | 800 m Freistil | Damen Endlauf |
| | | 200 m Lagen | Herren Endlauf |
| | | 4×100 m Lagen | Damen Endlauf |
| | 19.00 | Wasserball | 1 Spiel Endrunde |
| | 20.00 | Turmspring. Herren | 4 Sprünge |
| Dantebad | 10.00 | Wasserball | 3 Spiele Endrunde |
| | 14.00 | Wasserball | 3 Spiele Endrunde |
| **Volleyball** | | | |
| Volleyballhalle | 10.00—12.00 | Männer | 1 Spiel |
| Olympiapark | 14.00—18.00 | Frauen — Männer | 2 Spiele |
| | 19.30—23.00 | Frauen — Männer | 2 Spiele |

*Montag — 4. September 1972*

| | | | |
|---|---|---|---|
| **Boxen** | | | |
| Boxhalle | 13.00—17.00 | 3. Runde | |
| Olympiapark | 19.00—23.00 | | |
| **Fechten** | | | |
| Fechthalle II | 8.00 | Degen-Einzel | Qualifikation |
| Messegelände | 10.30 | Säbel-Mannschaft | Qualifikation |
| | 14.00 | Säbel-Mannschaft | Halbfinale, 5. Platz |
| Fechthalle I | 15.30 | Säbel-Mannschaft | Finale, 3. Platz |
| Messegelände | 19.30 | Säbel-Mannschaft | Finale |
| **Gewichtheben** | | | |
| Gewichtheberhalle | 13.00 | Klasse bis 110 kg | Gruppe A |
| Messegelände | 19.00 | | Gruppe B |
| **Hockey** | | | |
| Hockeyanlage | 10.00 | Gruppe A | 2 Spiele |
| Olympiapark | 11.30 | | 2 Spiele |

| | | | |
|---|---|---|---|
| :eyanlage | 14.00 | Gruppe B | 2 Spiele |
| ıpiapark | 15.30 | | 2 Spiele |
| er-Judo-Halle | 14.00—18.30 | Leichtgewicht | Vorrunde |
| ɜgelände | 20.00—23.00 | (bis 63 kg) | Repechage (Trostrd.) |
| | | | Semifinale — Finale |
| **tathletik** | | | |
| ıpiastadion | 10.00 | 100 m Hürden | Vorlauf |
| | 10.30 | Kugelstoßen Frauen | Qualifikation |
| | | Hammer | Qualifikation |
| | 10.50 | 200 m Frauen | Vorlauf |
| | 11.35 | 400 m Männer | Zwischenlauf |
| | 15.00 | 110 m Hürden | Vorentscheidung |
| | | Hochsprung Frauen | Entscheidung |
| | 15.25 | 200 m Männer | Vorentscheidung |
| | 15.45 | 1500 m Frauen | Vorlauf |
| | 16.00 | Dreisprung | Entscheidung |
| | 16.20 | 200 m Frauen | Zwischenlauf |
| | 16.40 | 3000 m Hindernis | Entscheidung |
| | 17.15 | 400 m Frauen | Vorentscheidung |
| | 17.45 | 400 m Männer | Vorentscheidung |
| | 18.10 | 200 m Männer | Entscheidung |
| **ahren** | | | |
| :adion | 20.00 | Tandem | Semifinale (1. Serie) |
| .piapark | | Vierer-Mannschaft | Finale 3. Platz |
| | | Tandem | Semifinale (2. Serie) |
| | | Vierer-Mannschaft | Finale |
| | | Tandem | Finale 3. Pl. (1. Serie) |
| | | | Finale (1. Serie) |
| | | | Finale 3. Pl. (2. Serie) |
| | | | Finale (2. Serie) |
| **mmen** | | | |
| mmhalle | 10.00 | 200 m Delphin | Damen Vorläufe |
| ıpiapark | | 200 m Rücken | Damen Vorläufe |
| | | 4×100 m Lagen | Herren Vorläufe |
| | 12.30 | Wasserball | 1 Spiel Endrunde |
| | 17.30 | 200 m Delphin | Damen Endlauf |
| | | 1500 m Freistil | Herren Endlauf |

| | | | |
|---|---|---|---|
| Schwimmhalle | 17.30 | 200 m Rücken | Damen Endlauf |
| Olympiapark | | 4×100 m Lagen | Herren Endlauf |
| | 19.00 | Wasserball | 1 Spiel Endrunde |
| | 20.00 | Turmspring. Herren | Entscheidung |
| Dantebad | 10.00 | Wasserball | 2 Spiele Endrunde |
| | 14.00 | Wasserball | 2 Spiele Endrunde |
| **Segeln** | | | |
| Segelregattakurse | 11.00—17.00 | | |

*Dienstag — 5. September 1972*

| | | | |
|---|---|---|---|
| **Basketball** | | | |
| Basketballhalle | 16.00—19.00 | Semifinale | 2 Spiele |
| Siegenburger Str. | 20.00—23.00 | | 2 Spiele |
| **Boxen** | | | |
| Boxhalle | 13.00—17.00 | 3. Runde | |
| Olympiapark | 19.00—23.00 | | |
| **Fechten** | | | |
| Fechthalle I | 15.30 | Degen-Einzel | Halbfinale |
| Messegelände | 19.30 | | Finale |
| **Fußball** | | | |
| Olympiastadion | 17.00—18.30 | 2. Finalrunde | |
| auswärt. Spielorte | 16.30—18.00 | | |
| **Gewichtheben** | | | |
| Gewichtheberhalle | 13.00 | Klasse über 110 kg | Gruppe A |
| Messegelände | 19.00 | | Gruppe B |
| **Handball** | | | |
| Sporthalle | 15.30 | Zwischenrunden- | |
| Olympiapark | 16.45 | Spiele | |
| | 20.00 | | |
| | 21.15 | | |
| **Kanu** | | | |
| Regattastrecke | 9.00—14.00 | Vorläufe | |
| Feldmoching | | | |
| **Reiten** | | | |
| Dressuranlage | 8.00—13.00 | Dressur | Mannschaft/Einz |
| Nymphenburg | 14.00—18.00 | | |

| | | | |
|---|---|---|---|
| **en** | | | |
| er-Judo-Halle | 10.00—14.00 | 1. Runde | Griechisch-Römisch |
| egelände | 19.00—22.00 | | |
| **yball** | | | |
| yballhalle | 9.00—12.00 | Männer | 2 Spiele |
| npiapark | 14.00—18.00 | Vorentscheidung | 2 Spiele |
| | 19.30—23.00 | | 2 Spiele |
| **n** | | | |
| npische | 11.00—17.00 | | |
| regattakurse | | | |

*Mittwoch — 6. September 1972*

| | | | |
|---|---|---|---|
| **tball** | | | |
| tballhalle | 16.00—19.00 | Semifinalspiele | 2 Spiele |
| nburger Str. | 20.00—23.00 | | 2 Spiele |
| **nschießen** | | | |
| nschießanl. | 10.00—13.00 | 90 m | Männer |
| Garten | | 70 m | Frauen |
| | 14.00—17.00 | 70 m | Männer |
| | | 60 m | Frauen |
| **n** | | | |
| alle | 13.00—17.00 | 4. Runde | |
| npiapark | 19.00—23.00 | | |
| **en** | | | |
| halle II | 8.00 | Damen- | Qualifikation |
| geländе | 14.00 | Florett-Mannschaft | |
| **ball** | | | |
| halle | 15.30 | Spiele um Platz 9-16 | |
| piapark | 16.45 | | |
| | 20.00 | | |
| | 21.15 | | |
| **ey** | | | |
| eyanlage | 10.00 | Platz 15-16 | 1 Spiel |
| npiapark | 11.30 | Platz 13-14 | 1 Spiel |
| | 14.00 | Vorschl. A3-B4 | 1 Spiel |
| | 16.00 | Vorschl. B3-A4 | 1 Spiel |

| | | | |
|---|---|---|---|
| **Kanu** | | | |
| Regattastrecke Feldmoching | 9.00—14.00 | Hoffnungsläufe | |
| **Leichtathletik** | | | |
| Olympiastadion | 10.00 | 100 m | Zehnkampf |
| | 11.00 | Weitsprung | Zehnkampf |
| | 14.00 | Hammer | Entscheidung |
| | 14.30 | Kugelstoßen | Zehnkampf |
| | 15.00 | 110 m Hürden | Entscheidung |
| | 15.15 | 200 m Frauen | Vorentscheidung |
| | 15.40 | 1500 m Frauen | Zwischenlauf |
| | 16.00 | Hochsprung | Zehnkampf |
| | 16.10 | 5000 m Männer | Vorlauf |
| | 16.30 | Kugelstoßen Frauen | Entscheidung |
| | 17.15 | 100 m Hürden Frauen | Zwischenlauf |
| | 17.30 | 400 m Männer | Entscheidung |
| | 17.45 | 200 m Frauen | Entscheidung |
| | 18.00 | 400 m Frauen | Entscheidung |
| | 18.30 | 400 m | Zehnkampf |
| **Radfahren** | | | |
| Rundstrecke München-Grünwald Zielgerade | 10.00—15.00 | Einer-Straßenfahren | |
| **Reiten** | | | |
| Dressuranlage Nymphenburg | 14.00—18.00 | Dressur | Mannschaft/Einze |
| **Ringen** | | | |
| Ringer-Judo-Halle Messegelände | 10.00—14.00<br>19.00—22.00 | 2. Runde | Griechisch-Römis |
| **Volleyball** | | | |
| Volleyballhalle | 14.00—18.00 | Finalspiele Frauen | 2 Spiele |
| Olympiapark | 19.30—23.00 | Finalspiele Frauen | 2 Spiele |
| **Segeln** | | | |
| Olympische Segelregattakurse | 10.00—16.00 | | |

*Donnerstag — 7. September 1972*

| | | | |
|---|---|---|---|
| **tball** | | | |
| tballhalle | 16.00—19.00 | Finalspiele | 2 Spiele |
| nburger Str. | 20.00—23.00 | | 2 Spiele |
| **ischießen** | | | |
| nschießanl. | 10.00—13.00 | 50 m | Männer und Frauen |
| Garten | 14.00—17.00 | 30 m | Männer und Frauen |
| **n** | | | |
| alle | 14.00—17.00 | Semifinale | |
| ıpiapark | 19.00—22.00 | | |
| **en** | | | |
| halle II | 8.00 | Degen-Mannschaft | Qualifikation |
| gelände | 8.00 | Damen- | Qualifikation |
| | 10.00 | Florett-Mannschaft | Halbfinale |
| | 10.30 | | 5. Platz |
| | 14.00 | Degen-Mannschaft | Qualifikation |
| halle I | 15.30 | Damen- | Finale 3. Platz |
| gelände | 19.30 | Florett-Mannschaft | Finale |
| **all** | | | |
| ıpiastadion | 21.30—23.00 | 2. Finalrunde | |
| irt. Spielorte | 16.30—18.00 | | |
| **lball** | | | |
| halle | 15.30 | Zwischenrunde | |
| ıpiapark | 16.45 | | |
| | 20.00 | | |
| | 21.15 | | |
| **ey** | | | |
| ıpiapark | 11.30 | Vorschl. A1-B2 | 1 Spiel |
| eyanlage | 10.00 | Vorschl. B1-A2 | 1 Spiel |
| | 14.00 | Platz 11-12 | 1 Spiel |
| | 16.00 | Platz 9-10 | 1 Spiel |
| ttastrecke | 9.00—14.00 | Halbfinale | |
| ıoching | | | |

| | | | |
|---|---|---|---|
| **Leichtathletik** | | | |
| Olympiastadion | 9.00 | 110 m Hürden | Zehnkampf |
| | 9.45 | Diskus | Zehnkampf |
| | 10.00 | Kugelstoßen Männer | Qualifikation |
| | 10.30 | Weitsprung Männer | Qualifikation |
| | 13.00 | Stabhochsprung | Zehnkampf |
| | 15.30 | Speer | Zehnkampf |
| | 16.00 | 110 m Hürden | Entscheidung |
| | 16.45 | 1500 m Männer | Vorlauf |
| | 19.00 | 1500 m | Zehnkampf Entsc |
| **Ringen** | | | |
| Ringer-Judo-Halle | 10.00—13.30 | 3. Runde | Griechisch-Römis |
| Messegelände | 19.00—21.30 | | |
| **Volleyball** | | | |
| Volleyballhalle | 10.00—12.00 | Männer | 1 Spiel |
| Olympiapark | 14.00—18.00 | | 2 Spiele |
| | 19.30—23.00 | | 2 Spiele |

*Freitag — 8. September 1972*

| | | | |
|---|---|---|---|
| **Basketball** | | | |
| Basketballhalle | 16.00—19.00 | Finalspiele | 2 Spiele |
| Siegenburger Str. | 21.00— 1.00 | | 2 Spiele |
| **Bogenschießen** | | | |
| Bogenschießanl. | 10.00—13.00 | 90 m | Männer |
| Engl. Garten | | 70 m | Frauen |
| | 14.00—17.00 | 70 m | Männer |
| | | 60 m | Frauen |
| **Fechten** | | | |
| Fechthalle II | 8.00 | Degen-Mannschaft | Qualifikation |
| Messegelände | 10.00 | Degen-Mannschaft | Halbfinale |
| | 14.00 | Degen-Mannschaft | 5. Platz |
| Fechthalle I | 16.00 | Degen-Mannschaft | Finale 3. Platz |
| Messegelände | 19.30 | Degen-Mannschaft | Finale |
| **Handball** | | | |
| Sporthalle | 15.30 | Spiele um | Platz 13+14 |
| Olympiapark | 16.45 | Platz 9—16 | Platz 11+12 |
| | 20.00 | | Platz 15+16 |
| | 21.15 | | Platz 9+10 |

| | | | |
|---|---|---|---|
| **ey** | | | |
| eyanlage | 10.00 | Platz 7—8 | 1 Spiel |
| piapark | 11.30 | Platz 5—6 | 1 Spiel |
| | | | |
| alle | 14.00—18.30 | Allkategorie | Vorrunde |
| piapark | 20.00—23.00 | | Repechage (Trostrd.) |
| | | | Semifinale — Finale |
| | | | |
| tastrecke | 10.00 | Einer-Kajak Männer | Finale |
| noching | 10.30 | Einer-Cana. Männer | Finale |
| | 11.00 | Einer-Kajak Frauen | Finale |
| | 11.30 | Zweier-Kaj. Männer | Finale |
| | 12.00 | Zweier-Cana. Männer | Finale |
| | 12.30 | Zweier-Kaj. Frauen | Finale |
| | 13.00 | Vierer-Kaj. Männer | Finale |
| **athletik** | | | |
| piastadion | 10.00 | Hochsprung Männer | Qualifikation |
| | 10.30 | Diskus Frauen | Qualifikation |
| | 11.00 | 4×100 m Frauen | Vorlauf |
| | 14.30 | 4×100 m Männer | Vorlauf |
| | 14.30 | Kugelstoßen Männer | Entscheidung |
| | 15.10 | 4×400 m Männer | Vorlauf |
| | 15.20 | Weitsprung Männer | Entscheidung |
| | 15.45 | 4×400 m Männer | Vorlauf |
| | 16.40 | 1500 m Männer | Zwischenlauf |
| | 17.10 | 4×100 m Frauen | Zwischenlauf |
| | 17.40 | 4×100 m Männer | Zwischenlauf |
| | 18.00 | 1500 m Frauen | Entscheidung |
| **n** | | | |
| uranlage | 14.00—18.00 | Dressur | Einzel/Stechen |
| phenburg | | | |
| **n** | | | |
| r-Judo-Halle | 10.00—13.30 | 4./5. Runde | Griechisch-Römisch |
| gelände | 19.00—21.30 | | |
| **yball** | | | |
| yballhalle | 10.00—12.00 | Finalspiele Männer | 1 Spiel |
| piapark | 14.00—18.00 | | 2 Spiele |
| | 19.30—23.00 | | 2 Spiele |

| | | | |
|---|---|---|---|
| | | *Samstag — 9. September 1972* | |
| **Bogenschießen** | | | |
| Bogenschießanl. | 10.00—13.00 | 50 m | Männer und Frau |
| Engl. Garten | 14.00—17.00 | 30 m | Männer und Frau |
| **Boxen** | | | |
| Boxhalle | 19.00—22.00 | Finale | |
| Olympiapark | | | |
| **Fußball** | | | |
| Olympiastadion | 10.00—11.30 | Spiel um den 3. Platz | |
| | 20.15—21.45 | Endspiel | |
| **Handball** | | | |
| Sporthalle | 10.00 | Finalspiele | Platz 7 |
| Olympiapark | 11.30 | | Platz 3 |
| | 21.00 | | Platz 5 |
| | 23.00 | Endspiel | Platz 1 |
| **Hockey** | | | |
| Hockeyanlage | 10.00 | Platz 3—4 | 1 Spiel |
| Olympiapark | 12.00 | Platz 1—2 | 1 Spiel |
| **Leichtathletik** | | | |
| Olympiastadion | 14.30 | Hochsprung Männer | Entscheidung |
| | 15.00 | Diskus Frauen | Entscheidung |
| | 15.10 | Marathon | Entscheidung |
| | 15.35 | 1500 m Männer | Entscheidung |
| | 15.55 | 4×100 m Frauen | Entscheidung |
| | 16.10 | 4×100 m Männer | Entscheidung |
| | 16.25 | 4×400 m Frauen | Entscheidung |
| | 16.45 | 4 × 400 m Männer | Entscheidung |
| **Ringen** | | | |
| Ringer-Judo-Halle | 10.00—13.00 | 6.-8. Runde/Finale | Griechisch-Römis |
| Messegelände | 19.00—22.00 | | |
| | | *Sonntag — 10. September 1972* | |
| **Reiten** | | | |
| Olympiastadion | 8.00—14.00 | Preis der Nation | |
| | 15.30—18.30 | | |
| **Schlußfeier** | | | |
| Olympiastadion | 18.30 | | |

## 7. Qualifikationswerte für Leichtathletik 1972*

Für die Olympischen Spiele 1972 in München gilt folgende Qualifizierung: Jedes Land darf einen Teilnehmer benennen. Jeder zusätzliche Teilnehmer muß sich zwischen dem 1. August 1971 und dem 13. August 1972 bei offiziellen Ausscheidungskämpfen oder besser noch durch folgende Leistungen qualifizieren.

*Herren*

| | | | |
|---|---|---|---|
| 100 m | 10,3 | Hochsprung | 2,15 m |
| 200 m | 20,9 | Weitsprung | 7,80 m |
| 400 m | 46,4 | Dreisprung | 16,20 m |
| 800 m | 1:47,6 | Stabhochsprung | 5,10 m |
| 1500 m | 3:41,6 | Kugelstoßen | 19,00 m |
| 10 000 m | 28:50,0 | Diskus | 59,00 m |
| 3000 m Hindernis | 8:38,0 | Speerwerfen | 80,00 m |
| 110 m Hürden | 14,0 | Hammerwerfen | 66,00 m |
| 400 m Hürden | 50,6 | Zehnkampf | 7600 Punkte |
| 5000 m | 13:48,0 | | |

*Damen*

| | | | |
|---|---|---|---|
| 100 m | 11,5 | Hochsprung | 1,76 m |
| 200 m | 23,6 | Weitsprung | 6,30 m |
| 400 m | 54,0 | Kugelstoßen | 16,20 m |
| 800 m | 2:05,0 | Diskus | 55,0 m |
| 1500 m | 4:20,0 | Speerwerfen | 54,00 m |
| 100 m Hürden | 13,5 | Fünfkampf | 4800 Punkte |

* Abdruck nach John W. Grombach „Olympia-Führer 1972", Wilhelm Heyne Verlag, München.

## 8. Antrag der Fraktionen der CDU/CSU, SPD, FDP betr. Einsetzung eines 1. Sonderausschusses für Sport und Olympische Spiele vom 4. November 1969*

Der Bundestag wolle beschließen:

1. Gemäß § 61 der Geschäftsordnung wird ein besonderer Ausschuß „Sonderausschuß für Sport und Olympische Spiele" eingesetzt.

2. Der Ausschuß besteht aus 17 Mitgliedern.

## 9. Gesetz über die Ausprägung einer Olympiamünze vom 18. April 1969**

Der Bundestag hat das folgende Gesetz beschlossen:

§ 1.

(1) Aus Anlaß der Spiele der XX. Olympiade 1972 in Deutschland wird eine Bundesmünze von 10 Deutschen Mark — Olympiamünze — geprägt.

(2) Der Bundesminister der Finanzen setzt die Anzahl der auszuprägenden Münzen mit Zustimmung der Deutschen Bundesbank fest.

§ 2.

Für die Olympiamünze gelten die Vorschriften des Gesetzes über die Ausprägung von Scheidemünzen vom 8. Juli 1950 (Bundesgesetzbl. S. 323), geändert durch das Gesetz zur Änderung des Gesetzes über die Ausprägung von Scheidemünzen vom 18. Januar 1963 (Bundesgesetzbl. I S. 55), entsprechend.

* Abdruck nach Deutscher Bundestag, 6. Wahlperiode, Drucksache VI/40. Die Einsetzung des 1. Sonderausschusses für Sport und Olympische Spiele erfolgte durch Beschluß des Bundestages vom 5. November 1969.

** Abdruck nach Bundesgesetzblatt 1969, Teil I, S. 305.

§ 3.

Dieses Gesetz gilt nach Maßgabe des § 13 Abs. 1 des Dritten Überleitungsgesetzes vom 4. Januar 1952 (Bundesgesetzbl. I S. 1) auch im Land Berlin.

§ 4.

Dieses Gesetz tritt am Tage nach seiner Verkündigung in Kraft.

## 10. Gesetz zum Schutz des Olympischen Friedens vom 31. Mai 1972*

(Auszug)

Der Bundestag hat das folgende Gesetz beschlossen:

§ 1.

(1) Zum Schutz des olympischen Friedens können die Landesregierungen durch Rechtsverordnung für die Dauer der Spiele der XX. Olympiade 1972 oder einzelner Veranstaltungen dieser Spiele auf befristete Zeit ausreichend bemessene befriedete Bannkreise um Anlagen und sonstige Örtlichkeiten legen, die unmittelbar den Veranstaltungen der Olympischen Komitees dienen.

(2) Öffentliche Versammlungen unter freiem Himmel und Aufzüge sind innerhalb der befriedeten Bannkreise verboten. Die Landesregierungen können durch Rechtsverordnung Ausnahmen von dem Verbot zulassen.

§ 2.

Das Grundrecht des Art. 8 des Grundgesetzes wird durch § 1 eingeschränkt.

§ 3.

(1) Ordnungswidrig handelt

1. wer zu einer Versammlung oder einem Aufzug, die nach § 1 Abs. 2 verboten sind, auffordert,

* Abdruck nach Bundesgesetzblatt I, S. 865

2. wer als Veranstalter oder Leiter eine Versammlung oder einen Aufzug, die nach § 1 Abs. 2 verboten sind, durchführt,
3. wer an einer Versammlung oder einem Aufzug teilnimmt, die nach § 1 Abs. 2 verboten sind.

(2) Die Ordnungswidrigkeit kann mit einer Geldbuße geahndet werden.

. . .

§ 5.

Dieses Gesetz tritt am 1. Juli 1972 in Kraft. Es tritt am 31. Dezember 1972 außer Kraft. — . . .

## 11. Begründung des Entwurfes eines Gesetzes zum Schutz des Olympischen Friedens

Der Vorstand des Organisationskomitees für die Spiele der XX. Olympiade und die Landeshauptstadt München haben angeregt, den Erlaß eines Gesetzes in die Wege zu leiten, durch welches Bannkreise um die olympischen Sportstätten eingerichtet werden sollen, in deren Bereich Versammlungen unter freiem Himmel und Aufzüge während der Olympischen Spiele verboten sind.

Die Bayerische Staatsregierung macht sich diese Auffassung zu eigen.

Ein Verbot öffentlicher Versammlungen und Aufzüge im Bereich der olympischen Veranstaltungen ist notwendig, um einen störungsfreien Ablauf der Spiele der XX. Olympiade 1972 zu gewährleisten.

Maßgebend dafür ist die Überlegung, daß nur auf diese Weise politisch motivierte Störaktionen in Form von Versammlungen und Aufzügen im Sinne des Versammlungsgesetzes von den Wettkämpfen und sonstigen Veranstaltungen von vornherein ferngehalten werden können. Nur so können die Spiele im Geiste der olympischen Idee durchgeführt werden.

Mit der Vorschrift des § 15 Abs. 1 VersammlG, nach der eine Versammlung oder ein Aufzug verboten werden kann, wenn nach den Umständen des Einzelfalles die öffentliche Ordnung und Sicherheit unmittelbar gefährdet ist, kann dieses Ziel nicht erreicht werden. Das haben die praktischen Erfahrungen in den vergangenen Jahren bewiesen. Schon die tatbestandsmäßigen Voraussetzungen für eine einschränkende Verfügung nach § 15 Abs. 1 VersammlG sind sehr eng umgrenzt. Ein rechtzeitiger Vollzug der Verbote im Einzelfall würde bei dieser Rechtslage durch einstweilige Anordnung der Verwaltungsgerichte erschwert werden.

Schließlich besteht ohne Festlegung von Bannkreisen auch eine erhöhte Gefahr, daß auf dem olympischen Gelände echte oder vorgetäuschte Spontanveranstaltungen durchgeführt werden. Die olympische Idee verlangt den strikten Ausschluß auch solcher Störaktionen. Das kann nur durch Bannkreise geschehen.

In befriedeten Bannkreisen sind öffentliche Versammlungen unter freiem Himmel und Aufzüge kraft Gesetzes verboten. Eine trotzdem durchgeführte Veranstaltung muß nach § 15 Abs. 3 VersammlG von der Polizei aufgelöst werden. Das ist eine klare und einfache gesetzliche Regelung.

Gegen die Zweckmäßigkeit von Bannkreisen kann nicht eingewendet werden, der Schutz des § 123 StGB reiche zur Verhinderung störender Versammlungen und Aufzüge aus.

Olympische Veranstaltungen im weitesten Sinne werden zum Teil auch auf einem Gelände — z. B. auf dem Königsplatz in München oder auf Straßen — stattfinden, das kein befriedetes Besitztum i. S. des § 123 StGB darstellt oder bei dem es zweifelhaft sein wird, wem das Hausrecht zusteht.

Ferner muß berücksichtigt werden, daß die Spiele auch dadurch erheblich gestört werden könnten, daß in unmittelbarer Nähe (am Rande) des befriedeten Besitztums des olympischen Geländes Demonstrationen mit nachhaltigem akustischen oder optischen Effekt stattfinden; insoweit würde § 123 StGB nicht weiterhelfen.

Die Regelung befriedeter Bannkreise gehört zum Versammlungsrecht. Das Versammlungsrecht ist eine Materie der konkurrierenden Gesetzgebung (Art. 74 Nr. 3 GG). Der Landesgesetzgeber hat daher die Befugnis zur Gesetzgebung nur, soweit der Bund von seinem Gesetzgebungsrecht keinen Gebrauch macht (Art. 72 Abs. 1 GG). Der Bundesgesetzgeber hat nach allgemeiner Meinung im Versammlungsgesetz vom 24. 7. 1953 (BGBl.I S. 684) das Recht, Versammlungen einzuschränken, mit dem Vorbehalt abschließend geregelt, daß durch Landesgesetz befriedete Bannkreise lediglich für die Gesetzgebungsorgane der Länder geregelt werden können. Der in § 16 VersammlG ausgesprochene Vorbehalt zugunsten des Landesrechts ist als Ausnahmebestimmung eng auszulegen. Für den Erlaß eines Gesetzes über Bannkreise zum Schutz der Olympischen Spiele ist daher der Bund zuständig.

*Zu § 1:*

Das Bundesgesetz ermächtigt die Landesregierungen, durch Rechtsverordnung befriedete Bannkreise zum Schutz der Spiele festzulegen.

Die Geltung der Bannkreise ist auf die Dauer der Olympischen Spiele (26. 8. bis 10. 9. 1972) und — soweit auch Örtlichkeiten erfaßt werden, die während der Spiele nur für eine geringe Zeit olympischen Zwecken dienen (z. B. Straßenstrecken des Marathonlaufes usw.) — auf diese geringe Zeit beschränkt.

In die Bannkreise sollen nur diejenigen Anlagen und sonstigen Örtlichkeiten fallen, die während der Spiele unmittelbar Veranstaltungen der Olympischen Komitees dienen, samt einer Schutzzone um diese Anlagen und Örtlichkeiten in der erforderlichen Tiefe, um Störungen dieser Spiele aus ihrer unmittelbaren Nachbarschaft zu verhindern.

In die Bannkreise sollen in München auf jeden Fall der Olympia-Park, das Messegelände, der Königsplatz und deren Umgebung einbezogen werden.

*Zu § 2:*

Diese Bestimmung ist notwendig, weil das Grundrecht der Versammlungsfreiheit durch das Gesetz eingeschränkt wird (Art. 19 Abs. 1 Satz 2 GG).

*Zu §§ 3, 4:*

Derjenige, der zu einer öffentlichen Versammlung oder zu einem Aufzug innerhalb des Bannkreises auffordert, sollte in Anlehnung an § 106 a StGB (Parlamentsfriede) mit Strafe belegt werden können.

Die Teilnahme an solchen Versammlungen und Aufzügen sollen Ordnungswidrigkeiten sein.

Außerdem soll der Veranstalter und der Leiter solcher verbotener Veranstaltungen mit einer dem § 26 Abs. 1, 2 VersammlG entsprechenden Strafe bedroht werden.

*Zu § 5:*

Der Zeitpunkt des Inkrafttretens ist so bestimmt, daß von der Ermächtigung zum Erlaß der Rechtsverordnungen nach § 1 rechtzeitig Gebrauch gemacht werden kann.

## IV. Anhang

### 1. Rundschreiben von Avery Brundage an alle Nationalen Olympischen Komitees vom 2. 1. 1972*

„Nachdem die Winterspiele von Sapporo näher rücken, halte ich es für meine Pflicht, Sie an die Prinzipien zu erinnern, unter denen die Veranstaltung abgewickelt wird, damit Sie ihre Mannschaften entsprechend orientieren können.

Gemäß den IOC-Bestimmungen ist keine Reklame, gleich welcher Art, im olympischen Bereich gestattet, sei es auf Ausrüstungsgegenständen oder Personen.

Strikte Disziplin haben die Athleten während der Eröffnungs- und Schlußzeremonie zu beachten. Die Missionschefs seien gewarnt, daß keine Photo- oder Filmkameras im Stadion zugelassen werden und daß ein Ausbrechen aus den Reihen nicht geduldet wird. Die Chefs de Mission sind für das Einhalten dieser Ordnung verantwortlich.

* Abdruck nach „Süddeutsche Zeitung“ vom 3. 1. 1972.

Nehmen Sie davon Kenntnis, daß jedes Nationale Olympische Komitee, das die IOC-Regeln bei der Unterbreitung der Anmeldeformulare verletzt, die Disqualifikation des gesamten Teams seines Landes riskiert. Rigorose Maßnahmen werden getroffen, um zu garantieren, daß die Spiele unter Wahrung der IOC-Bestimmungen durchgeführt werden können."

## 2. Der Fall Karl Schranz

(Chronologischer Ablauf)

1. In einem Rundschreiben vom 7. 11. 1970 gibt Mr. Brundage eine Liste von alpinen Skiläufern bekannt, die wegen Verletzung der olympischen Regeln gefährdet sind, an den Olympischen Winterspielen 1972 nicht teilnehmen zu können. Von den Österreichern scheinen die Namen Tritzcher, Schranz, Matt, Messner, Sailer R., Rauter, Bleiner und Hauser auf. Er fordert die FIS auf, Ordnung in den eigenen Reihen zu machen.

2. In einer Presseäußerung vom 26. 11. 1970 nimmt das ÖOC zu dem Brundage-Rundschreiben Stellung und warnt vor einer Verwendung von Namen und Photographien von Skiläufern bei Firmenwerbungen und konfrontiert gleichzeitig den ÖSV.

3. In einem Rundschreiben des IOC vom 5. 4. 1971 wird der Text des neu beschlossenen und in Kraft getretenen Artikels 26 mit der neuen Amateurdefinition bekanntgegeben und mit einem Rundschreiben des ÖOC vom 15. 5. 1971 allen Fachverbänden und Olympiakandidaten intimiert, mit dem ausdrücklichen Beifügen, daß bei Nichtbeachtung des neuen Artikel 26 die Teilnahme an den Olympischen Spielen in Frage gestellt sein könnte.

Im Abschnitt IV dieses IOC-Rundschreibens wird die Einsetzung eines Auswahlkomitees angekündigt, das sich zur Durchsetzung der neuen Regel 26 mit den internationalen Verbänden und den NOCs zu beraten und mit ihnen zusammenzuarbeiten hätte.

4. Am 17. 5. 1971 erscheint im „Zürich Sport" Brundage's „Schwarze Liste", nach der das IOC eben jetzt die Namen

von 32 alpinen Skiläufern bekanntgegeben hätte, welche nach IOC-Präsident Brundage wegen finanzieller Zuwendungen von Skifirmen oder bezahlter Werbung keine Amateure mehr wären und daher in Sapporo an den olympischen Rennen nicht teilnehmen könnten. Diese Liste führt unter Österreich die Namen Rauter, Graswander, Schranz, Messner, Tritscher, Matt, R. Sailer und Bleiner auf.

5. In einem Schreiben vom 19. 5. 1971 an das ÖOC zu Händen von Generalsekretär Fried bedankt sich Mr. Brundage für die ausgezeichnete Betreuung während seines kürzlichen Wienaufenthaltes anläßlich des ÖOC-Wiedererrichtungsjubiläums, kommt aber sofort auf die mangelnde Amateurqualifikation der österreichischen Skiläufer zurück und zitiert ein ehemaliges ÖOC-Mitglied als Gewährsmann für seine Auffassung, zumal dieser ihm schriftlich wörtlich folgendes zukommen ließ: „Ich habe gehört, daß Sie auf Besuch in Wien sind und muß Ihnen folgendes mitteilen: Glauben Sie den verdammten Funktionären kein Wort. Diese und die ganze Presse sind von den Skifabriken bezahlt und gegen Sie. Besonders Dr. Drimmel, der ehemalige Präsident des ÖOC, hat mehrmals gegen Sie gesprochen ... Der alpine Skisport ist ein Zirkus und kein wirklicher Sport, weil es keinen Kampf mehr gibt wie zum Beispiel beim Langlauf und bei anderen Sportdisziplinen. Alle aktiven Sportler, Sportlehrer und Mannschaftsleiter sind für Sie, bewundern Ihren Kampf für den Amateurismus und grüßen Sie in Österreich als den großartigen Amerikaner".

6. Gegen diese unerhörte Anschuldigung und Denunziation österreichischer ehrenamtlicher Sportfunktionäre erhebt das ÖOC in seiner Vorstandssitzung vom 27. 5. 1971 einstimmig schärfsten Protest und fordert in einem Schreiben des ÖOC-Präsidenten vom 8. Juni 1971 von Mr. Brundage, unter Hinweis auf den olympischen Grundsatz des „fair play", sofortige Bekanntgabe des Namens und der Anschrift des ehemaligen ÖOC-Mitgliedes, damit gegen diesen disziplinär oder gerichtlich vorgegangen werden kann.

7. In einem Antwortschreiben vom 10. 6. 1971 teilt Mr. Brundage mit, daß er in seinem Schreiben vom 19. 5. 1971 einen Fehler gefunden hätte. Die Anschuldigung hat nicht ein Ex-

Mitglied des ÖOC, sondern ein Ex-Mitglied einer früheren österreichischen Olympiamannschaft erhoben, gibt jedoch den Namen nicht bekannt. Er entschuldigt sich wegen seines Irrtums, greift aber gleichzeitig neuerlich Ex-Präsident Minister a. D. Dr. Drimmel an, der gegen ihn aufgetreten wäre.

8. Zurückkommend auf die „Sport Zürich"-Meldung vom 17. 5. 1971 fordert das ÖOC in einem Schreiben vom 11. 6. 1971 wegen rechtzeitiger Feststellung der Amateurqualifikation der Sapporokandidaten, aber auch wegen Verhinderung jedweder Kabinetts- oder Fehljustiz, vom IOC dringliche Bekanntgabe:

a) welche konkreten persönlichen Verstöße jeder einzelne der bisher nach der „schwarzen Liste" einseitig beschuldigten österreichischen Skirennläufer begangen hat und

b) welche konkreten Beweisstücke hinsichtlich jedes einzelnen im IOC-Sekretariat aufliegen. Nach dem olympischen „fair play"-Grundsatz wird eine zufriedenstellende, nicht ausweichende Antwort erwartet.

9. Im Juni 1971 werden von der FIS auf ihrem Kongreß in Opatija die neuen FIS-Amateurbestimmungen beschlossen und vom ÖOC in seiner Vorstandssitzung vom 24. Juni zur Kenntnis genommen. In der gleichen Vorstandssitzung wird der ÖOC Vize-Präsident Dr. Karl-Heinz Klee ermächtigt, wegen der ausweichenden Antwort des Mr. Brundage nunmehr auch seinerseits an diesen zur Bekanntgabe des Namens des österreichischen Denunzianten heranzutreten, was Dr. Klee mit Schreiben vom 29. 6. 1971 prompt tut.

10. In einem Schreiben des IOC-Sekretariates vom 5. 7. 11. 6. 1971 dahingehend, daß es eine „schwarze Liste" nicht 1971 antwortet dieses auf die dringliche ÖOC-Anfrage vom gibt, sondern ein Mr. Atkins von der Associated Press Agentur die seinerzeit vom Präsidenten Brundage in seinem Rundschreiben vom 7. 11. 1970 an die FIS beigelegte Liste von 50 Skirennläufern, die in Werbeanzeigen aufgeschienen wären, aktualisiert hätte. Dieses IOC-Schreiben endet mit der ausdrücklichen Bemerkung: „... das IOC hat überdies niemals einen Wettkämpfer „disqualifiziert", weil das gar nicht seine Aufgabe ist. Es kann lediglich eine Meldung zu den Olympi-

schen Spielen zurückweisen und zwar auf Grund von Vorschlägen der NOC's oder der nationalen Sportverbände, denn diese Stellen sind dazu berufen und auch imstande, durch eine Kontrolle ihrer Athleten ein Einhalten der Wettkampfregeln zu sichern."

11. In einem Rundschreiben des Mr. Brundage vom 15. 11. 1971 weist Mr. Brundage zunächst wegen der Lauheit der NOC's auf die Zusammenarbeitaufgabe der Mr. Weir-Auswahlkommission mit den NOC's hin, vertritt aber dann den Standpunkt, daß ein Olympiateilnehmer nicht nur der alten Regel 26, sondern auch der neuen Regel 26 entsprochen haben muß, was an und für sich richtig ist. Er vertritt aber darüber hinaus den Standpunkt, daß ein Sportler, der *irgend einmal* sein Photo oder seinen Namen für Werbezwecke, sei es mit oder ohne Entgelt zur Verfügung gestellt hat, von den Olympischen Spielen ausgeschlossen ist.

Dieser rückwirkende Standpunkt wird vom ÖOC als rechtlich völlig unhaltbar sofort bekämpft, weil nach der alten Regel 26 die Werbung nicht verboten war, sondern lediglich als „beklagenswert" bezeichnet wurde. Nach der ÖOC-Auffassung trifft das Werbeverbot nur diejenigen Sportler, die nach dem 5. April 1971 dagegen verstoßen haben.

12. In einem weiteren Rundschreiben vom 16. 12. 1971 weist Mr. Brundage auf die strikteste Disziplin während der Eröffnungs- und Schlußfeier hin, erinnert an das Regelverbot des Mittragens von Photoapparaten und das „aus der Reihe tanzen" und kündigt bei Regelverstoß die eventuelle Ausschliessung der gesamten Mannschaft an.

13. Am 16. 12. 1971 beschließt der Vorstand des ÖOC einstimmig die Rechtsauffassung über die richtige Auslegung der alten und neuen Regel 26, weist die von Mr. Brundage angestrebte rückwirkende Geltung des Werbeverbotes mit klarer Begründung zurück und gibt dies mit Schreiben vom 20. 12. 1971 dem IOC offiziell bekannt.

14. Am 20. 12. 1971 langt beim ÖOC ein Schreiben des Technischen Direktors des IOC, Mr. Takac, ein, in welchem neben dem Schweizer Michael Daetwyler, Karl Schranz und Heini Messner beschuldigt werden, beim FIS-Rennen in Val

d'Isere am 10./12. 12. 1971 durch ein Werbephoto gegen Artikel 26, Paragraph 2a, verstoßen zu haben. Darüber hinaus wird Karl Schranz beschuldigt, nichts dagegen unternommen zu haben, daß in unzähligen Presseartikeln und Interviews über sein hohes Einkommen aus seiner Sporttätigkeit berichtet wurde. Dem ÖOC wird eine Untersuchungs- und Meldefrist mit 31. 12. 1971 gestellt. Noch am gleichen Tage wird damit, streng vertraulich, der ÖSV konfrontiert.

15. Mit Rundschreiben vom 29. 12. 1971 bringt Mr. Brundage die neue Regel 26 neuerlich in Erinnerung und droht allen Aktiven bei Verletzung dieser Regel mit ihrer Disqualifikation für Sapporo.

16. Gleichfalls am 29. 12. 1971 legt der ÖSV ein reichhaltiges Untersuchungsmaterial in den Fällen Schranz und Messner mit deren persönlicher Einvernahme vor, aus dem hervorgeht, daß die Genannten seit dem 5. 4. 1971, insbesondere in Val d'Isere, in keiner Weise gegen das Werbeverbot bewußt verstoßen haben. Karl Schranz kann auch sein ordentliches Einkommen als hauptberuflicher Angestellter einer Skierzeugerfirma einwandfrei nachweisen.

17. Mit 31. 12. 1971 berichtet das ÖOC unter Vorlage des Untersuchungsmaterials dem IOC, daß es keinen Anlaß gefunden hat, die abgegebenen Erklärungen von Messner und Schranz in Zweifel zu ziehen und daß es diese daher, zumal sie ja von der FIS zugelassen sind, für Sapporo als teilnahmeberechtigt melden wird.

18. Mr. Takac vom IOC bestätigt mit Schreiben vom 11. 1. 1972 den Eingang des Untersuchungsmaterials und wird dieses an die IOC-Auswahlkommission weiterleiten.

19. Gleichfalls mit Schreiben vom 11. 1. 1972 gibt Madame Berlioux vom IOC im Auftrage des Präsidenten Brundage und in Beantwortung der ÖOC-Interpretation vom 20. 12. 1971 folgendes bekannt: „Während Ihre Interpretation der Regel 26 richtig ist, vertritt das IOC die Meinung, daß alle, die zugelassen haben, daß ihr Name und/oder ihr Photo vor dem April 1971 verwendet worden ist, dafür bezahlt wurden, und daher kann es vielleicht für das IOC notwendig sein, diese Personen individuell zu befragen, wenn ihre Meldung über-

mittelt wird. Auf jeden Fall werden aber die Werbeanzeigen bei den Skirennen im letzten Monat einen Großteil der alpinen Skiläufer ausschließen. Der Verkauf von Werbeflächen auf den Startnummern ist nämlich besonders empörend (oder abscheulich)."

20. Am 14. 1. 1972 ermächtigt der Vorstand des ÖOC einstimmig die in Sapporo mitanwesend sein werdenden ÖOC-Mitglieder Dr. Pruckner, Dr. Klee, Dr. Garce, Gen. Sek. Fried, Dr. Nametschke, Präsident Isatitsch und Emanuel Schön an Ort und Stelle (Sapporo) je nach der gegebenen Gesamtsituation die für die öster. Mannschaft besten Entscheidungen zu treffen und allenfalls auch Rückziehung der gesamten oder Teile der Mannschaft zu beschließen. Am 15. 1. 1972 nachmittags berichtet anläßlich des Hahnenkammrennens in Kitzbühel der von Herrn Bundesminister Dr. Sinowatz mit Hubschrauber aus Wien herbeigeholte ÖOC-Präsident dem Skipool-Vorstand über den grundsätzlichen Ermächtigungsbeschluß des ÖOC-Vorstandes vom Vorabend.

21. Am 17. 1. 1972 weist das ÖOC schriftlich an das IOC die in dem Schreiben vom 11. 1. 1972 der Madame Berlioux ausgesprochene Pauschalverdächtigung von individuellen Werbebezahlungen seit dem 5. 4. 1971 hinsichtlich aller für Sapporo nominierten österreichischen Sportler energisch zurück und stellt gleichzeitig fest, daß bei dem Weltcuprennen in Bad Gastein und Kitzbühel die Startnummern keinerlei Werbeaufschriften getragen haben.

22. Am 18. 1. 1972 entkräftigt der ÖSV den belastenden Schranzartikel in der Januarnummer der Zeitschrift „Profil" als Zusammenstellung und Manipulation von längst zurückliegenden Photos und Auszügen aus anderen Zeitschriften.

23. Am 21. 1. 1972 mittags findet im Parlament ein ORF-Interview mit Bundesminister Dr. Sinowatz statt, in dem der ORF-Sprecher Teddy Podgorsky trotz Berichtigung durch den Bundesminister immer wieder vor der Rundfunköffentlichkeit behauptet, daß die ÖOC-Sapporo-Teilnahme im Grunde genommen nur eine Vergnügungsreise für Funktionäre wäre.

24. Am 21. 1. 1972 abends erhält das ÖOC die Gleichschriften eines Fernschreibens des ORF-Generalintendanten mit

Solidaritätsaufforderung an die Rundfunkanstalten der Deutschen Bundesrepublik, Frankreichs, Italiens und der Schweiz, unter gleichzeitiger Warnung der japanischen Veranstalter, ein Kompromißangebot zwischen olympischen Bewerben und Weltmeisterschaftskonkurrenzen in Aussicht zu nehmen. In einem Antwortfernschreiben des ÖOC wird nach Dank für die beabsichtigte Schützenhilfe die Hoffnung ausgesprochen, daß diese ORF-Aktion bei dem antiquierten Regelstarrsinn des IOC-Präsidenten auch den gewünschten Erfolg zeitigen möge.

25. Am 22. 1. 1972 faßt vormittags der Bundessportrat und nachmittags in Anwesenheit des Herrn Bundesministers Dr. Sinowatz die Bundessportversammlung einstimmig je einen geharnischten Protestbeschluß gegen die Pauschalverdächtigung aller österreichischen Sportfunktionäre in der ORF-Teddy-Podgorsky-Sendung vom Vortage.

26. Am 24. 1. 1972 nominiert anläßlich der Einkleidung und einer Pressekonferenz im WIFI der ÖSV die endgültige alpine Skimannschaft für Sapporo.

27. Am 25. 1. 1972 erfolgt die Vereidigung und Verabschiedung der Olympiamannschaft durch den Herrn Bundespräsidenten als obersten Schirmherrn des ÖOC und um 14.26 Uhr der Abflug mit einer JAL-Chartermaschine von Wien nach Sapporo.

28. Am 26. 1. 1972 um 17 Uhr 40 Ortszeit trifft die Mannschaft in Sapporo am Flughafen Chitose ein. Die Slalomläufer fliegen nach Tokio-Naeba zum Training weiter.

29. Am 27. 1. 1972 abends wird via APA bekannt, daß inzwischen auch der Bundesminister Dr. Sinowatz, wie schon am 24. 1. 1972 beabsichtigt, in einem Schreiben an seine Ministerkollegen der Alpenländer zu einer ähnlichen Solidaritätsaktion wie durch den ORF aufgerufen hat. Der ÖOC-Präsident sucht daraufhin im Parkhotel Sapporo über seinen französischen Kollegen sofort Kontaktaufnahme mit diesen Länderdelegationen und vereinbart für 28. 1. 1972 um 21 Uhr eine gemeinsame Besprechung, diese deshalb, um inzwischen die Beratungen und Schlußfassungen der bereits in Tokio tagenden Auswahlkommission bzw. Exekutivkomitees zu erkunden. Eine Agenturmeldung aus Tokio klingt beruhigend.

30. Am 28. 1. 1972 um 21 Uhr kommt es lediglich zu einer Besprechung mit der französischen Delegationsleitung, in der zwar eine gemeinsame rechtliche Auffassung, jedoch keine französische Solidaritätsaktion bei Ausschluß eines österreichischen Läufers konstatiert werden konnte. Die übrigen Alpenländer blieben der Besprechung fern.

31. Am 29. 1. 1972 wurden Dr. Klee und Dr. Pruckner für 16 Uhr kurzfristig vor das inzwischen in Sapporo eingetroffene IOC-Exekutivkomitee vorgeladen, jedoch eine halbe Stunde später wegen Verhinderung des Präsidenten Brundage wieder ausgeladen.

32. Am Sonntag, dem 30. 1. 1972 früh, erfolgte auf kurzem Wege eine neuerliche Vorladung von Dr. Klee, Dr. Pruckner, Dr. Nemetschke und FIS-Präsident Hodler vor das Exekutivkomitee unter Vorsitz des Präsidenten Brundage für 9 Uhr. Zwischen 9 Uhr und 10 Uhr 40 harte Auseinandersetzung wegen allgemein grundsätzlicher Angelegenheiten, so Differenzen zwischen FIS- und IOC-Regeln, Frage ob ÖOC wegen ORF- und Ministerintervention überhaupt noch als unabhängig zu betrachten sei, Infragestellung des IOC-Kongresses 1974 in Wien, Firmeneinflußnahme auf sportliches Geschehen sowie Skipool, jedoch nur geringfügige Debatte über Karl Schranz selbst und die belastende Januarnummer des „Profil". Alle Anschuldigungen konnten sachlich widerlegt werden. Schlußerklärung des ÖOC-Präsidenten, daß alle österreichischen Aktiven mit gutem Gewissen den Grundregeln der IOC-Satzung entsprechen und daher den olympischen Eid genauso ehrlich ablegen können wie alle übrigen in Sapporo befindlichen Sportler. Beim Weggehen bestand der Eindruck, daß auch Karl Schranz nicht disqualifiziert werden kann.

33. Am 31. 1. 1972 erste Vollsitzung des IOC. Um 11 Uhr 40 verständigt Dr. Nemetschke telefonisch Dr. Pruckner, daß Karl Schranz über Vorschlag der Auswahlkommission und des Exekutivkomitees in geheimer Abstimmung mit 28 zu 14 Stimmen disqualifiziert worden ist und zwar wegen seiner Aktivität und Einflußnahme auf dem Gebiete des internationalen Skisportes und wegen der Art und Weise, in welcher er gestattet habe, daß sein Name und sein Bild in den letzten

Jahren kommerziell ausgewertet wurden. Das IOC verständigt hiervon die österreichische Delegationsleitung lediglich durch eine allgemeine Presseaussendung.

34. Am 31. 1. 1972, 14 Uhr 25, treffen am Flughafen von Sapporo der österreichische Botschafter Dr. Thomas, Präsident Ing. Sallinger und Landtagspräsident Bürgermeister Dr. Lugger mit Begleitung ein. Dr. Pruckner informiert noch am Flugplatz die Ankommenden über den Disqualifikationsbeschluß und bittet Botschafter Dr. Thomas, auf dem amtlichen Dienstwege ehestens zu erkunden, wie die Bundesregierung den Ausschluß des Karl Schranz wertet. In der nachmittägigen Plenumsitzung des IOC verliest Präsident Brundage ein Glückwunschtelegramm des IOC-Ehrenmitgliedes Dr. h. c. Manfred Mautner-Markhof zu dem Disqualifikationsbeschluß vom Vormittag. Abends langt der Wortlaut der von Bundesminister Dr. Sinowatz an alle Alpenländer und FIS-Präsident Hodler gerichteten Protesttelegramme und seine persönliche Meinung ein, daß bei einem endgültigen Ausschluß des Karl Schranz die gesamte alpine Mannschaft aus dem Bewerb gezogen werden sollte.

35. In der Nacht vom 31. 1. zum 1. 2. 1972 verfassen im Hotelzimmer des ÖOC-Präsidenten die ÖOC-Mitglieder einen schriftlichen Protest und Wiederaufnahmeantrag, weisen auf die mangelnde konkrete Begründung in einem unkorrekten Verfahren, ohne die bereits mehrfach in Aussicht gestellte individuelle Vernehmung des Beschuldigten hin, verlangen nach dem olympischen „fair play"-Grundsatz das Parteigehör und die Reassümierung des Disqualifikationsbeschlusses.

36. Diese in die englische Sprache übersetzte Protest- und Wiederaufnahmeschrift wird am 1. 2. 1972 um 9 Uhr a. m. zu Beginn der 2. Vollversammlung vom IOC-Mitglied Dr. Nemetschke dem Vorsitzenden überreicht, sofort in Behandlung genommen, von mehreren anderen IOC-Mitgliedern unterstützt, mit dem Teilerfolg, daß die „Causa Schranz" neuerdings an das Exekutivkomitee überwiesen wurde. Vor Beginn dieser Sitzung interveniert Landtagspräsident Dr. Lugger persönlich bei Mr. Brundage und bittet diesen, die menschlichen Aspekte zu berücksichtigen und in der Großmut des Sieges

wenigstens Gnade vor Recht ergehen zu lassen. Mr. Brundage zeigt sich nicht abweisend.

37. Am 1. 2. 1972, etwa um 10 Uhr 30 vormittags, setzt Botschafter Dr. Thomas bei der Eröffnung des Österreichhauses Dr. Pruckner von der Antwort vom Ballhausplatz in Kenntnis, die inhaltlich so lautet, daß seitens des Herrn Bundeskanzlers wie auch des Herrn Bundesminister für Auswärtige Angelegenheiten die Disqualifikation des Karl Schranz weder als eine staatspolitische noch als eine innenpolitische Causa von Wichtigkeit, sondern als eine rein sportliche Angelegenheit des IOC und des ÖOC betrachtet werde und daß sich demnach die österreichische Botschaft aus der Affäre herauszuhalten hätte.

38. Am gleichen Vormittag hält der Delegationsleiter ein Schreiben der alpinen Skiläuferinnen mit der dringenden Bitte, alles daranzusetzen, daß sie trotz des Ausschlusses von Karl Schranz das Training wieder aufnehmen und jedenfalls an den Start gehen können. Erkundigungen bei allen übrigen Mannschaftsführern und Mannschaftsgruppen ergeben den gleichen festen Willen und Wunsch, in Sapporo zu bleiben und an den Start gehen zu dürfen.

39. Am 1. 2. 1972 frühnachmittags verwirft das Exekutivkomitee den Wiederaufnahmeantrag der österreichischen Delegation und lehnt auch die persönliche Einvernahme des Karl Schranz als beim IOC nicht üblich ab. Trotzdem gelangt die Causa in der letzten Nachmittags- und Abendvollversammlung über Antrag Dr. Nemetschke mit vehementer Unterstützung von Marc Hodler, General Thofelt (Schweden) und Maurice Herzog (Frankreich) zum 3. Mal zur Debatte, wobei seitens der FIS Vorlage und Einsichtnahme in das Beweismaterial, persönliche Vernehmung, Konfrontation der IOC-Auswahlkommission mit der FIS-Auswahlkommission, seitens Maurice Herzog alternativ entweder aufschiebende Wirkung, bedingte Verurteilung und allenfalls strenge Verwarnung beantragt wurde. Alle Anträge verfallen der Ablehnung bzw. Nichtzulassung durch den Vorsitzenden Mr. Brundage.

40. Am 1. 2. 1972 um 16 Uhr 30 werden Dr. Klee, Dr. Geroe und Dr. Pruckner zum Vorsitzenden und zum Gene-

ralsekretär des OK Sapporo gebeten, welche trotz Schilderung der allgemeinen Empörung in der österreichischen Heimat und den allenfalls notwendig werdenden Protestmaßnahmen durch Rückziehung einer Teilmannschaft inständig wiederholt bitten, dies nicht zu tun, damit die Olympischen Spiele Sapporo und die hauptsächlich faszinierenden Skibewerbe nicht zur Farce würden und auch das bisher gute Freundschaftsverhältnis zwischen dem österreichischen und dem japanischen Skisport nicht getrübt werde. Sie versprechen den persönlichen Einsatz des IOC-Mitgliedes Prinz Takeda bei dem noch immer tagenden Plenum.

41. Am 1. 2. 1972 um 18 Uhr beschließt der im Österreichhaus tagende Hauptvorstnd des ÖSV mit einer Gegenstimme die Rückziehung der gesamten Skiolympiamannschaft, alpin und nordisch, und die Entbindung derselben von der Startverpflichtung durch die Delegationsleitung. Im Laufe des Nachmittags hatte Dr. Pruckner noch kurz Gelegenheit, den Herrn Bundesminister Dr. Sinowatz telefonisch über den gegenwärtigen Stand der Angelegenheiten, aber auch der noch laufenden Interventionen zu informieren und diesen zu bitten, zu überlegen, ob sich nicht allenfalls der Herr Bundespräsident in seiner Eigenschaft als Ehrenmitglied und oberster Schirmherr des ÖOC mit einem Blitztelegramm an Mr. Brundage einschalten könne.

42. Am 1. 2. 1972 gegen 19 Uhr 30 versammelten sich auch die ÖOC-Mitglieder im Österreichhaus zu einem internen Informationsgespräch mit den österreichischen Pressedelegierten, erhielten dabei vorerst durch Dr. Klee Kenntnis von dem ÖSV-Hauptvorstandsbeschluß, konnten diesen aber noch nicht weiter prüfen und behandeln, weil inzwischen seitens des ORF von Dr. Kurt Jeschko ein improvisiertes Fernsehgespräch arrangiert wurde, dem sich weder Dr. Klee noch Dr. Pruckner bei sonstigen Vorwürfen entziehen konnten, zumal gerade Dr. Jeschko bereits in einer Sapporoglosse in der „Presse“ der österreichischen Öffentlichkeit mitteilte, daß für nur 26 Aktive ebensoviele 26 Funktionäre (in Wahrheit 46 zu 23) mitgeflogen wären, ohne diese Behauptung bis dato zu dementieren.

43. Erst dann, nach den Fernsehaufnahmen, etwa gegen 21 Uhr 30, konnten sich die ÖOC Mitglieder zusammensetzen und folgenden, vorläufigen einstimmigen Beschluß als Presseaussendung an die APA durchgeben:

„Der Delegationsleitung der österreichischen Olympiamannschaft wurde heute, am 1. 2. 1972 um 19 Uhr 30 Ortszeit, vom Präsidenten des ÖSV, Dr. Karl-Heinz Klee, mitgeteilt, daß die in Sapporo anwesenden Mitglieder des Hauptvorstandes des ÖSV im Einvernehmen mit den Mannschaftsbetreuern und Trainern den Beschluß gefaßt haben, die Delegationsleitung zu ersuchen, die gesamte Skiolympiamannschaft, alpin und nordisch, von der Teilnahmeverpflichtung an den olympischen Wettkämpfen zu entbinden, falls es nicht gelingt, die ungerechtfertigte Disqualifikation des Karl Schranz rückgängig zu machen.

Mit Rücksicht darauf, daß noch Interventionen zur Aufhebung der Disqualifikation von Karl Schranz laufen, kann die Delegationsleitung der österreichischen Olympiamannschaft erst im Laufe des Vormittages des 2. 2. 1972 über das Ersuchen des ÖSV entscheiden."

Trotz sofortiger APA-Durchgabe nach Wien ist dieser vorläufige Beschluß in den österreichischen Massenmedien und Zeitungen, Erkundigungen zurfolge, nicht erschienen.

44. Am 1. 2. 1972 um 23 Uhr 10 wurde Dr. Pruckner kurz nach Schluß des letzten IOC-Plenums um 23 Uhr 10 offiziell von Dr. Nemetschke telefonisch verständigt, daß alle Interventionen für Karl Schranz ergebnislos geblieben wären und damit die bereits am Nachmittag um 16 Uhr ergangene schriftliche Endentscheidung eine endgültige sei.

45. Am 2. 2. 1972, um 9 Uhr a. m., hielt der ÖSV mit Karl Schranz im Pressezentrum eine offizielle Pressekonferenz ab, in der Karl Schranz abschliessend das allgemein bekannte Ersuchen stellte, trotz seines endgültigen Ausschlusses, mit allen anderen österreichischen Sportkameraden an den Start zu gehen und eine Rückziehung auch nur einer Teilmannschaft nicht zu verwirklichen.

46. Am 2. 2. 1972 gegen 11 Uhr hat daraufhin der ÖSV-Präsident bei der Delegationsleitung den Rückziehungsantrag vom Vortrag zurückgezogen, und es erfolgte sodann ein einstimmiger Beschluß aller ermächtigten ÖOC-Mitglieder in Form einer Presseaussendung an die APA wie folgt:

„Gegen alle Erwartungen hat am 31. 1. 1972 das IOC den auf seinem sportlichen Höhepunkt stehenden österreichischen Skirennläufer Karl Schranz in einem unkorrekten Verfahren ohne Beweise zu den Olympischen Spielen nicht zugelassen. Alle nur erdenklichen Bemühungen der österreichischen Delegationsleitung und sonstiger einsichtsvoller Persönlichkeiten des In- und Auslandes, für Karl Schranz doch noch die Starterlaubnis zu erwirken, sind bedauerlicherweise gescheitert. Die Entscheidung des IOC wurde damit endgültig. Die österreichische Delegationsleitung hat daraufhin über Antrag des ÖSV, wie auch in Berücksichtigung der allgemeinen Empörung in der Heimat in Aussicht genommen, aus Protest gegen die rechtswidrige Entscheidung des IOC, die gesamte Skimannschaft von den olympischen Bewerben zurückzuziehen.

Am 2. 2. 1972 hat jedoch der ÖSV im Hinblick auf ein ausdrückliches Ersuchen des Karl Schranz, seinen Kameraden in der Skimannschaft doch den Start zu ermöglichen, den Antrag vom Vortag zurückgezogen. Unter Abwägung aller Umstände, so auch der intensiven vierjährigen Vorbereitungszeit eines jeden Sportlers, der Stimmung in der gesamten Olympiamannschaft, aber auch im Hinblick auf die guten Beziehungen mit dem japanischen Gastgeberland, hat sodann die Delegationsleitung beschlossen, an sämtlichen Bewerben der Olympischen Winterspiele Sapporo teilzunehmen.

Im übrigen wird die Delegationsleitung nach Rückkehr dem Vorstand des ÖOC über die Vorkommnisse in Sapporo eingehend berichten und werden dann erst zu dem unverständlichen Verhalten des IOC die notwendigen Beschlüsse zu fassen sein."

Auch diese offizielle Schlußfassung der Delegationsleitung, die nachweislich von der APA nach Wien sofort durchgegeben und von der APA-Wien prompt weitergesendet wurde, ist eingezogenen Erkundigungen zufolge weder in den Massenmedien noch in den Tageszeitungen — die „Kärntner Volkszeitung“ und das „Salzburger Volksblatt“ ausgenommen — im vollen Wortlaut verlautbart worden.

47. Am 2. 2. 1972 um 17 Uhr langte das letzte Telegramm des Bundesministers Dr. Sinowatz mit dem Hinweis ein, die Entscheidung nicht Karl Schranz zu überlassen, sondern selbst zu treffen, mit Empfehlung der Zurückziehung der alpinen Mannschaft vom Bewerb.

Seither konnte die Delegationsleitung trotz inzwischen eingetretener schöner sportlicher Medaillenerfolge nur noch eine Menge von heimatlichen Drohbriefen, nicht wiederzugebenden Verbalinjurien-Telgrammen, persönlicher Schmähungen und dergleichen empfangen und sammeln.

### 3. Ausschlußentscheid des Internationalen Olympischen Komitees im Fall Karl Schranz

„Das Qualifikationskomitee hat die Probleme betreffend die Zulassung von Wettkämpfern zu den Olympischen Winterspielen hauptsächlich beim alpinen Skilauf untersucht und empfiehlt hiermit:

1. das in Anbetracht des Verhaltens und des Einflusses des Karl Schranz auf dem Gebiet des alpinen Skilaufes und der Weise, in welcher er die Verwendung seines Namens und seiner Bilder für kommerzielle Reklame in den letzten Jahren erlaubte, er für die Teilnahme an den XI. Olympischen Winterspielen in Sapporo 1972 als disqualifiziert erklärt wird.

2. daß die FIS eingeladen wird, mit dem IOC Eligibility Commission Verhandlungen aufzunehmen, um die Frage der Vollziehung der FIS-Regeln betreffend die Qualifikation durch die nationalen Verbände zu erörtern.“

## 4. Bericht des ehemaligen Präsidenten des österreichischen Skiverbandes Dr. Karl-Heinz Klee vor dem Hauptausschuß zum Ausschluß von Karl Schranz bei den Winterspielen in Sapporo 1972*

„Am Morgen des 23. Jänner 1972 reiste ich im Auftrag des ÖOC von Innsbruck ab, um bereits vor Ankunft der Mannschaft in Sapporo allfällige Qualifikationsfragen zu behandeln. Ich führte ein umfangreiches Aktenmaterial betreffend einige unserer Läufer, insbesondere Karl Schranz, mit. Bei diesem Aktenmaterial handelte es sich vorwiegend um Rechtfertigungen und Untersuchungsergebnisse früherer Anzeigen oder Anfragen der FIS oder des IOC. Sofort nach meiner Ankunft in Sapporo am 24. Jänner 1972 stellte ich die Verbindung zum Organisationskomitee her. Hier erfuhr ich, daß die Zulassungskommission unter dem Vorsitz von Mr. Weir nicht in Sapporo, sondern in Tokio tagen würde.

Am 25. Jänner 1972 wurde mir am Morgen der Besuch des japanischen FIS-Vorstandsmitgliedes Joshyro Ito angekündigt, der sich am Vortage zum Empfang von Brundage in Tokio befunden hatte. Er berichtete zunächst über den Empfang von Brundage in Tokio. Dann frug er nach der Zusammensetzung der österreichischen alpinen Mannschaft, insbesonders, ob Karl Schranz auch kommen werde. Ich machte Herrn Ito darauf aufmerksam, daß die Disqualifikation auch nur eines der genannten Läufer zur Folge haben würde, daß entweder die gesamte olympische Mannschaft oder ein Teil der Olympiamannschaft nicht starten würde. Ito erklärte mir, daß die Angelegenheit sehr schwierig wäre, daß jedoch das Organisationskomitee und das japanische IOC-Mitglied, Prinz Takeda, alles versuchen würden, um eine Sperre zu vermeiden. Er werde unverzüglich mit Prinz Takeda Kontakt aufnehmen.

Am 26. Jänner 1972 kam die Mannschaft in Sapporo an. Am nächsten Tag begannen die Sitzungen der Zulassungskommission in Tokio. Sofort beschaffte ich mir darüber Nachrichten. Diese klangen an und für sich beruhigend. Es wurde zum

* Abdruck nach „Austria Ski“ 2/1972.

Ausdruck gebracht, daß sich innerhalb der Weir-Kommission die *gemäßigte* Richtung unter Führung des Dänen Vind durchgesetzt zu haben schien. Ich hatte bereits Herrn Ito wissen lassen, daß ich Beweismaterial mit mir hätte und daß ich für allfällige Anfragen zur Verfügung stände. Ich habe jedoch nichts weiter gehört.

Auch am nächsten Tag, dem 28. Jänner, lauteten die Nachrichten, die ich mir beschaffte, noch eher beruhigend, obwohl von einer heftigen Auseinandersetzung zwischen Brundage und Hodler im Exekutivkomitee des IOC berichtet wurde. An diesem Tage versuchten wir, die Zusammenkunft mit den nationalen olympischen Komitees und den Skiverbänden der Alpenländer zu organisieren. Zu dieser Zuammenkunft sind jedoch nur die französischen Vertreter erschienen. Wie bereits bei den von mir bei früheren Anlässen geführten Besprechungen mit den Franzosen, aber auch mit den Schweizern, Italienern und Deutschen, wurde zum Ausdruck gebracht, daß man wohl in der Auffassung solidarisch ist, daß kein Rennläufer gesperrt werden dürfe, aber daß man infolge der besonderen Struktur von Olympischen Spielen *keine Abmachung* treffen könne, daß das Sperren eines Läufers einer Nation auch die Rückziehung der Mannschaft einer anderen Nation zur Folge haben würde. Eine solche Vereinbarung wäre auch sicherlich nie realisierbar gewesen. Es wäre z. B. auch gar nicht denkbar, daß die österreichische Mannschaft sich für den Fall, daß etwa Augert als einziger Läufer gesperrt werden würde, zurückzieht.

Bei der Besprechung mit den Vertretern des französischen nationalen Komitees und mit dem Präsidenten des französischen Skiverbandes hörten wir, daß den Franzosen Meldungen vorliegen würden, daß sich die Angriffe von Brundage in erster Linie gegen Karl Schranz richten würden. In diesem Zusammenhang versicherten uns die Franzosen, daß sie nicht für eine Sperre des Karl Schranz wären, diese Auffassung auch von der Mannschaft geteilt werden würde und sie sich daher gegen eine Sperre von Schranz aussprechen würden. Wir kamen dahin überein, daß auch wir uns gegen die Sperre eines französischen Läufers aussprechen würden. Die italienischen, deutschen und

Schweizer Vertreter gingen einer Aussprache offensichtlich aus dem Wege.

Um 22.30 Uhr desselben Tages fand dann eine Vorstandssitzung der FIS statt, zu der ich geladen wurde. Bei dieser Vorstandssitzung ging es wiederum um Karl Schranz. Ich stellte mich auf den Standpunkt, daß die von der FIS in Untersuchung gezogenen Fälle hinreichend aufgeklärt wurden und wies dies auch auf Grund der mir vorliegenden Korrespondenz nach. Es wurde dann lediglich noch verlangt, daß Schranz dem ÖSV eine Vollmacht erteilen müsse, wegen des Inserates in der Zeitschrift „Skiing" gerichtlich gegen diese vorzugehen. Wenn Schranz diese Vollmacht erteile, wäre er der FIS gegenüber hinreichend qualifiziert; man würde diese auch dem IOC mitteilen. Im übrigen wurden auf dieser Sitzung über die Stellungnahmen von Brundage und dem Exekutivkomitee des IOC gegenüber der FIS berichtet, so daß auch allenfalls mit einer Suspendierung der FIS aus dem IOC nach den Spielen gerechnet werden müsse.

Am Morgen des 29. Jänner 1972 verfaßte ich sofort die von der FIS geforderte Vollmacht, Karl Schranz unterfertigte sie. Die FIS wurde sofort verständigt. An diesem Tage waren bereits die Mitglieder des IOC von Tokio nach Sapporo gekommen. Ich wurde vom Exekutivkomitee des IOC zu einer Aussprache geladen. Ebenso der Präsident des ÖOC, Dr. Pruckner. Die Aussprache wurde auf Sonntag, den 30. Jänner, verschoben. Sie fand dann um 9 Uhr unter Vorsitz von Brundage und im Beisein von Dr. Pruckner, Dr. Nemetschke, FIS-Präsident Marc Hodler und mir statt. Die Aussprache, die ziemlich hart geführt wurde, dauerte fast zwei Stunden. Österreichischerseits war ich Wortführer, da die Aussprache in englischer Sprache erfolgte. Die Aussprache hatte mit grundsätzlichen Angriffen des Präsidenten Brundage auf den alpinen Skisport und gegen Österreich begonnen, insbesonders hinsichtlich der Interventionen, die von Minister Sinowatz und vom ORF durchgeführt wurden, Vorwürfen gegen die österreichischen Skifabrikanten, schließlich aber auch mit Vorwürfen gegen Karl Schranz, die sich jedoch auf keinerlei Beweismaterial stützten, sondern lediglich auf Zeitungsartikel, Interviews, die Karl

Schranz gegeben haben soll, und Berichte über die Einkommens- und Vermögensverhältnisse von Karl Schranz. Diese Fragen wurden von mir auf Grund der mir vorliegenden Unterlagen beantwortet. Ich wies speziell drauf hin, daß das Anmeldeformular von mir deshalb unterschrieben worden war, weil für keine der Anschuldigungen, die gegen Karl Schranz erhoben wurden, ein Beweis vorgebracht werden konnte. Ebenso gründen sich die Vorwürfe des IOC lediglich auf Zeitungsmeldungen und Gerüchten, so daß keine Handhabe für eine Nichtqualifikation gegeben wäre.

Es wurde dann von Lord Killanin, dem Vizepräsidenten des IOC, auf ein Interview hingewiesen, das Karl Schranz am Vortage einem englischen Korrespondenten gegeben habe und worin er auf das heftigste das IOC und Brundage angegriffen hätte. Ich wies darauf hin, daß meiner Meinung nach die Ausdrucksweise in diesem Interview nicht die des Karl Schranz sei, und daß man auch in diesem Falle nur durch *persönliche* Einvernahme von Schranz feststellen könne, wie weit dieser englische Zeitungsbericht auf einer tatsächlichen Aussage des Schranz beruhe. Dieses Interview schien mir der *gravierende* Vorwurf gegenüber Schranz zu sein. Trotzdem hatte ich nach Beendigung der Besprechung den Eindruck, daß es zu keiner Disqualifikation von Karl Schranz kommen könne, weil kein stichhaltiges Beweismaterial vorliegt. Ich bot zum Abschluß noch an, mit Karl Schranz vor dem Exekutivkomitee zu erscheinen.

Für den Nachmittag des gleichen Tages war die feierliche Eröffnung des IOC-Kongresses angesetzt. Die Eröffnungsrede von Brundage bestand in einer einzigen Tirade gegen den Wintersport und gegen Olympische Winterspiele.

Am 31. Jänner 1972 begann die Vollsitzung des IOC. Um 11.40 Uhr wurde Dr. Pruckner telefonisch von Dr. Nemetschke verständigt, daß Karl Schranz über Vorschlag der Weir-Kommission und des Exekutivkomitees in geheimer Abstimmung mit 28:14 Stimmen zur Teilnahme an den Spielen nicht zugelassen wurde, und zwar wegen seiner Aktivität und Einflußnahme auf dem Gebiet des internationalen Skisportes und wegen der Art und Weise, in welcher er gestattet habe, daß sein

Name und sein Bild in den letzten Jahren kommerziell ausgewertet wurde. Am Mittag dieses Tages trafen am Flughafen Chitose der österreichische Botschafter Dr. Thomas, Präsident Sallinger und Bürgermeister Dr. Lugger ein. Ich informierte sofort die Herren über die Entwicklung, insbesondere Präsident Sallinger als Vorstandsmitglied des Ski Pool, und ersuchte gemeinsam mit Dr. Pruckner den Botschafter Dr. Thomas, die Meinung der österreichischen Bundesregierung zur neuen Sachlage einzuholen.

Am späteren Nachmittag trafen sich die in Sapporo weilenden ÖSV-Funktionäre zu einer Sitzung. Ich berichtete über die Situation und erklärte, daß die Reaktion des ÖSV meiner Meinung nach die Rückziehung der Gesamtmannschaft sein müsse. Einige der anwesenden Herren wiesen darauf hin, daß das Nichtantreten nicht im Sinne der Mannschaften wäre, die sich lange vorbereitet hätten, um diese Wettkämpfe zu bestreiten. Bei dieser Debatte wurde auch berichtet, daß Karl Schranz sich selbst geäußert habe, er halte ein Nichtantreten für den Fall seiner Sperre für falsch und würde versuchen, einen solchen Entschluß, sollte er gefaßt werden, abzuändern. Es wurden auch Argumente vorgebracht, die für ein Bleiben sprachen. Neben der Auffassung der Mannschaft waren es hauptsächlich wirtschaftliche Aspekte, die Interessen der Ausrüsterfirmen, des Österreichhauses usw. und insbesondere das außerordentlich gute Verhältnis zu den japanischen Veranstaltern. Trotzdem wurde *mehrheitlich* die Auffassung vertreten, daß ohne ein Einschreiten von Karl Schranz die Mannschaft abreisen soll. Eine Beschlußfassung darüber wurde jedoch aufgeschoben und ich von den Anwesenden beauftragt, doch noch alle möglichen Schritte zu unternehmen, um die Sperre von Karl Schranz aufzuheben. Als einstweilige Maßnahme wurde beschlossen, am 1. Februar 1972 dem offiziellen Training fernzubleiben.

Eine Anregung von Sitzungsteilnehmern, ich solle mit Karl Schranz reden, um seine Auffassung zu erforschen, lehnte ich ab, weil ich auch nur den Anschein einer Beeinflussung vermeiden wollte.

In der Nacht vom 31. Jänner zum 1. Februar 1972 verfaßte ich mit Dr. Nemetschke, Dr. Pruckner, Dr. Gerö und Dr.

Pilsl eine Revisionsschrift im Falle Schranz, die am nächsten Morgen bei der Session des IOC von Dr. Nemetschke vorgetragen werden sollte. Um 6 Uhr morgens fuhr ich über Einladung des staatlichen japanischen Fernsehens, NHK, zu einer Morgensendung dieses Fernsehinstitutes, die als eine der am weitestverbreiteten Sendungen in Japan gilt. Dort hatte ich Gelegenheit, den österreichischen Standpunkt nochmals zu präzisieren, was von besonderer Bedeutung für die japanische öffentliche Meinung erschien.

Als ich dann in das Olympische Dorf zum Frühstück zurückkehrte, herrschte in der Mannschaft auf Grund des bekanntgegebenen Trainingsverbotes eine sehr niedergeschlagene Stimmung. Besonders unsere alpinen Mädchen zeigten dies sehr deutlich. Gerade als ich in den Speisesaal eintrat, stand Karl Schranz bei den Mädchen und wandte sich plötzlich sehr abrupt ab. Ich hörte, daß es zu einer Auseinandersetzung zwischen Schranz und insbesondere Pröll gekommen wäre und daß die Mädchen allgemein bedauerten, daß sie wegen der Sache Schranz nun nicht an den Start gehen könnten. Ich erklärte den Mädchen ziemlich hart die Situation und wies auf die Notwendigkeit hin, in dieser Situation *Teamgeist* zu beweisen. Es gelang mir jedoch kaum, die Mannschaften zu beruhigen. Insbesondere auch die Springermannschaft zeigte sich über die Entwicklung und über die Absicht, nicht anzutreten, sehr verbittert. Nach mehreren Interventionen hatten wir am Nachmittag des 1. Februars eine Besprechung mit dem Präsidenten des Organisationskomitees, Kogoro Uemura, und Generalsekretär Tomo Sato. Die Herren wiesen auf die langjährigen besten sportlichen Beziehungen zwischen Österreich und Japan hin und baten, unter allen Umständen davon Abstand zu nehmen, von den Spielen fernzubleiben. Sie wiesen darauf hin, daß eine Abreise in der japanischen Öffentlichkeit nicht verstanden werden würde. Ich erklärte meinerseits den Herren unsere Situation, insbesonders in bezug auf die öffentliche Meinung in Österreich. Daraufhin sagten uns die beiden Herren noch zu, daß sie sofort eine weitere Intervention über Prinz Takeda versuchen wollten. Nach dieser Besprechung erhielt ich einen Hinweis, daß die Angelegenheit Schranz zwar noch einmal in der Session behandelt worden sei, aber sehr schlecht stehe.

An diesem Tage erhielt ich auch Kenntnis davon, daß in einem verschlüsselten Telegramm an Botschafter Dr. Thomas mitgeteilt wurde, daß sowohl der Bundeskanzler wie auch der Bundesminister für auswärtige Angelegenheiten die Sperre von Karl Schranz nicht als politische Angelegenheit ansehen und daher den Botschafter anwiesen, sich aus der Affäre herauszuhalten.

Ich fuhr dann zur Sitzung des ÖSV, die um 17.15 Uhr im Österreichhaus begann. Es waren auch die FIS-Delegierten erschienen, ebenso die Trainer und sämtliche anwesende ÖSV-Funktionäre. Ich erläuterte ihnen die Entwicklung der Situation. Insbesondere wies ich darauf hin, daß ich persönlich in meinen Bemühungen mich so festgelegt hätte, daß für mich nur ein Abreisebeschluß tragbar wäre, und ich bei einem anderen Beschluß die Konsequenzen ziehen müsse. Es wurden nunmehr gründlich die Argumente für und gegen einen solchen Beschluß erörtert. Insbesondere wurde ich darauf hingewiesen, daß zahlreiche Gründe für eine Teilnahme sprechen würden. Ich wurde dann gefragt, ob nunmehr die angekündigte Intervention von Karl Schranz zu erwarten sei. Auf Grund des geschilderten Vorganges vom Vormittag erklärte ich, daß ich an solche Intervention von Karl Schranz nicht mehr glaube, weil ich den Eindruck habe, daß Karl Schranz von der Haltung der Mädchen sehr enttäuscht war. Wiederum lehnte ich das Ersuchen, mit Karl Schranz zu sprechen, ab. Es wurden folgende Möglichkeiten beraten: 1. Abreise der gesamten ÖSV-Mannschaft; 2. Abreise der Alpinmannschaft, Herren und Damen; 3. Abreise der alpinen Herrenmannschaft (weil keine Weltmeisterschaften); 4. Teilnahme der ÖSV-Mannschaft. Nach längerer Beratung wurde mit großer Mehrheit der Beschluß der Abreise der gesamten ÖSV-Mannschaft gefaßt. Es wurde dann bekannt, daß Karl Schranz für den folgenden Tag eine Pressekonferenz plane. Man nahm an, daß er hierbei die Bitte auf Teilnahme der Mannschaft aussprechen werde. Wiederum wurde festgestellt, daß diese Lösung für den Verband unter den gegebenen Umständen die beste wäre.

Am nächsten Morgen verständigte ich dann Karl Schranz, daß der Beschluß des IOC, ihn nicht zuzulassen, jetzt endgültig sei. Ferner teilte ich ihm mit, daß wir nunmehr das gesamte ÖSV-Team zurückziehen werden. Karl Schranz sagte mir, daß er sich an und für sich freue, daß der ÖSV hinter ihm stehe, er aber aus sportlichen Gründen dringend davon abraten würde, diesen Beschluß auszuführen. Nicht nur, daß er nicht wolle, daß seine Teamkameraden um die Startmöglichkeit gebracht würden, würde ein Nichtantreten der Österreicher auch den anderen Nationen einen Vorteil bieten, der im Interesse des österreichischen Skirennsports nicht zu verantworten wäre. Karl Schranz zeigte mir dann eine mit Maschine geschriebene Erklärung, die er auf der Pressekonferenz vorbringen wolle. Ich riet zu einer Kürzung und brachte selbst handschriftlich eine — wie mir schien — sinngemäß notwendige Ergänzung an. Ich erklärte Karl Schranz, daß der ÖSV seine auch in dieser Erklärung vorgetragene Bitte annehmen werde. Dazu hielt ich mich auf Grund der übereinstimmenden Meinung unserer Verbandsfunktionäre berechtigt. Gemeinsam mit Karl Schranz fuhr ich dann zur Pressekonferenz, wo die Stellungnahmen abgegeben wurden. Karl Schranz hatte seine Erklärung während der Pressekonferenz über Anraten von Ing. Nußbaumer verkürzt.

In diesem Zusammenhang ist es zu einer Verbitterung der Presse deshalb gekommen, weil die Erklärung des Karl Schranz bereits in der Nacht, allerdings in der ursprünglichen, unverbesserten und ungekürzten Form, einseitig verkauft worden war. Hierdurch dürfte der Eindruck entstanden sein, daß unsererseits diese Erklärung vorbereitet und Karl Schranz oktroyiert worden sei. Dies war jedoch in keiner Weise der Fall. Die Entscheidung kam von Schranz selbst, der im Namen der Mannschaft ersuchte, den Abreisebeschluß des ÖSV zu ändern.

Erst über sein Ersuchen revidierte die Mannschaftsführung des ÖSV auf Grund der Argumente, die für ein Antreten sprachen, den Beschluß und informierte davon die Delegationsleitung des ÖOC. Ich möchte darauf hinweisen, daß ich natürlich den Interventionen von Ausrüsterfirmen ausgesetzt war, die in Anbetracht der von ihnen vorgenommenen Investitionen und der Bedeutung des japanischen Marktes unbedingt ein Antreten forderten, möchte aber sagen, daß die Gründe, die uns zum Antreten bewogen, doch in erster Linie sportlicher Natur waren, besonders, daß dem Verlangen der Aktiven Rechnung getragen wurde. Natürlich konnte man bei der Entscheidung die wirtschaftlichen Aspekte gerade wegen der Bedeutung, die die Mithilfe der Wirtschaft im Austria Ski Pool hat, nicht übersehen.

Nachdem ich am 2. Februar 1972 gegen 11 Uhr die Delegationsleitung von unserer letzten Entscheidung verständigt hatte, erfolgte ein einstimmiger Beschluß aller ermächtigten ÖOC-Mitglieder, dessen Inhalt in Form einer Presseaussendung an die APA wie folgt weitergegeben wurde:

‚Gegen alle Erwartungen hat am 31. Jänner 1972 das IOC den auf seinem sportlichen Höhepunkt stehenden österreichischen Skirennläufer Karl Schranz in einem unkorrekten Verfahren ohne Beweise zu den Olympischen Spielen nicht zugelassen. Alle nur erdenklichen Bemühungen der österreichischen Delegationsleitung und sonstiger einsichtsvoller Persönlichkeiten des In- und Auslandes, für Karl Schranz doch noch die Starterlaubtnis zu erwirken, sind bedauerlicherweise gescheitert. Die Entscheidung des IOC wurde damit endgültig. Die österreichische Delegationsleitung hat daraufhin über Antrag des ÖSV wie auch in Berücksichtigung der allgemeinen Empörung in der Heimat in Aussicht genommen, aus Protest gegen die rechtswidrige Entscheidung des IOC die gesamte österreichische Skimannschaft von den olympischen Bewerben zurückzuziehen. Am 2. Februar 1972 hat jedoch der ÖSV im Hinblick auf ein ausdrückliches Ersuchen des Karl Schranz, seinen Kameraden in der Skimannschaft doch den Start zu ermöglichen, den Antrag vom Vortag zurückgezogen. Unter Abwägung aller Umstände, so auch der intensiven vierjährigen Vorbereitungszeit eines jeden Sportlers, der Stimmung in der gesamten Olympiamannschaft, aber auch im Hinblick auf die guten Beziehungen mit dem japanischen Gastgeberland, hat sodann die Delegationsleitung beschlossen, an sämtlichen Bewerben der Olympischen Winterspiele in Sapporo teilzunehmen.‘

Persönlich habe ich mich an keinerlei offiziellen Veranstaltungen der Olympischen Spiele in Sapporo beteiligt oder war bei solchen Veranstaltungen anwesend mit Ausnahme der Skisportveranstaltungen und der Weltmeisterschaftspreisverteilung der FIS."

# Aktuelle Dokumente de Gruyter

Herausgegeben von
Prof. Dr. Ingo von Münch

Die neue Reihe aktueller Dokumente informiert schnell und zuverlässig über die Fragen aus Recht, Politik und Wirtschaft, die gegenwärtig diskutiert werden. Die preiswerten und handlichen Bände der Reihe stellen die wichtigsten Materialien, Stellungnahmen und Argumente zu dem betreffenden Themenkreis übersichtlich und zuverlässig zusammen. Sie sind eine Fundgrube und ein unentbehrliches Informationsmaterial für jeden, der an Politik, Recht und Wirtschaft interessiert ist.

NOTIZEN

# NOTIZEN

NOTIZEN

# NOTIZEN

NOTIZEN

Kolibri 360 GmbH
Ferdinand-Jühlke-Straße 7
99095 Erfurt, Deutschland
produktsicherheit@kolibri360.de